供应链管理

实践者的专家之路

SUPPLY CHAIN
MANAGEMENT
AS A PROFESSION

刘宝红◎著

机械工业出版社
China Machine Press

图书在版编目（CIP）数据

供应链管理：实践者的专家之路 / 刘宝红著 . —北京：机械工业出版社，2017.4
（2025.9 重印）

ISBN 978-7-111-56439-3

I. 供… II. 刘… III. 供应链管理 IV. F252.1

中国版本图书馆 CIP 数据核字（2017）第 053078 号

　　这本书是为三类人写的：职业生涯初始，学习解决供应链问题者；工作了十年八载后，知道怎么解决问题，但是没法有效推动者；跨越了职业平台期，希望成为供应链专家的精英们。对于职业人来说，要么成为专家，要么成为领袖。结合作者近 20 年的供应链管理生涯，这本书为职业人士铺就了供应链管理的专家之路。

供应链管理：实践者的专家之路

出版发行：	机械工业出版社（北京市西城区百万庄大街 22 号　邮政编码：100037）		
责任编辑：	宋学文	责任校对：	殷　虹
印　　刷：	北京机工印刷厂有限公司	版　　次：	2025 年 9 月第 1 版第 22 次印刷
开　　本：	170mm×242mm　1/16	印　　张：	22.25
书　　号：	ISBN 978-7-111-56439-3	定　　价：	89.00 元

客服电话：(010) 88361066　68326294

版权所有・侵权必究
封底无防伪标均为盗版

Supply Chain Management as a Profession 序一

供应链管理在国内的发展

2015年，普华永道在北美的一位总监问我，供应链管理在中国发展得怎么样？我给他简短地回复了E-mail，说发展得很好，同时讲了自己的三个小故事来概括：十几年前，我在申请北美商学院时，第一次听说供应链管理；七八年前，国内的一些大型企业启动供应链转型，成为我在国内的第一批客户；最近几年，越来越多的中小企业成为我的客户，从供应链的角度解决日益严峻的成本和库存问题。

在这里，我想把这三个小故事讲得更详细点，因为它们也是供应链管理在国内十几年来发展的缩影。

2000年4月的一个晚上，上海已经是初春乍暖。睡眼惺忪中，我接到一位美国教授的电话。那是亚利桑那州立大学的面试电话，我在申请它的商学院。教授是美国人，不过地方口音很重，半懂不懂中，我隐约听到一个词：Supply Chain Management（供应链管理）。这是什么？我学管理专业都十年了，还是第一次听到这个名词。到了美国，才搞明白教授有个供应链管理的研究项目，因为我以前的行业背景挺适合，就给我奖学金，招我来做研究助理。

还是不知道供应链管理是什么，就请教底特律的师兄。他说这可是美国的大热门。后来听人讲，当时供应链管理在美国的热度，大有跟互联网一拼的架势。也是在那个时候，美国一流的商学院开始单设供应链专业，与财务、营销、运营等传统的 MBA 专业并驾齐驱，供应链管理也正式成为 MBA 的一个分支。但在国内，供应链管理可以说是一片空白：当时国内刚开始发展物流管理，我隐约感到供应链跟物流有一定关系，但除此之外，就一无所知了。不管怎样，我就这样进入了供应链管理领域，鬼使神差地成为国内较早一批系统研究供应链管理的人。

一晃八九年过去了。我在美国求学、工作、定居下来。这期间博客开始流行，我就开了个"供应链管理专栏"博客（www.scm-blog.com），断断续续写了几百篇文章，后来汇集成我的第一本畅销书《采购与供应链管理：一个实践者的角度》。2009年，突然有一天，一个千亿元级企业的总监在我的博客上留言，说他们要做供应链转型，能不能帮忙。供应链转型？这不就是北美企业这一二十年来忙的嘛！北美企业在全球寻源、外包生产，彻底改变了供应链的结构，要求企业在系统、流程和组织架构、人员建制上做出实质性改变。他们虽然不这么讲，但其实用一句话来说，就是供应链转型。

当时我还在硅谷一家公司做全职工作，没法经常到国内出差，就介绍一个美国专家过去。这位专家先在霍尼韦尔等公司就职，经历了美国航空制造业的全球寻源、外包和供应链转型；后来到硅谷，进入半导体设备行业，推动一个半导体设备制造商的供应链转型。对国内的这个大公司，他在方法论上帮助外包生产、搭建新的供应链架构，我帮助做协调、沟通工作。就这样，离开中国十年后，我又跟国内联系上了，介入了早期本土企业的供应链转型。

大致也是在这个时期，供应链管理普遍上了大型本土企业的雷达。

我想这跟 2008 年金融危机不无关系：经济不景气，营业收入增速放缓，成本压力加大，逼得越来越多的企业向供应链管理要效益。可以说，供应链管理是典型的"生于忧患"，是外在压力下企业的理性选择。类似的例子还有很多。时光返回到 1997 年，作为最早重视供应链管理的本土企业之一，华为开始系统地导入 IBM 的集成供应链管理，与规模增大带来的低效以及当时的亚洲金融危机不无关系。再往前到 20 世纪 80 年代，供应链管理在美国兴起，根本原因就是来自日本企业的竞争压力，迫使北美企业放弃单打独斗，推动供应链上各合作伙伴的通力协作。

五六年一转眼过去了。期间我回国内二十余次，培训、咨询众多的本土企业。客户先是集中在千亿元、百亿元级的大企业，慢慢地数亿元规模的中小企业也越来越多，包括一个年营收 5 亿元人民币的玻璃幕墙公司。有一天，该公司的老总说："我们其实就是个供应链管理公司。"我有点吃惊，心想这可是建筑行业，你又是安装玻璃幕墙的，跟生产没关系，怎么称得上供应链管理公司呢？不过转念细想：也对，供应链是匹配需求和供应的链条，客户有需求，这个公司有供应，这不是供应链是什么？后来，这家幕墙公司进入电商领域，建成门窗、幕墙行业的第一个 B2B 电子商务平台，供应链管理就成了它的核心竞争力。

类似的公司还有很多。它们大多是民营企业，经历了一二十年的爆炸式成长，规模成长到几亿元、一二十亿元，说大不大，但一点也不小。人工成本飙升、人民币升值，成本和库存问题日益严重，都促使这些中小企业向供应链管理要效益。就这样，十几年的时间，供应链管理从无人知晓到后来被大公司采纳，再到广泛地进入中小企业，终于成为本土企业管理词典中的关键词汇。

我说这些，主要是给大家一个大致的印象，了解供应链在国内的发展历程，以及未来的发展前景。我很幸运，无意中成为国内第一批系统学习、实践和研究供应链管理的人，也见证了一二十年来，供应链管理在国内的蓬勃发展。各位读者也同样幸运，因为你们都是本土的前几代供应链专业人士。供应链管理发展这么迅猛，对人才的需求这么大，我们每一个人的未来都是一片光明，机会可以说遍地都是。

作为职业人，我们的挑战就是成为供应链领域的专家：**系统学过、系统做过、系统提高总结过，能够从形而下上升到形而上，不但能自己成功，也能让更多的人成功**。这是个长期的过程，不但需要自己去学、自己去做、自己去总结，而且需要向别人学习，向别的公司、别的行业学习。**人总是从经验中学习，要么是自己的经验，要么是别人的经验**。作为"别人的经验"，希望这本书和我别的书一起，给大家提供更好的学习、总结和提高的机会。

Supply Chain Management as a Profession 序二

这是本写给什么人的书

这本书是为三种人写的：**职业生涯初始，学习解决供应链问题者；工作了十年八载，知道怎么解决问题，但是没法有效推动者；跨越了职业平台期，希望成为供应链专家的精英们。**

初入职场，我们无知无畏，是个新手。理论加上实践，我们逐渐摆脱无知。这是职业人进步最迅速的阶段。工作了几年后，知道活儿该怎么干，完成了从无知到有知的过渡，但就是没法推动更大的改变。这个时候，我们进入平台期，成为工匠，但还不是专家。

在第三个阶段，我们逐渐开悟，**原来我们知道的都是错的**。这是否定之否定，需要摒弃成见，深度思考，提高总结。这是从**"有知到有知"**㊀的转变，也让我们成为专家："世事洞明皆学问"，不但知道怎么办，而且知道为什么，以及如何改变，这就上升到专家境界。

十几年前，我在读商学院时，对教授们经常提到的一个词——范式转移（paradigm shift）㊁——一直不得其解。这么多年的实践和研究

㊀ 罗振宇在"罗辑思维"中讲到从有知到有知。大意是说，限于周围的环境，我们的认知往往不正确，虽然知道了，却往往是错误的。打个比方：《猫和老鼠》中有只小鸭子，刚出蛋壳，第一眼看到的是只猫，于是就把猫当作妈妈。这是从无知到有知。从有知到有知，就是抛弃老的成见，找到那只真正的鸭妈妈。

㊁ 范式转移，最早出现于托马斯·库恩（Thomas Kuhn）的《科学革命的结构》（The Structure of Scientific Revolutions）里。这个名词用来描述在科学范畴里，一种在基本理论上从根本假设的改变。百度百科，"范式"词条。

后，我想我理解得更清楚了，这是指方法论或假设前提的根本性改变，是个从平均到超群的过程，可以说是职业人的最高境界，也是解决那些根本性问题所必需的。

初入职场，我们进的大都是些平均水平的公司，接触到的是些平均水平的人，学到的自然是平均水平的东西。这没什么错，因为卓越的公司有限，专家级的人很少。在这样的环境里，我们学到的，大都是些传统的智慧。**传统智慧让我们弥补差距，达到平均水平，但没法超越**。所谓的超越，就是解决那些根本性的老问题。

人类社会虽然进化了很长时间，但面临的还是些老问题，比如爱、恨、贪婪、恐惧。困扰企业的也是。不信，仔细想想，跟三年前、五年前、十年前相比，我们企业的问题有什么本质不同？没有。在供应链领域，就是成本做不下来，速度做不上去；客户要的我们没有，我们有的客户不要。

这些问题没有得到解决，是因为我们的能力没提高？不是。我们每年都在进步，企业的管理能力、技术能力每年都在提升。是因为我们工作不够努力？也不是。我们每天都在认真工作，一天比一天努力。那为什么老问题得不到解决？根本原因是我们的解决思路错了：**传统的智慧代表平均水平，只能把我们带到平均水平；这些老问题远超平均水平，传统智慧没法解决，需要方法论的范式转移**。

这本书的目的就是帮助供应链职业人逐步提高，一步步成为专家，实现范式转移，解决那些根深蒂固的老问题。这本书先是概括性地介绍供应链管理，然后分三个部分，聚焦供应链职业人发展的三个阶段：

第一，**初入职场**，如何找到高于平均水平的公司，跟随高于平均水平的人,力争高起点进入快车道,迅速积累第一手实践经验。这也包括读好书、参加系统的培训认证。

第二,**在平台期**,如何弥补能力上的短板,特别是领导力,尽快适应、跨越平台期,进入职业发展的更高境界。这也包括调整心态,适度提高,维持现状做个普通的好员工。

第三,**在专家层面**,如何摒弃以前学到的常见甚至错误的方法论,领会供应链管理的精髓,完成范式转移,即方法论和基本假设的根本改变,成为供应链专家,解决老问题。

收入这本书的几十篇文章,是我这十几年来陆续写就的,总结了这些年来我做过的、看过的和听过的。有些是我自己亲身挣扎过的,有些是看着别人挣扎过的,希望它们缩短后来者的学习曲线。我也试着尽可能地把这些文章糅合起来,更像一本书。但是,你还是能看到独立成篇的痕迹。其好处便是你用不着从头到尾按顺序读完——你可以随便翻及感兴趣的文章,而不用担心系统和完整性。

需要声明的是,在内容上,这本书与我的前两本畅销书有连接,也有重叠。主要是几个原因:第一,这三本书从不同角度探讨供应链,都没法回避那些根本性的供应链话题;第二,读这本书的人并不一定读过前两本,为了体系的完整性,我会引述前两本的一些内容;第三,也是最关键的,就是那些重要的问题,我们得一遍又一遍地重述,就如一位美国总统所言,对重要的问题要反复讲,直到老百姓一看到这话题,就顺手把报纸扔到废纸篓为止,才算沟通到位了。

为什么要这么声明呢?因为有些读者在意。他们在读书的时候,喜欢对照,跟自己的经验对照,跟以前读过的书对照,跟同一本书的前后对照。对照没错,对照帮助我们把知识、经验串联起来。但对照了一段时间，你会发现有些内容在前两本书讲到过，有些案例也重复叙述了，甚至在本书的前后都反复提到了。我花了很大精力来避免不必要的重复，但总是有漏掉的；或者我认为有些是必要的重复，而你认为不必要。

不管怎么样，对于可能的"重复"，我都建议你一边读，一边想：我前天吃了白米饭，昨天也吃了白米饭，这辈子已经吃过千万次白米饭，恐怕以后还要吃千万次。这时候，你也就原谅了我的重复。当然，如果你还原谅不了的话，那下次我来国内，或者你到硅谷，我请你吃饭（不过你的风险是，你又得多吃一次白米饭了 ）。

北岛说过，**严肃的作家不取悦读者**。但不取悦并不意味着不在乎——我的确在乎你怎么想，因为读一本书意味着很大的资源投入。我说的不是你花了一道菜的钱买了这本书，尽管那意味着下次下馆子你得少点一道菜；我说的是你的时间投入——你的时间是最宝贵的。我希望你能从本书中学到些什么。**人总是从经验中学习，要么是自己的经验，要么是别人的经验**。希望这本书提供从别人的经验学习的机会，不光是我的，而且是众多指导过我的人，和我共事过的人，还有成千上万的学员、客户，以及这些年来时刻陪伴我的千百万读者。

特别要感谢的是"供应链管理专栏"的读者。十多年来，在我的专栏网站上，众多的读者千万次地分享自己的经验和看法，很有见地，足足有几十万字，可以汇集成两三本书。我摘取部分文字，以"实践者说"的形式穿插在整本书中，希望给大家提供更多的视角。所以，这本书是大家努力的成果，智慧的结晶，我难以一一致谢，在此一并谢过。

不能忘记的还有编辑的努力。像这么一本二十多万字的书，从我完成初稿递交出版社，经过一道又一道的编辑、校对、审核，到最终拿到读者手上，大致需要半年时间。你能想象，这其中蕴含了多少编辑、校对等出版社工作人员的心血。而他们中的绝大多数，我们甚至连名字都不知道。可以说，一本好书，历来都是作者和编辑共同努力的结果。写了三本书后，我对此深有体会。

对于职业初始者，希望这本书让你更快成长。

对于平台期者，希望这本书帮助你更快突破，更上层楼。

对于高层管理者，希望这本书让你成为专家，更好地复制个人成功，指导团队更好成长。

刘宝红 | Bob Liu

供应链管理畅销书作者

供应链管理专栏创始人，西斯国际执行总监

bob.liu@scm-blog.com | www.scm-blog.com

2017 年 4 月 2 日于硅谷

作者简介 Supply Chain Management as a Profession

刘宝红，畅销书《采购与供应链管理：一个实践者的角度》和《供应链管理：高成本、高库存、重资产的解决方案》的作者，"供应链管理专栏"（www.scm-blog.com）创始人，西斯国际执行总监。

在采购和供应链管理领域，刘先生有十几年的丰富经历，主要来自硅谷高科技界，集中在制造行业。从2000年起，刘先生便在美国学习和实践供应链管理。他先在半导体设备制造行业，从事供应商开发和管理，在全球采购产品、服务和技术；后转入供应链计划领域，支持一家高科技公司每年13亿美元的服务备件业务。他的团队分布在美国、德国、法国、日本、韩国、新加坡、中国，客户遍及亚太、欧洲和北美。

从2004年起，刘先生致力于介绍、宣传供应链管理，帮助中国本土企业制定供应链转型战略、完善供应链管理、培养中高层管理人员。他跟青岛海尔和中国移动等企业有多年合作，并为几十家海内外企业提供内训服务，包括华为、通用电气、诺基亚西门子、阿克苏诺贝尔、林德、日立、喜利得、中国电信、创维、长虹、美的、比亚迪、信利光电、视源电子、金风科技、振华重工、三一重工、中建一局五公司、海思、上海微电子、北方微电子、中兴、烽火通信、科瑞集团、国电南自、华润置地、中海壳牌、天珑移动、OPPO、华为终端、老板电器、威高、西贝莜面村、海鸥卫浴、华孚色纺、安踏、双汇、香飘飘、微鲸科技、超威等。

刘先生的专著《采购与供应链管理：一个实践者的角度》于2012年由机械工业出版社出版，2015年再版，先后几十次印刷，每年居供应链管理门类销量榜首，深受广大采购与供应链管理专业人士喜爱。他的第二本专著《供应链管理：高成本、高库存、重资产的解决方案》自2016年5月出版以来，迅速跃居供应链管理综合排名榜首（京东、当当网站）。围绕这两本畅销书，刘先生推出一系列培训，先后培训了千百家国内外公司的员工，全面覆盖汽车家电、电信设备、航空航天、机械制造、石油石化等多个行业。

2005年，刘先生创办了"供应链管理专栏"（www.scm-blog.com），坚持原创，探讨、传播供应链管理的基本实践，年访问量数百万人次。以该网站为平台，他与海内外供应链专业人士保持紧密联系，多次在大型会议做专题报告或圆桌讨论，包括美国供应管理协会（ISM）和中国物流与采购联合会的年会、ISM China年会、中国供应链管理与制造业峰会、中国石油装备采购国际峰会、售后市场供应链管理论坛等。他还在中石油的第一届供应商年会上做主题发言，并应邀出席海尔的第一届供应商年会。此外，刘先生与多家一流大学联系紧密，先后为同济大学、上海交大、中欧商学院、厦门大学和美国普渡大学的MBA、EMBA专业的学生做专题报告。

刘先生毕业于上海同济大学，师从丁士昭教授，获项目管理硕士；后赴美国，在亚利桑那州立大学读商学院，获供应链管理的MBA学位。留学期间，他在美国高级采购研究中心（CAPS Research）做辅助研究，广泛接触采购与供应链管理的最佳实践。刘先生是美国供应管理协会认证的注册采购经理（C.P.M.），通过美国运营管理协会（APICS）的生产与库存管理认证（CPIM），接受了亚利桑那州立大学、摩托罗拉和霍尼韦尔的六西格玛培训，是六西格玛黑带。

刘先生现旅居硅谷，频繁往返于中美两国之间，通过培训、咨询帮助本土企业提高采购与供应链管理水平。如欲联系他，请电邮至 bob.liu@scm-blog.com，或致电 136 5127 1450（中国）/ 1（510）456 5568（美国）。

目录

序一　供应链管理在国内的发展
序二　这是本写给什么人的书
作者简介

引言
供应链管理：认识这个领域　　1
供应链管理：从"三个三"谈起　　1
供应链是企业的三大核心职能之一　　2
改善供应链从改善计划和采购做起　　5
小贴士　供应链管理是种新思维　　6
供应链管理是三流集成　　11
小贴士　信息流和信息技术　　15
供应链管理是美国"落后挨打"的产物　　18
供应链管理是"关系经济"胜出的产物　　22
小贴士　日本企业的光环逐渐散去　　26
从"愿景"说供应链管理的贡献　　28

第一章
初入供应链：打好基础，进入快车道　　33
供应链管理：大公司与小公司的不同　　34
小贴士　行业老大的诅咒　　40
小贴士　我，不是我们　　43

小贴士　在中小企业，谁在做供应链的核心业务	47
供应链管理最好的公司	**49**
小贴士　高德纳的全球供应链25强	51
小贴士　当心二流公司	54
小贴士　在大公司里学什么	57
供应链管理的职业机会	**67**
小贴士　采购的分层和分权	69
小贴士　做什么工作最好	74
小贴士　外行怎么能快速入行	76
换工作，开拓更多的供应链领域	**78**
小贴士　计划：供应链管理的另一领域	79
小贴士　计划的三道防线	81
小贴士　你最了解你自己	87
供应链管理的职业认证	**89**
侧重采购管理的认证	90
侧重运营管理的认证	92
哪个认证最值得拿	94
小贴士　从采购经理到基金经理：认证有多少才够	95
学历替代不了经历，经历也替代不了学历	**97**
小贴士　想逃避，创业不是归宿	101
供应链管理方面的书籍	**103**
采购与供应管理	104
生产与运营管理	105
物流管理	106
供应链管理	106
其他	108
小贴士　读原著，读透那几个没法回避的人	110
做供应链管理的"三语人才"	**112**
小贴士　没有技术背景怎么办	113
影响你的那几个人	**116**
小贴士　精心挑选你的敌人	120
小贴士　不从众：自己做自己的参照系	121
从3C说做人与做事	**123**

小贴士　宁做钝才，不做歪才	125
小贴士　原则与利害	127
小贴士　今天的危机是明天的笑话	129
22岁的时候，你在干什么	**131**
小贴士　耐得住寂寞	135
小贴士　活着（Stayin' Alive）	136
小贴士　你是你最好的广告	138
追求卓越，拒绝做差不多先生	**140**
小贴士　"差得多"遇上"差不多"——日本同事的沮丧	142

第二章
工作了十年八载后，日子不好也不坏　　　　　147

工作了十年八载后，日子不好也不坏	**148**
你不是那个最悲惨的人	**150**
你缺的不是经验	**155**
小贴士　从IBM裁老员工说起	158
小贴士　谈的都是当年之勇	161
缺能力，还是缺意愿	**163**
小贴士　局外人的残忍	167
小贴士　老板是对的——当元老遇到新老板时	171
跨出一步	**172**
不作为也是风险	**175**
小贴士　鸣笛与驱雾	178
维德必危：不做人人都喜欢的人	**179**
不但要放枪，而且要瞄准	**181**
应对两难，避免单向思维和单一指标	**184**
经济增长的拐点，职业人士的良机	**187**
从外企到民企，如何	**192**
乔布斯：不要被一份工作害了	**197**
小贴士　死亡是人生抉择的试金石	200
从哈佛大思想说比你大的事	**202**
小贴士　没有理想的一代	204
小贴士　问你可以为别人做什么	205

小贴士　远见、自律和激情　　　　　　　　　　206

　对贡献有激情，对回报有信心　　　　　　　　　　208
　　　贡献和回报　　　　　　　　　　　　　　　　208
　　　回报和坚持　　　　　　　　　　　　　　　　208
　　　网站的贡献和回报　　　　　　　　　　　　　210
　　　对贡献有激情的时候，还要对回报有信心　　　210
　　　回报是贡献的影子　　　　　　　　　　　　　211

　学点新东西　　　　　　　　　　　　　　　　　　212
　　　小贴士　你不能不知道什么是好的　　　　　　213
　　　小贴士　3＋3＋1　　　　　　　　　　　　　215

　会干活，不会表现，怎么办　　　　　　　　　　　217
　听从你自己的建议　　　　　　　　　　　　　　　220
　退一步海阔天空　　　　　　　　　　　　　　　　222
　　　小贴士　善待自己　　　　　　　　　　　　　223
　　　小贴士　家庭成功　　　　　　　　　　　　　224
　　　小贴士　成功的含义　　　　　　　　　　　　226

第三章
成为专家：实现范式转移，从有知到有知　　　　231

　供应链的根本问题，其实并没有那么不同　　　　　232
　　　小贴士　车联网、电商和传统制造业的供应链　236
　　　小贴士　电商的根本是个库存计划问题　　　　238
　我为什么不谈供应链的发展趋势　　　　　　　　　240
　　　小贴士　博大、博新　　　　　　　　　　　　244
　不关努力，而是不同　　　　　　　　　　　　　　245
　　　小贴士　苹果的"非同凡想"（Think Different）251
　不是知易行难，而是知不易、行不难　　　　　　　253
　要改变行为，必须改变能力　　　　　　　　　　　257
　　　小贴士　新产品开发中，供应链的速度太慢怎么办　263
　你没法"确保"绩效——兼谈系统和流程　　　　　267
　持久结果需要持久投入　　　　　　　　　　　　　269
　供应链管理的核心是协作　　　　　　　　　　　　273

小贴士　都是别人的错	277
竞争：不是太少，而是太多	**279**
小贴士　备份不是解决复杂问题的首选方案	280
垄断不是问题，应对垄断的方法是问题	**288**
小贴士　"垄断"供应商怎么管	293
不确定性：那只还没有落地的鞋子	**295**
小贴士　建立计划的三道防线，系统应对不确定性	297
小贴士　人的天性是喜欢确定性，你的供应链伙伴也是	299
小贴士　不确定性的三种应对方法	302
订单和预测：由谁来承担不确定性的风险	**304**
小贴士　投篮与预测	308
小贴士　什么时候订单驱动，什么时候预测驱动	310
做个好客户，也符合自己的利益	**313**
整合供应商，尽量增加规模效益	314
加强计划性，少给供应商制造额外麻烦	316
协作互助，多与供应商共同解决问题	318
你看到了客户钱多，但没看到客户人傻	**320**
标杆和标杆研究：不要太把对标当回事	**323**
小贴士　烂行业的标杆也是"矬子里的将军"	326
学习成功，还是避免失败	**328**

后记
要么成为领袖，要么成为专家　　　　　　　　　　　　　333

Supply Chain Management as a Profession 引言

供应链管理：
认识这个领域

在供应链管理领域，我写过两本畅销书。第一本是《采购与供应链管理：一个实践者的角度》，侧重采购与供应商管理，包括供应链管理、供应商选择与管理、从"小采购"过渡到"大采购"；第二本是《供应链管理：高成本、高库存、重资产的解决方案》，从公司层面着眼，通过降低产品的复杂度、改进供应链计划、整合与管理供应商来改进供应链绩效。

这是我的第三本书，**目的不是探讨供应链的整体框架，而是着眼于一个职业人，如何成长为供应链领域的专家**。对于供应链的基本概念，这里只是概括性地做个回顾，有些内容重述了我前两本书的内容，目的是给大家提供一个整体了解。更多、更系统的供应链知识，大家可以看我的两本畅销书，访问我的供应链管理专栏（www.scm-blog.com），或者订阅我的"供应链管理专栏"微信公众号。

供应链管理：从"三个三"谈起

简单地说，供应链是从客户的客户到供应商的供应商，**供应链管理是对贯穿其中的产品流、信息流和资金流的集成管理，以最大化客户的价值，最小化供应链的成本**。供应链管理是个综合的管理思想，力图摆脱单个公司、单个职能层面的局部优化，实现供应链上多个合作伙伴、多个职能的全局优化。在传统的企业六大职能中（人、财、物、产、供、销），供应链全面覆盖供应、生产和配送三大块，是个非常广阔的领域。

供应链的范围这么广，人们对供应链管理的理解就如盲人摸象。这是因为从职能角度讲，供应链管理包括多个职能，是在原有的采购、运营和物流管理基础上发展而来的，所覆盖的内容非常广泛。受限于所在的行业、职业，人们对供应链管理的理解，往往是"窥一斑"而不能"见全豹"。作为职业人，我们鲜有例外，都是聚焦在特定的细分领域，虽然我们都是"供应链职业人"。

所以，当有人说他做的是供应链管理的时候，内行的人往往会追问，"你是侧重采购呢，还是运营和物流？"这就如一个老外问你从哪里来，你说中国，他就心满意足了——他是个外行，只要能把中国人和日本人、韩国人区分开来就可以了。但如果是一个中国人问你，你当然不能止步于"我是中国人"，你得告诉他你是山东的还是江苏的，甚至光说山东还不行——你知道，青岛与济南可不一样，更不用说东营与威海了。

在这里，我们从不同角度，力求全面地阐述供应链管理，给大家一个清晰的脉络。简单地说，那就是供应链管理的"三个三"，如下所示。

（1）供应链管理和研发、营销一道，属于企业的三大核心职能。

（2）供应链管理包括采购管理、运营管理和物流管理三大领域。

（3）供应链管理是对产品流、信息流和资金流等三条流的集成管理。

供应链是企业的三大核心职能之一

作为一个制造企业，不管是卖茶叶蛋还是造原子弹，其核心任务可以归纳为三点：**开发个好产品**（研发，以及更广义的产品管理），**卖个好价钱**（营销，以及更广义的需求管理），**以合适的成本和速度生产出来、配送给客户**（供应，以及更广义的供应链管理）。这三大职能互为犄角，构成企业运营的铁三角。这些职能一道，提高企业的经营利润率和资本周转率，为股东盈利——这是企业的第一要务，也是企业存在的根本原因。

推而广之，其实任何一个企业都包括这三大核心职能：第一个职能负责从 0 到 1，设计个好产品，或者提供个好服务；第二个职能负责从 1 到 N，即把这个好产品、好服务一个又一个地卖掉，这就是营销；第三个职能负责以合适的成本、合适的速度提供产品和服务，这就是供应链。

供应链贯穿了企业从 0 到 1 和从 1 到 N 的全部增值过程。一方面，它支持研发，力求尽快开发出好产品；另一方面，它支持营销，确保以适当的成本和速度供货。供应链与研发、营销一道，成为企业的三大核心职能，其余职能，比如财务、人事、IT，都是围绕这三大核心职能，为三大核心职能服务的（见图 0-1）。

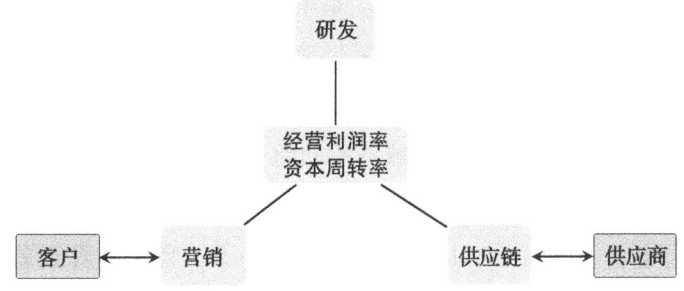

图 0-1　供应链是企业的三大核心职能之一

这三大核心职能在企业里的位置，如果要排序的话，供应链能排第几？这很抽象。但如果我问，在你们公司，哪个职能说了算？答案就很清楚，要么是研发，要么是营销——前者是**技术驱动**的企业，后者是**营销驱动**的企业。但不管在哪一类公司，供应链都排在老三。老三意味着不受重视。什么叫重视？**所有的重视，落实下来，都是资源的投入**：企业的资源要么是向研发倾斜，要么是向营销倾斜，供应链作为第三职能，往往得不到足够的资源投入；没有足够的资源，供应链就雇不到最优秀的人，雇不到足够多的员工，系统、流程得不到改善，成了企业的短板。

企业相当于一个凳子，而这三个核心职能就相当于凳子的三条腿。 作为公司的老三，你从来不会奢望供应链的这条腿会跟研发、营销一样长。但是，供应链的这条腿太短，企业的这个凳子就注定难以站稳。表现出来，就是很多企业虽然有不错的产品，也卖了不错的价格，但就是不赚钱；或者账面上赚了，都赚到库存里了——供应链能力不足，没法有效地把成本做下来、速度做上去、库存控制住，于是供应链职能成了企业的短板（见图 0-2）。

图 0-2 只有三条腿的长度差不多，企业这只凳子才能站得稳

如果说差距，本土企业与全球企业的技术差距可以说是越来越小。举个例子，二十几年前，摩托罗拉刚进入中国时，连个合适的手提袋供应商都找不到，不得不手把手培育供应商。而今，凡是美国能生产的东西，没有什么我们生产不出来，家电、快消、工业品等各个领域莫不如此。就拿智能手机来说，华为、OPPO、vivo 等本土品牌已经全面赶上，国内销量榜的前 5 名中，本土手机厂家就占 4 席（2016 年上半年销量）⊖。**我们的真正差距则在于对供应链的管控，特别是在全球寻源、全球配送的环境下，整合全球资源，在全球舞台上竞争。**

我们的企业也越来越多地意识到这点。就拿中国最具代表性的华为、海尔、联想几个企业来说，这些年来都在不断加强供应链管理。比如华为从 1997 年就导入 IBM 的集成供应链，到 2015 年在电信设备领域成为全球的领头羊，供应链一直是企业的核心竞争能力。即便如此，任正非还是觉得供应链是企业的短板。在《下一个倒下的会不会是华为》一书中，任正非说，（华为的产品、营销都取得长足进步）华

⊖ 2016 年上半年国内手机销量排名，http://mobile.qudong.com/article/356871.shtml。

为的支持职能滞后了，需要在未来的五年里补齐短板。他说的支持职能，其中一大部分就是指供应链。

联想在 2005 年买下 IBM 的 PC 业务后，就摒弃了自己的供应链管理体系，全盘采用 IBM 的体系和流程，连续四年跻身高德纳（Gartner）的全球供应链 25 强（2013～2016 年）[⊖]，供应链管理成为其核心竞争优势。海尔从 2009 年开始供应链转型，走轻资产的路；最近几年全面推动供应商早期介入，全面提高对市场需求的快速响应。这都代表了本土企业在供应链管理领域的尝试。越来越多的企业认识到，不但要有好产品（技术），而且要有好供应链（运营），两者缺一不可。这就如苹果，在遇到供应链专家库克之前，乔布斯从商业角度上可以说是一无所成：他能开发出好产品，但供应链运营是短板，成本做不低，速度做不快，企业不赚钱。苹果的真正成功，是从乔布斯和库克开始：乔布斯开发好产品，库克做好供应链，好产品加上好供应链，才有了苹果的复兴[⊜]。

上面讲了供应链的第一个"三"，即供应链管理是企业的三大核心职能之一。下面要讲供应链的第二个"三"：**供应链管理是由采购、运营和物流三个职能构成**，改善供应链绩效要从改善计划和采购做起。

改善供应链从改善计划和采购做起

我们知道，供应链管理不是一个简单的职能概念，它包括一系列的职能。

简单地讲，供应链就是**采购**把东西买进来，**运营**来加工增值，**物流**配送给客户。这三者是供应链的**执行职能**。他们在**计划职能**的指导下运作，即采购遵从计划的指令，买什么、买多少、什么时候买；生

⊖ Gartner Supply Chain Top 25，http://www.gartner.com/technology/supply-chain/top25.jsp。

⊜ 关于苹果供应链的更多内容，可参考我的畅销书《供应链管理：高成本、高库存、重资产的解决方案》，第 297-304 页，机械工业出版社，2016 年。

产遵从计划的指令，加工什么、加工多少、什么时候加工；物流按照计划的安排，配送什么、配送多少、什么时候配送。也就是说，供应链以计划为引擎，以采购、生产和物流为执行职能，在链主企业如此，从供应商的供应商到客户的客户也是如此，环环相扣，逐级相连（见图0-3）。

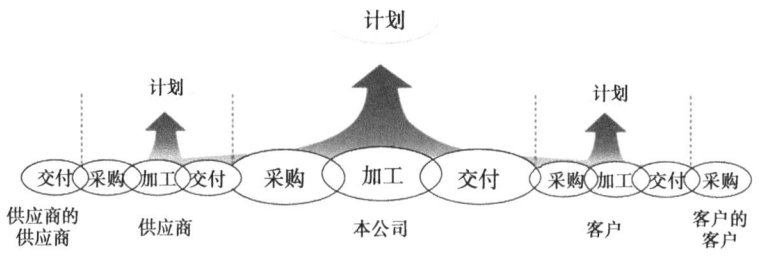

图0-3 供应链管理包括采购、运营和物流

资料来源：Supply Chain Council.

小贴士 供应链管理是种新思维

从有公司的那一天起，企业就有采购、运营和物流，为什么供应链管理却是20世纪80年代以来的概念？**这里的关键是这三大职能是否形成环环相扣，以全局优化取代局部优化。**

传统上，采购、运营和物流是职能优化导向，即采购的目标是最低价，生产运营的目标是产能利用率最高，物流的目标是运营成本最低。它们的目标是职能导向的、纵向的，即让自己的职能老总满意，而不是让自己的内部客户、外部客户满意。表现出来，就是在职能之间没有横向的客户服务指标，比如按时交货率、交期和质量，这就形不成供应链的概念——供应链管理的目标是水平的、朝向客户的。缺少了横向的跨职能指标，职能与职能就形不成供应链（见图0-4）。

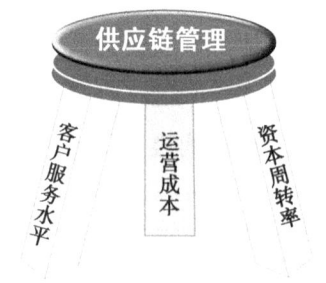

图0-4 供应链管理必须兼顾运营成本、资本周转率和客户服务水平

举个例子，有个 200 多亿元的新能源企业，采购的单一目标是省钱，结果供应商的价格是足够低，但服务也足够差，动不动就撂挑子不干了——无利可图，供应商是"死猪不怕开水烫"，害苦了生产线；生产的单一目标是生产成本最低，排程、生产都是大批量导向，牺牲多批次、小批量客户的利益，害苦了计划和物流；计划和物流直接面对客户，对交付负责，每天被客户和销售追着跑，却没法有效驱动生产和采购——职能之间没有任何横向服务指标，既没有交期，也没有按时交货率的概念，从销售到计划到执行，都是一笔糊涂账。而这种企业，在快速发展了二三十年的今天，可以说遍地都是。

这就是典型的有采购、运营和物流，却没有供应链管理的例子。在建立环环相扣的服务指标之前，现有的成本和资产利用率指标只能让企业在局部优化的路上越走越远。比如行业这几年供过于求，成本压力大增，该企业的采购一再强行压价，导致供应商质量不断下降，虽说省了不少钱，但成品的返修率也大幅上升，公司是否有钱可赚，尚未可知。

作为一个整体，供应链管理的概念有点虚无缥缈：不同行业、不同公司、不同职能对它的理解都可能不同。传统上，它是由这三个执行职能向两头延伸发展而来的。在有些公司，比如轻资产运作的企业，**采购**是供应链的重头戏，所以在采购的基础上，向前延伸到运营和物流，成为供应链职能。这就有了采购和供应链管理的叫法——我的第一本畅销书就是这样命名的。

在**运营**比较强的企业，运营职能向两端延伸，覆盖采购和物流，成为供应链职能。这就是为什么在有些企业，供应链隶属于全球运营部。供应链运营一词也跟这有关。还有一些企业，比如**物流**配送扮演重要角色的企业，供应链职能是在物流的基础上发展而来，物流人员在唱供应链的主角，也就有了供应链物流的叫法。比如《美国新闻与世界报道》（*U. S. News & World Report*）的商学院排名中，MBA 的一个门类是供应链/物流。有个外企的供应链总监，总是觉得供应链应该是计划加物流，而不应该包括生产。这也不怪他，因为他一直是在物流管理领域。大型外企的职能划分相对更细，有些物流的员工估计很少接触过生产，产生这样的看法也就不奇怪了。

实践者说

在大家忙着考研或者找工作的时候，我决定静下心来深入学习供应链。可是随着学习的深入，我发现供应链范围太大，抓不住主要核心，通过最近阅读您的新书《采购与供应链管理》，我冥冥之中对供应链有了大体的了解，但也有新的疑惑：采购管理、物流管理、生产运营管理哪一个是供应链的核心？（Adam，供应链管理专栏读者，www.scm-blog.com）

实践者答

供应链没有核心，每个部分都很重要。但是供应链有目标：企业竞争力（质量、交付、成本）和客户满意度。这个链上的每个环节都很重要，都对彼此产生影响。甚至在企业的不同阶段和产品的不同寿命阶段，各个环节的重要性也有区别，需要和产品的启动期、上升期、成熟期、衰减期结合起来看。广义上的供应链不只是和供应商打交道，而是从供应端到客户端最终交付的整个链条。（Alan Xue, General Manager, EMS Division, DSBJ Group）

在诊断一个企业的供应链管理时，我首先要了解的是在这个公司，供应链管理是怎么发展的，具体是由哪个职能的人唱主角，以判断相关职能的强弱，确定要改善的具体对象。正因为供应链是个跨职能的概念，改进供应链管理，一定要落实到具体的职能：是计划还是执行；是执行中的采购还是运营和物流。就当前的发展现状来说，**离开了具体的职能，供应链管理就成了屠龙之技，供应链改进也就很难落地产**

生效益。

对于本土企业来说，供应链管理普遍存在两个弱项：①**强于执行而弱于计划**；②**对采购的重视度不够**。而这两个领域，也正是供应链改进投资回报较高的地方。

先说**强于执行而弱于计划**。供应链的绩效，表面上看是执行的结果，其实更多的是计划的结果。试想想，如果计划想不到，执行能做到吗？即使做得到，也是以高昂的成本和库存为代价。**计划弱，根本原因是对计划不重视**。我经常问学员和职业人，如果公司的采购员和计划员各有一个空缺，两个职位的薪酬都差不多，你们的员工会抢着申请哪个职位？答案几乎异口同声地是采购员。我说，这就是为什么你们做执行的这么辛苦了：计划招不到最优秀的人，就做不好计划；计划不到位，就得执行来弥补，苦了一帮干活儿的人。

为什么员工不愿意去计划部门？很简单，计划不受重视。什么叫重视？前面说过，资源投入就叫重视：**所有的重视，最终都得体现在资源的投入上；离开了资源的投入，所有的重视都是空话**。那么，要重视计划也很简单：你得投入资源，最直观的就是提高计划员工的薪酬。以前我在硅谷一家企业负责全球备件计划时，在全球的七个主要工业区都有分公司，每个分公司都有计划员，总共有二三十名计划员。一旦有计划员空缺，我们就到分公司的物流、客服甚至现场服务工程师中去招人，把他们最优秀的员工招过来。为什么大家愿意来做计划员？很简单：计划员的薪酬高、地位高，是各分公司运营经理的左右手，指挥客服、物流和仓储的日常工作。

这道理一经点破，就很容易理解。对计划职能如此，放到整个供应链领域也是这样。2016年7月，我到深圳一家十几亿元人民币的企业，给中高层做系统的供应链管理培训。培训结束做总结发言时，董事长的第一句话，就是要给供应链的员工涨工资。这可是当着几乎所有的中高级管理人员以及供应链的核心员工的面做的承诺。因为他理解了，**给一个职能合适的薪酬，是重视一个职能的第一步**。

当然，计划职能的加强，还有很多别的方面，大家可以参考我的畅销书《供应链管理：高成本、高库存、重资产的解决方案》，其中最后三分之一是谈计划能力的建设，这里不再赘述。

与计划类似，在供应链领域，**采购是另一个没有受到充分重视的职能**。在培训中，我经常问学员，对于供应链的三大执行职能，公司最重视哪个？答案常常是生产运营，因为生产线上问题多多，大家都能看得见，感受得到。我继续问，在你们的产品成本中，比如总成本是 100 元，有多少钱是付给供应商的？大家的答复也很一致：50%、60% 甚至 70% 的钱是付给供应商的。表面上看，这是供应商在赚我们 50%、60% 甚至 70% 的钱；实际上是因为他们在干这些比例的活，为超过一半的供应链增值活动负责。而采购表面上看是个花钱的职能，实则担负寻找、管理供应商的重任，确保这过半的供应链增值活动保质、保量地完成。

这就是说，**在供应链管理的三大执行职能中，采购挑的担子最重**。这在轻资产的企业就更不用说了：自己没有生产职能，生产由供应商来做，生产变成由采购来管理生产供应商。就物流仓储来说，现在自己有车队、自己建仓库的企业越来越少，从本质上讲，物流职能变成了采购对物流供应商的管理。即使有的企业还设物流经理，其主要任务也是管理物流供应商，干的是采购的活。

而采购呢，又是供应链领域最被误解和低估的职能。这里有企业的认识问题，也有对采购贪腐的顾虑，以及采购职能本身的能力问题，原因错综复杂，这里也不希望给出完整的解决方案。但是，不管怎么样，如果采购还是一个人在公司的最后一站⊖，那就注定没法确保供

⊖ 对于采购是一个人在公司的最后一站，可参考我的畅销书《采购与供应链管理：一个实践者的角度》（第 2 版），第 268-272 页。大意是在以前的美国企业，由于竖向集成度高，作为公司从市场（供应商）获取资源的窗口，采购就彰显不出重要性，得不到重视。当一个人做不来设计，做不了销售、生产、财务、人事，那就去做采购；如果连钱都不会花了，那就卷铺盖走人，去祸害竞争对手。当然，随着北美企业竖向集成的解体、供应链的全球化，采购的地位也大幅提升，成为企业的一个核心职能。

应商负责的增值活动,也就注定没法全面提高供应链的绩效——不要忘了,过半的供应链增值活动发生在供应商处。

这其实也反映了对采购职能的不同理解。作为采购部门的负责人,如果你跟老总说:"我在花公司 70% 的钱,现在人手不够。"老总八成会一句话打发了你:花钱有什么难,还要多雇什么人。但如果你说:"我的部门对公司 70% 的增值活动负责。"你八成会得到一个大不相同的答复。如果你说"供应商是公司的延伸,是公司的战略资源,是我们轻资产经营的关键",你在从更高层面阐述采购职能的战略地位。

为什么要说这些呢?我们怎么理解、定位采购职能,直接决定了公司怎么看待这一战略职能,也决定了能否得到充分的资源,强化这一职能,改善供应链绩效。采购职能如此,供应链管理亦然。详细内容,建议参考我的畅销书《采购与供应链管理:一个实践者的角度》(第 2 版)。

到现在为止,我们从职能层面阐述了供应链管理,这是沿着纵向来切分供应链。下面我们从横向来切分,换个角度,从产品流、信息流和资金流的角度来阐述供应链管理。纵横交错,以便对供应链管理有全面的了解。

供应链管理是三流集成[一]

简单的供应链只有一层关系:一个客户和一个供应商;复杂的供应链则包括多重客户、多重供应商,从而有一级供应商、二级供应商和直接客户、最终客户的说法。**供应链管理就是对从供应商的供应商到客户的客户的产品流、信息流和资金流的集成管理。**这有点长,有点拗口,但可以看出供应链的根本目的,就是通过集成管理三条流,来最大化给客户的价值,同时最小化供应链的成本。

拿苹果公司的 iPhone 7 为例。就生产环节来说,富士康给苹果做

[一] 摘自我的畅销书《采购与供应链管理:一个实践者的角度》(第 2 版),第 17-26 页,机械工业出版社,2015 年。有删节,有修改。

生产，是苹果的直接供应商（也叫一级供应商）；台积电、三星给富士康供应半导体芯片，是富士康的直接供应商、苹果的二级供应商；我的老东家给台积电和三星提供制程设备，是台积电、三星的直接供应商、富士康的二级供应商、苹果的三级供应商。就销售环节讲，苹果是供应商，供货给电信商（直接客户）；电信商进一步供货给自己的门店；最后 iPhone 7 到了消费者（最终用户）的手上。

在上面的例子中，产品从供应商的供应商流向客户的客户，资金按照相反方向流动，而信息则双向流动。在这里，产品流是供应链的根本——供应链之所以存在，是因为有产品流。信息流是供应链的神经系统，驱动和支配产品流、资金流。而资金流则形成供应链的血液，从客户的客户到供应商的供应商，给各个环节输送"养分"（见图 0-5）。

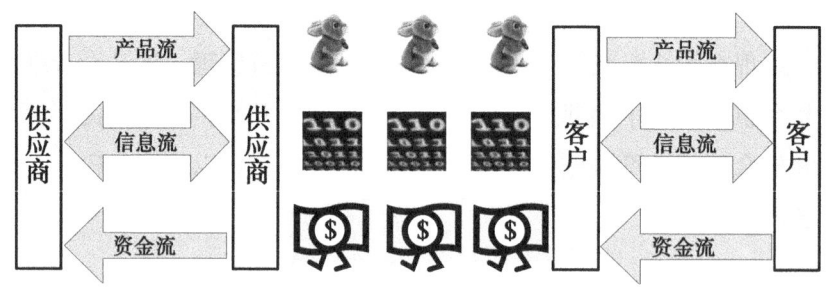

图 0-5　供应链管理是对产品流、信息流和资金流的集成管理

顾名思义，产品流是产品的物理流动，涉及采购、生产、仓储、运输等。其管理重点是以最经济、最有效的方式采购、制造、存储和运输产品。例如对零售业巨头沃尔玛而言，在哪里选择供应商、在哪里设置配送中心、在哪里开店，都得综合考虑生产、仓储和运输成本，力求做到总成本最低，这就是产品流的设计。而最近三十余年来，欧美企业全球寻源，也是从根本上改变了产品流，把原来的欧美设计、欧美制造、欧美销售，改变为欧美设计、亚洲制造、全球销售。全球寻源之所以挑战重重，也是因为对产品流结构的根本性改变。

从概念上讲，物流是产品流的重要组成，但又不是产品流的全部。说到底，物流是把产品从 A 地搬到 B 地（或许有点过于简化），本身并不使产品增值。例如一台计算机，不管是在北美还是中国，它总是一台计算机，不会因为从北美搬到中国就增加功能或性能更优。增加库存时间、库存地点也是。这也是为什么精益生产力求零库存，把二次搬运减到最低等。而产品流还包括增值的生产过程，范围相对更广，例如在生产企业内，设备布局、工艺流程等都属产品流的范畴。

反过来讲，产品流也不是物流的全部。物流不但包括产品的流动、存储，也包括伴随而来的信息流等。这两个概念用英语来表达就更清楚：产品流是 material flow 或 product flow，直译过来，就是物料流或产品流（我翻译成产品流，主要是为了避免与"物流"的混淆）；而物流对应的英语是 logistics，传统上被译作"后勤"（"物流"一词据说是来自日语）。产品流和物流在字面上容易混淆，但产品流与后勤则很明显不是一回事，你就知道产品流和物流不能等同使用了。

实践者问

最近看到供应链管理中有商业流的概念，这个概念到底是怎样提出的？业内认可这个观念么？我的理解是商业流是彼此直接的商业关系，涉及合约、谈判、订单等，加强商业流就是建立互信，需要克服局部思维，从共赢的角度争取到更加紧密的合作，这个可以算作一种流程么？[孟醒，麦剑道（中国）策划机构，策划主管]

作者答复

很难说商业流是个流程。商流的叫法，我在国内有些文章中看到过，但在北美没有听到过，在北美的文献中也没看到过。想想看，供应链上流动的，要么是产品，要么是信息，要么是资金。所谓的"商流"，似乎更多的是信息流，比如围绕合同和订单的信息流。我个人的看法是，产品流、信息流和资金流等三条流已经全面地描述了贯穿供应链的活动，"商流"有多余之嫌。如果非要表述"商流"所代表的商业关系，建议用"关系"和"连接"的概念——这是从另一个维度阐述供应链，即改善供应链要么是通过改进供应链伙伴之间的商业关系，要么是增进供应链伙伴之间的连接，以提高供应链的效率和效益[○]。

说完产品流，再说**信息流**。**信息流与产品流、资金流结伴而行，可以说是供应链的神经系统，支配产品流和资金流的运作**。举个简单的例子。你要寄一个包裹，把包裹给快递的同时，需要填写一张表格。包裹的流动形成产品流，表格的流动则形成信息流。过了一段时间，快递公司说，"对不起，你的包裹寄丢了"，即产品流中断了。你知道，包裹是寄不丢的，它总会在地球上的某个角落；是那张纸丢了（信息流中断）。再比如说，供应商的账款没法支付，表面上看是资金流中断了，其实是信息流中断了：请购单、采购订单和交货单三单不合一，数字对不上，财务就没法付款。所以说，信息流是供应链的神经。供应链的很多问题，表面上是产品流、资金流中断，实际上是信息流中断。

对一个多重、复杂的供应链，信息的有效流动非常重要，也往往比产品流更难管理。例如你问有经验的进出口人员，他们八成会说，单据比产品更难对付（单据构成信息流）。如果出问题，八成便是单据出了问题，要么是单据丢失，要么是与实际货量不符，要么是地址有问题，要么是格式不符合海关要求。在质量管理中，大多数质量问题不是单纯的制造问题，而是信息问题，例如货量不准、货号出错、标签出错、质量检验证书没附上等，都是信息问题而不是实物问题。而需求预测信息沿供应链传递时出现的失真（"牛鞭效应"），历来都是供应链管理的"老大难"，是任何企业都没法回避的。

○ 关于"关系"和"连接"的详细阐述，可参阅我的畅销书《采购与供应链管理：一个实践者的角度》（第2版），第27-31页，机械工业出版社，2015年。

对于供应链管理来说，**我们更多的时候是在跟信息流打交道，职位越高越是如此**。信息流来自信息的流动，而信息则来自数据。如何确保数据的准确性，并从中提炼出合适的信息，是管理者的一项重要任务。身处供应链管理金字塔的塔顶，数据、信息才是对供应链的综合掌控。没有合适的数据和信息，就谈不上供应链管理。这也是为什么供应链的改进经常和信息系统的实施、改进分不开。比如从 2005 年开始，英特尔开始供应链转型，以提高客户服务水平，同时降低库存和成本。与之结伴而行的是公司的 IT 部门：供应链要识别问题、分析问题、做出决策，都离不开 IT 系统的支持。**供应链再造，往往要求对 IT 系统的再造。**

小贴士　信息流和信息技术

说到信息流，就不得不提信息技术。长期以来，人们经常把信息流问题与信息技术问题等同。其实信息流不畅通有信息技术方面的问题，但更多的是人为因素。打个比方，别的公司都用电子邮件了，这家公司还在用鸡毛信，那是个典型的**信息技术问题**。但是，即使 IT 部门给大家安装了电子邮件系统，有的人老习惯难改，还是坚持用鸡毛信，那则是**人为壁垒**问题。这两种问题根源不同，解决方案也不同——技术问题要求技术解决方案，而人为壁垒则必须通过商业手段来克服。

在供应链上，出于种种商业考量，公司之间、部门之间、员工之间并不愿意分享信息，形成一道道人为壁垒。例如供应商担心采购方利用生产工艺信息要求降价，或泄露给供应商的竞争对手，从而不许采购方参观自己的生产线。此类人为壁垒，妨碍了质量问题的顺利解决，是造成供应链低效的一大原因。信息技术可以降低信息处理和传递的成本，并减小传递时的失真，但没法克服供求各方的人为壁垒（即商业问题）。

商业问题需要商业解决方案，依赖信息技术只能是缘木求鱼。例如实施了 ERP 系统，就希望很多供应链问题会迎刃而解，其实是 ERP

系统实施失败的一大原因。比如20世纪八九十年代，ERP刚传入中国，一些大型企业导入ERP，希望能解决公司的各种问题。但因为业务流程不清楚、部门关系不顺畅，这些ERP实施大都以失败告终：实施ERP前，员工的主要敌人只有一个，那就是错综复杂的流程；实施ERP后，他们的敌人变成两个，不但要继续跟流程做斗争，还得对付系统带来的诸多限制。结果就是宁肯光脚，也不肯穿鞋——大家不用ERP，ERP的灾难就是这样造成的。

不过最近几年里，我们看到的ERP实施灾难越来越少。根本原因在我看来，一方面是企业的管理水平在提升，流程越来越规范；另一方面，也是因为企业意识到理顺流程的重要性，愿意花钱来解决ERP实施前的流程优化工作。以前，企业愿意花钱到具体的软件系统上，至于理顺流程嘛，我们自己就能对付，用不着支付大笔的钱给软件公司。不过想想看，如果自己能对付，为什么不早把流程给理顺呢？这就造成了ERP实施中的灾难：现有流程是一套做法，员工实际是另一套做法，ERP要求第三套做法，注定以ERP实施失败告终。

产品流的最大挑战不是生产、运输或仓储，而是供应链的透明度，比如在供应链中，产品具体在哪个环节，有多少。说白了，还是个信息流问题。这问题看上去简单，却是困扰企业多年的老问题。不管是条形码还是RFID（radio frequency identification，射频识别），目的都是增加供应链的透明度，通过优化信息流来提高供应链的效率。

资金流看上去没有产品流、信息流重要，却是盘活整个供应链的关键。相信有些人对20世纪90年代初的"三角债"还记忆犹新：公司甲欠公司乙的钱，公司乙欠公司丙的钱，公司丙欠公司甲的钱，形成一个死循环。这其实是供应链的资金流出现问题。资金流中断，导致很多行业整体陷入困境。2008年的金融危机中，美国政府之所以给各大金融机构注资7 000亿美元，并大幅降低利率，就是为了降低企业的融资成本，确保资金流通畅。

资金流是企业和供应链的血液，也是企业倒闭的主要原因。 亏本是慢性病，就如吃不饱饭，饿是饿，但不会立即饿死；资金周转不灵则如脑中风，用不了多久就会死人。试想想，如果一个公司没有资金支付供应商的货款、发员工工资、付水电煤气费，这公司还能撑多久？

在很多情况下，**资金流问题与库存问题并存，而库存则与信息流息息相关。** 例如在"牛鞭效应"的作用下，需求信息沿供应链传递时失真、放大，导致整条供应链过量生产、过度扩张、库存积压，从而导致资金积压严重⊖；采购方因为商业原因故意隐瞒市场数据，或者因为担心供应商的产能不足而故意拔高预测，也会导致供应商过度生产，库存积压，同样造成资金流问题。**所以资金流问题往往取决于信息流的解决方案。**"拿信息换库存"也是拿信息换现金，即通过鼓励供应链伙伴及时、准确地共享信息，来减小"牛鞭效应"的影响，降低库存、减少资金积压，从而盘活整个供应链。

最后，让我们谈一下三条流的"集成"管理。

"集成"或许是供应链管理中最被滥用的两个字。集成的字面意思是组合两个或多个物件，形成一个整体。对于产品流、信息流和资金流来说，就是把这三条流作为一个整体来管理。举个例子：信息流加快，比如审批流程简化、审批速度加快了，产品流的速度就会加快（产品流的很多时间是在走信息流，即"走流程"）；产品流快了，库存就会降低（产品停顿造成库存）；库存降低了，资金占用就会减少，资金回笼就会更快，资金流就会更流畅。

不难看出，三条流的改进是相互的。在实践中，我们很难也不应该，把这三条流割裂开来。而供应链绩效的改进，也是建立在整体改善这三条流的基础上。这就是三条流的集成管理。

⊖ 关于"牛鞭效应"的更多内容，可参考我的畅销书《采购与供应链管理：一个实践者的角度》(第 2 版)，第 81-91 页。机械工业出版社，2015 年。

|实践者说|

供应链这个概念在国内是个热词,但是大家对它的理解还只是初级阶段,很多人认为供应链在企业内部就是运营、采购、物流的打包,只是形式上的加减法,没有真正用集成、整合的思维去构建供应链部门。(徐磊,宁波华翔汽车纤维研发有限公司,采购部经理)

供应链管理是美国"落后挨打"的产物

提起供应链管理的起源,可以说是众说纷纭。有的说是需求的多样化,有的说是对低成本的诉求,有的说是贸易的全球化。这些都有道理,但在我看来,都漏掉了一个根本原因:日本。20世纪80年代以来,日本制造业给美国以沉重的打击,促使美国系统地学习日本的做法,总结并完善了供应链管理理论,以及成套的做法。可以说,供应链管理是美国企业"落后挨打"的产物。

看到我的这个论断,一位在美国的华裔博士有不同看法。他说,"从来没听说过供应链管理的起源是日本。供应链管理的形成和普遍重视日本的管理方法有点关系,但说供应链管理起源于日本不妥。1999年我在伊利诺伊大学厄巴纳-香槟分校第一次教供应链管理,日本教授专门来听课,因为在日本还没听说过供应链管理。"

我想说的是,这里不是探讨供应链管理的**理论起源**——相信大多数读者跟我一样,都来自工业界,更加关注供应链的实践。我想阐述的是,供应链的大多实践,其实都能从日本的管理实践中找到起源,尽管他们并不一定叫供应链管理。在供应链管理上,你没法也不应该回避日本。

如果读美国最近三十余年来的供应链管理文献,日本的影子随处可见,比如长期关系、精益生产、JIT(just in time,准时生产),都是典型的日本实践。对我们来说,**供应链管理之所以貌似西方概念,根本原因是美国系统地研究、总结了日本的实践,整理出成套的方法论。**

这就如全面质量管理本来是美国的研究成果，后来由戴明博士导入日本，在日本发扬光大，反倒让人觉得是个日本实践一样。

20世纪80年代，从汽车到家电到半导体，从消费品到工业品到航天航空，日本企业全面超越美国同行：质量好、价格低、速度快，日本制造成了美国的噩梦。时过境迁，作为局外人，我们很难想象当年美国对日本的恐惧：从政府到工业界到普通老百姓，都是一副大难临头的末日感。如果说苏联和核战争是悬在头上的一把剑，但没落下来过，给美国老百姓的实质性危害有限的话，那么日本与日本制造呢，则是实实在在站在门口的"野蛮人"，登堂入室，其危害也是实质性的，从那一个个失去的工作就可以看出：先是听说有人失业，接下来是左邻右舍失业，后来就轮到自己失业。

相对而言，中国企业与美国企业的互补性更强：美国专注高科技、高附加值的产品，我们更多的是劳动密集、低附加值的产品。这就是为什么相比当年的美日矛盾，美中经济矛盾其实小多了。而当年的日本就大不相同：日本在汽车、家电、半导体等众多领域与美国直接交锋，硬生生地从美国企业虎口夺食，可以想象竞争该有多么激烈。

于是美国政府就屡屡拿贸易壁垒、日元汇率、政府补贴说事，说日本制造贸易壁垒、限制进口，说日元汇率偏低，说日本政府资助企业，进行不公平竞争。可以说，这些年来美国扣在中国头上的帽子，日本都戴过，而且戴的时间更长。直到日本进入"失去的20年"，日本对美国的威胁日渐减弱，美国的注意力才逐渐转离日本。

三四十年过去了，我们知道贸易壁垒、汇率政策、政府补贴即便有，影响的也只能是价格，但就是没法解释一个根本问题，那就是**日本产品的质量好**。

拿汽车做例子。十几年前我在亚利桑那州立大学读商学院，楼下住的乔治是个美国兄弟。有一次闲聊，聊着聊着就聊到了汽车，这老兄突然开始发飙，说以前通用汽车制造的哪能叫车呢，开个五六年就散了架——估计乔治当年给害苦过，有切身之痛。而同一时期丰田打入美国的一些车型，比如凯美瑞，都二十几年的车龄了，在路上跑的还多得是。这是 2000 年前后的事儿，当时我们做学生，买二手车，都喜欢买日本车。同样十年左右的车龄，美国车基本处于报废状态，一两千美元就能买一辆，当然买来就得三天两头地修；而日本车呢，虽说动辄四五千美元，但买来后极少需要维护，新车也是。直到今天，在美国，同类型的新车，尽管日本车的价格显著高过美国车，但人们就是愿意买日本车。

当年，美国的政客们有的傻，有的装傻，对这些视而不见，继续拿着各种贸易大棒对付日本；但美国的企业家一点也不傻，他们从企业运营的角度来研究日本同行，试图理解质量差异的根源，发现日本企业有如下几个特点。

（1）日本企业以**长期关系**为主，比如爷爷一辈在一起做生意，孙子一辈还是。日本企业在长期合作下，关系稳定，企业间黏合度高，交易成本低，全局优化的可能性大；美国企业在短期合作下，买卖双方习惯性地博弈，交易成本高，单兵作战，企业间协作度低，以局部优化为目标。

（2）日本企业一般跟**数量有限**的供应商合作，单点寻源较多，规模效益明显，关系稳定；美国企业则是普遍的"多子多福"，多点寻源为主，主要依赖市场竞争，跟数量众多的供应商合作，采购额分散，规模效益低下。

（3）日本生产以小批量、高频次为特点，以**速度**为核心，周转周期短，能更加有效地应对定制化需求；美国企业以大批量、低频次为特点，以**成本**为核心，成本可以做低，但速度做不上去，在定制化和差异化需求面前困难重重。

美国企业家搞清楚了这三点后，就开始系统地学习日本企业，主要通过如下两种途径：

第一，**企业直接学习**。比如美国企业参观、研究日本企业，进而通过合资、并购等方式深入学习。汽车行业有相当多的案例，比如福特并购马自达，通用汽车与丰田合资成立新联合汽车制造公司（NUMMI）。NUMMI 就在硅谷，离我家不远，原来属于通用汽车，盈利低、质量差，关闭了；后来丰田进来了，工人大多还是原通用汽车的工人，一帮一度被认为汽车行业最坏的工人[一]，在丰田的管理模式下，一举成为美国盈利最高的几个汽车制造厂之一。

第二，**企业、政府资助系统的研究项目**。比如当年密歇根大学研究日本汽车供应链，麻省理工学院研究日本精益生产，美国高级采购研究中心（CAPS Research）研究日本的长期合作关系等。这些研究从形而下上升到形而上，系统地分析、总结了众多的日本实践，上升到理论高度，促进形成了一门新兴的学科：供应链管理。

在世界历史上，一个国家这么系统地学习、研究另一个国家的管理实践，可以说是绝无仅有。从行业上看，美国开始时聚焦大批量产业，以汽车行业为主，让供应链管理的实践传入大批量行业；后来转移到小批量行业，以飞机制造行业为主，比如麻省理工学院在波音等赞助下，系统展开对精益生产的研究，让供应链管理在小批量行业发展起来。这也符合**最佳实践在供应链管理领域的传播路径：从大批量行业进入小批量行业，从传统制造业进入非传统制造业**（还有从制造业进入非制造业，比如麦当劳的流水线最初是福特发明的）。

实践者问

既然日本的汽车厂家跟美国的是直接竞争对手，为什么会允许他们参观呢？[严凌，摩托罗拉（武汉），物控主管]

作者答复

日本人，或者说东方人对竞争的看法，跟欧美人有区别：他们对竞争没有那么敏感。像丰田这样的企业，并不认为其他企业通过简单

一 NUMMI, Wikipedia, https://en.wikipedia.org/wiki/NUMMI.

的模仿就能学到他们的管理方法。事实也证明如此：那么多的企业学丰田的精益生产，你见过哪一个学到位的？

供应链管理是"关系经济"胜出的产物

总体而言，美国企业以契约为基础，讲究商业伙伴间清楚的界限和个体优化；日本企业以关系模式为特点，讲究合作伙伴之间的协作和全局优化。供应链管理在美国的兴起，其实是契约经济模式被关系经济模式强烈冲击后，美国"师夷长技以制夷"的结果。

日本企业的团体作战，美国企业的单兵作战，跟两国各自的文化背景有关。在日本，长期关系下，链主企业与伙伴企业之间的关系紧密，配合度高，容易形成合力，一致对外，是**关系经济**。在美国，传统的关系是基于契约的短期关系，链主企业跟伙伴企业签订合同，然后大家都严格按照合同约定来做，是**契约经济**。

契约经济的好处是可预见性高：合同上写的质量、交期、价格，都可以期望得到；如果做不到的话，罚则也很清楚。契约签好了，我严格按照合同执行，给你结果就行，至于我是怎么做的，那是我的私事，你管不着。这种独立运作的方式，用英语中的一句话说，就是 arm's length relationship（一胳膊长的关系）——美国文化认为，人周围一胳膊的距离是私人空间，一旦突破，对方就会感到不安（相对而言，亚洲人的个人空间就小多了）。表现在合作关系上，就是你把要求列出来，大家签订合同，按照合同办事就得了。所以，美国企业单兵作战较多，商业伙伴间的协作较少。这其实是西方社会的普遍现象（见图 0-6）。

但问题是，很多东西是难以量化的，或者即使量化了也会变化，这在契约经济

图 0-6　泾渭分明、低信任、低协作的"契约经济"

里，双方独立性很高的情况下，调整的难度高，时效性差。所以，契约经济的结果往往是"手术很成功，病人却死了"——大家都按要求做了，但最终的结果没达到。

而传统的日本方式（这里要特别强调的是传统的、以前的日本，现在的日本企业也有各种问题）正好相反，买卖双方长期合作，关系稳定，习惯于协作，一起解决问题。比如在产品设计阶段，供应商早期介入，与采购方合作设计，有利于产品设计与工艺设计的交互优化：产品不但要能设计出来，而且要能容易地制造出来，产品设计与工艺设计交替进行，才能促成相互优化，不但设计出功能齐全的产品，而且能够便宜、快捷、高质量地制造出来。这在关系经济里相对容易实现，但在契约经济里就很难实现（见图0-7）。

图0-7 关系稳定、协作度高、信任度高的"关系经济"

想想看，为什么有契约？因为大家互不信任，所以才用合同来约定、约束双方的关系。同样因为不信任，所以就不会敞开心扉，深度合作。比如在传统的美国关系下，你要参观供应商的生产线，共同解决质量问题，有的供应商会担心，因为你可能学到他们的工艺知识和商业秘密，要么传递给他们的竞争对手，要么逼着他们降价。

这就是契约经济下短期关系的根本问题，缺乏互信，大家都在防范，都在观望，甚至脚踏两只船。打个比方，契约经济下，短期关系就如初期约会，小伙子一边约会，一边瞟着旁边走过的小姑娘，一发现更好的就转身去追。想想看，人家女孩子能敞开心扉，把自己的私房钱交给你吗？而关系经济下的长期关系呢，双方关系稳定，目标更加一致，"二人同心，其利断金"。合作双方很多时候都没有合同，即便有，双方合作也不是由合同规范：目标一致，是双方都想把事情做好的根本。小伙子再也用不着动不动就打保证、对天发誓——这些都是短期关系下，互信度低的产物，就像美国的买卖双方，口头上一再强调长期合作、精诚团结,其实你知道,越是说什么,越是缺什么,很多时候都是这样。

如果你看对供应链管理的贡献,日本企业主要在**关系**领域内,即职能与职能、公司与公司之间愿意协作,比如供应商早期介入、长期合作等。而美国的贡献则更多的是在 IT 系统领域,解决的是**连接**的问题,比如 MRP(material requirement planning,物料需求计划)、ERP(enterprise resource planning,企业资源计划)以及电子商务、互联网。或者说,美国的主要贡献是 IT 工具。

有些人一提到供应链管理,往往就想到 IT 系统。其实供应链的概念核心是协作,是个**关系问题**,而不是 IT 系统或业务流程的**连接问题**。传统的日本管理方式,比如精益生产、JIT 等,对信息技术的要求并不高,不需要复杂的信息系统。相比之下,这些日本企业的报表等也很少。相反,正是因为协作度低、互信度低,为了控制的需要,美国企业就需要设计更复杂的流程、编制更多的报表,从而需要更加复杂、强大的 IT 系统,这都是美国企业的特点。

美国的契约经济就如**猎人关系**,双方更多地借助于市场机制来合作。市场机制就如动物世界,以弱肉强食为特点。链主企业就如猎人,有需要,就到市场上去找合适的供应商,能从合作伙伴身上盘剥多少就盘剥多少,正如猎人看到猎物便一枪放倒,至于猎物由谁来养护,不关他的事——人人为自己,上帝为大家,我又不是上帝,自然犯不着为合作伙伴着想。

当然,风水轮流转,买方市场转为卖方市场时,供应商也会同样对付采购方。我在硅谷做采购时就是这样:一旦行业不景气,采购方就向供应商要求降价;但行业一旦景气,产能短缺时,有些供应商就开始抬价。三十年河东,三十年河西,你坑我来我坑你,双方都习惯性地博弈,很难形成好的合作关系。日本的关系经济则像牧人关系:链主企业会向合作伙伴索取,但会考虑合作伙伴的生死存亡,不会涸泽而渔。比如牧人会吃羊肉,但不会把羊杀光——他会考虑羊群的发展壮大⊖。

当然，这都是陈年旧事。**在全面向日本学习的时候，美国人难免理想化日本的一些做法，比如长期关系**。我们知道，以财阀交叉持股为特点的长期关系，其实也是问题多多，跳跃式的创新能力不足即是其一。短期关系下，一有更好的技术、更好的供应商，美国企业就可以迅速导入；而长期关系下，对于日本企业来说，要导入更好的供应商、更好的技术，从上到下、从里到外，会有很大的阻力。

比如现有的供应商会想方设法阻挠，动用一切可以动用的力量，找老板，找老板的老板，找以前的董事长，目的就一个：我们当年没功劳也有苦劳，现在这采购不念旧情，要导入竞争对手。于是就有人给你不断打电话，施加压力，导致你没法导入新的供应商。这种长期关系走到极端，就变得"剪不断、理还乱"，整条供应链自上到下丧失了进取心。我访问过一些大型日本企业，感觉确实很像。这不，这几年日本大型企业困难重重，或许跟这种封闭、迟缓的供应链关系不无关系。

但是，**在渐进式创新上，日本企业则具备明显的优势**：在长期、稳定的关系下，一个特定的技术、产品开发出来了，一代接一代，日本企业可以做得越来越好、越来越便宜。相反，美国企业与供应商在渐进式创新上相对更薄弱，因为协作度低，很难一起把一件东西做得越来越完美——想想看，短期关系下，这生意明天还不知道是不是自己做的情况下，供应商会花多少精力来持续改进呢？很多产品、技术都是美国企业最先创造出来的，但最后市场份额却被日本企业拿走了，就是因为日本的渐进式创新好，把这些产品、技术进一步优化，成本做得更低，质量做得更好，反倒打败了美国企业。

在这方面，美国企业有惨痛的记忆。比如我的老东家，一个60亿美元规模的半导体设备制造商，以前规模小的时候，有好技术，开发

⊖ 关于"猎人关系"和"牧人关系"，可参见我的畅销书《采购与供应链管理：一个实践者的角度》(第2版)，第171-175页。机械工业出版社，2015年。

出了好产品,但就是没法把质量做上去,就跟一个日本企业合作。结果日本企业很快学会了相应的技术,自己整出质量更好、价格更低的产品,变成了一个强劲的竞争对手,把英特尔等很多大客户的市场份额都给抢走了。而老东家重新打入英特尔,则是20年后的事了。

值得注意的是,日本当年的"最佳实践"呢,其实也在变化。拿长期关系为例,今天日本企业的长期关系,自然没法跟30年前相比,就跟终身雇用不再是日本企业的主旋律一样。而且也不是每一个日本企业都是长期关系、协作关系,特别是陷入困境的时候。比如2008年金融危机后,丰田、本田的供应商关系也在走下坡路,因为降本压力太大,虽说丰田、本田以设计优化、流程优化降本为主,但给供应商的压力还是相当大。比如丰田的"刹车门"事件,导致全球召回近千万辆汽车,就跟采购降价"拧干了毛巾里的最后一滴水"不无关系㊀。

小贴士　日本企业的光环逐渐散去

在失去的二十年里,罩在日本企业头上的光环逐渐散去,丰田的"刹车门"等也让人们对日本的质量有了进一步的认识,人们也应该重新审视日本的很多做法。

今天,在全球供应链实践做得很好的企业中,鲜见日本企业,也从一个侧面反映了日本的供应链管理水平。比如高德纳(Gartner)的全球供应链25强中,从2012年到2016年的5年间,日本企业只上榜一次,还是排名靠后(2015年,丰田排在第24位)。这也从一个侧面反映了日本企业在全球经济中的尴尬地位。而美国企业呢,则在供应链管理领域继续领跑全球,比如在2016年的高德纳供应链25强中,总部在美国的企业就占60%,还不算苹果与宝洁两个供应链大师级企业。

㊀ 丰田家族如何"拧干毛巾上最后一滴水",刘香楠,人民网,http://www.people.com.cn。

拿汽车业为例。美国有个公司每年调查供应商与汽车原厂的关系,主要是一级供应商与日本三巨头(丰田、本田和日产)、美国三巨头(通用汽车、福特和克莱斯勒)的关系。总的来说,日本三巨头与供应商的关系明显好过美国的竞争对手。但最近10年,这一差距在逐步缩小:美国三巨头与供应商的关系逐渐改善,而日本三巨头则走势相反,虽然其总体供应商关系仍旧明显好于美国车厂。这在金融危机前后的几年尤其明显。这种趋势对于日产来说尤其如此。这恐怕和日产与雷诺等的结盟关系,在管理上更加去日本化不无关系(比如日产的CEO卡洛斯·戈恩就是个法国人)。从另一个侧面也说明,日本企业更加全球化,纯粹的日本管理方式也在随着全球化而改变。

往日雄风不再。今天的日本企业已远不是三十年前的日本企业,就如我们也远不是二三十年前的中国企业一样。很多经典的做法,也随着时过境迁而变化。**让你成功的,也让你失败。所有的失去都是从得到开始**。当你成为学习的对象时,也意味着失败的开始。

这些年来,日本企业在全球竞争中的挑战,其实也跟抱残守缺、死守当年的"最佳实践",不能更进一步不无关系。就拿日本引以为豪的质量来说,到2015年,日本汽车的质量第一次低于平均水平(来自JD Power的调查)。这并不是说日本的质量水平在下降,而是因为美国、韩国的车厂在快速提升,而日本企业没法跟上罢了。这其实也反映了杂交优势:**日本的管理方法与美国、韩国的具体情况相结合,产生了更好的效果**。有趣的是,这两个国家都系统地向日本学习过。

提到系统地向一个国家学习,顺便多说两句。**中国的企业,作为一个整体,似乎一直没有整体赶超的对象**。几十年前的日本企业,整体赶超对象是美国企业;后来的美国企业,整体赶超对象是日本企业;韩国企业也是以日本企业作为赶超对象。对于中国企业,我还实在想不到我们的整体假想敌是谁。当然你可以说,一流的高手是自立标准,但我们似乎还没到那一步。

我们企业的策略似乎很简单：我做的产品没有你的好，但是我的更便宜。这是**价格跟随战略，只能跟随，没法超越**。作为一个后起的低成本国家，以低价开始也是可以理解的；但长期没法从价格竞争转向质量竞争，却是一个问题——你看日本和韩国企业的成功，最后走的都是**质量超越。地位是质量定的，不是价格**。

再回到供应链管理上来。不管怎么样，在供应链管理领域，我们不能忽视日本企业的贡献，更不能忽视美国是如何学习日本的。这就如一谈到佛教，你就不能忽略印度一样，尽管佛教在印度已经式微。而美国的做法了，则更多的是"杂交"，结合了契约经济与关系经济的诸多优点，经过三十多年的本土化，也总结出了一些好的做法。理解这些，相信会帮助我们缩短学习曲线，尽快把供应链做上去。

从"愿景"说供应链管理的贡献

一位供应链职业经理人来信，问供应链的愿景是什么？如何来激励团队，让他们看到希望？这是一位跨国企业的经理，所在企业的规模近 200 亿美元，也是我多年的读者。

我回复说，公司有三个核心职能：**设计**整出一个好产品、**营销**卖个好价钱、**供应链**以合适的速度和成本生产出来——供应链是公司的三大战略职能之一。如果公司是个凳子的话，供应链就是凳子的三条腿之一。**生意看上去是营销做的，钱其实是供应链挣的**：供应链一不留神，库存、成本失控，公司就要么生意越做越多，钱越赚越少；要么账面上赚了，其实都赚进了库存。这么重要的任务，还不足以激励团队？

让我们接着谈前面乔布斯的例子。从**商业**角度看，乔布斯在重返苹果前可以说是一无所成：1985 年离开苹果时，苹果的股价明显低于纳斯达克大盘——自 1980 年上市以来，苹果股票 5 年间下跌近一半，而同期纳斯达克指数上升近 50%——乔布斯得不到董事会的支持，交出公司的管理大权，也就并没有什么说不过去的了；离开苹果后，乔布斯创立了 NeXt，开发出一款计算机，东西好坏不得而知——产品成本太高，售价好几千美元，根本就没卖掉几台，自然就没人在意性能的好坏了——他在"流放"的 12 年期间也没赚钱，反倒把原来在苹果股票赚的钱贴进去了，只能说是又一个商业上的失败⊖。

而与此同时，在乔布斯离开苹果的头七年，苹果的股价表现远超大盘——七年的时间足够长了，如果历史定格在这里的话，乔布斯注定是又一个失败的硅谷创始人的代表：他们精于从 0 到 1，即开发出好产品；但弱于从 1 到 N，即一遍遍复制，把产品以低成本、高速度的方式复制出来，赚 N 倍钱给股东优厚的回报。**从 0 到 1 考验的是研发，而从 1 到 N 考验的是供应链**。乔布斯在商业上的失败，就是因为供应链不给力，产品和运营成本做不下来，直到遇到了库克，也是他的继任者。

库克是个供应链专家，在 IBM、康柏历练多年，深知如何管理供应链，把成本做下来、速度做上去。乔布斯聚焦从 0 到 1，开发出一个又一个好产品，从 iPod 到 iPhone 到 iPad，个个都注定在历史上添上浓墨重彩的一笔；库克聚焦从 1 到 N，打造了世界一流的供应链，高质量、低成本地复制这些产品，把苹果做成了世界上最值钱的公司。人人都知道，苹果成了世界上创新力最强的公司；但并不是人人都注意到，苹果也同时连续 8 年，在高德纳（Gartner）的全球供应链 25 强上占据榜首位置。所以，**就苹果的复兴来看，表面上是乔布斯的励志故事，其实是个完美的供应链案例，凸显了供应链对公司的价值**。

所以，如果你要描述供应链的愿景，苹果就是完美的例子。如果

⊖ 对于商业成功，我的定义很简单：以法律和道德允许的方式，给股东回报。要给股东回报，企业就得赚钱，或者有未来赚钱的潜力，这些都会反映在企业的股价上。乔布斯的案例，在我的畅销书《供应链管理：高成本、高库存、重资产的解决方案》中详细谈到，见第 297-304 页。

你想把这个故事讲得既高屋建瓴，又脚踏实地的话，可以参考我的畅销书《供应链管理：高成本、高库存、重资产的解决方案》，其中详细谈到苹果的案例，比如乔布斯重回苹果后，精简产品线，降低复杂度驱动的成本；库克加盟后，外包生产，应对重资产问题，同时优化供应链，解决库存问题等；好产品和好运营相结合，公司才能真正从优秀到卓越。当然啦，如果你觉得"外来的和尚好念经"，我也可以帮忙把这些系统阐述给公司管理层——事实上，我每年有相当一部分时间就在做这方面的事，集中培训公司高层和研发、销售、供应链的管理层，就如何改善供应链在公司高层和跨职能之间形成共识。

在我的读者中，还有众多的采购职业经理人。他们总觉得采购的地位不够高，同样有个"愿景"的问题。其实这简单。采购是供应链的一环，而且是供应链的主力军：一方面，产品 70% 左右的成本来自供应商，意味着 70% 左右的增值活动发生在供应商处，而采购对这 70% 左右的增值活动负责；另一方面，越来越多的公司外包生产、物流，以前归生产经理、物流经理的事儿，现在成了采购经理的责任。所以说，说是供应链管理，唱主角的其实是采购——采购选择合适的供应商，管理好供应商绩效，把关键供应商与公司的流程、系统集成，对公司至关重要。

这些都已纳入我的另一本畅销书《采购与供应链管理：一个实践者的角度》（第 2 版）。围绕这本书，我开发了另一个精品培训，聚焦采购和供应商管理。截至 2016 年，这个精品培训已经做了成百次，但每次都有改进，因为我自己一直在学习。当然，不变的是我的口音。还记得当年这个培训第一次推出，是讲给上海交大和 MIT（麻省理工）合办的 MBA 课程。培训结束时一位 MBA 说："您讲的内容挺好，但就是普通话不标准。"我说："太太花了多少年来纠正我的普通话，朽木难雕，最后只能放弃——既然瓶子做不漂亮，那就只有在酒上多下功夫，以内容取胜了"。

本章小结

到现在为止，我们从不同角度介绍了供应链管理。我们知道，与研发、营销一道，供应链位列企业的三大核心职能，是解决成本做不低、速度做不快问题的关键解决方案。从横向切分，供应链又分为采购、运营和物流三大执行职能，其引擎是计划职能。计划想不到，执行就很难做到；即使做到了，也会以成本、库存为代价。从纵向切分，供应链可分解为产品流、信息流和资金流。供应链的绩效改进，最终都得体现在这三条流的改进上。所谓集成供应链管理，就是对这三条流的集成管理。

我们也讲了供应链的起源，重点讲了日本。在供应链管理领域，你没法回避日本，尽管我们读到的文献，大部分都是北美和欧洲的。正是日本企业的崛起，让美国企业认识到长期协作、团体作战和全局优化的意义，这都是供应链管理的精髓。可以说，供应链管理是美国企业"落后挨打"和"师夷长技以制夷"的产物。当然，日企的实践也有诸多问题，跟这些年来日企的低迷不无关系。但是，这并不影响我们从经典的日本实践中汲取养分。这就如唐僧西天取经时，佛教已经在印度式微，但那并没法改变佛教经典在印度的事实。

我还有两篇文章，讲了两个典型公司的供应链管理：华为和苹果，没有收在这本书里，大家可以到我的"供应链管理专栏"网站上查找㊀。作为全球企业的代表，我们从苹果身上看到，光有好产品还不够，还得有一流的供应链来支持。好产品加上好运营，企业才能从优秀到卓越。从苹果我们也看到供应链的运营本质，即把一件件实际的事情做好做到位。战略是廉价的。放在供应链管理上，就是在基本的战略指导下，企业要聚焦落地，没有捷径可走。

㊀ 《苹果的供应链管理：可复制的和不可复制的》，最初发表在《IT 经理世界》2012 年 5 月号上，名为《苹果的供应链可以复制吗》。《从华为说供应链运营的短板》，曾发表在《国企》2014 年 7 月号上。两篇文章都放在我的"供应链管理专栏"上，搜索文章名字即可找到：www.scm-blog.com。

作为本土企业的顶尖代表，在华为身上，我们可以看到快速发展多年后，众多本土企业供应链面临的共同挑战：需求复杂度大增，规模效益递减，注定供应链的成本做不下来，速度做不上去；供应商数量膨胀，采购额分散，导致同样的规模效益问题，也降低了企业对供应商的管控；计划薄弱，难以有效对接需求和供应，造成库存高企，但客户的服务水平低下问题并存。供应链的全局改善，要从这三方面着手，即两头防杂，降低产品的复杂度，整合供应商，以提高规模效益；中间治乱，改善计划，先想到，后做到，提高投资回报率。这也是我的畅销书《供应链管理：高成本、高库存、重资产的解决方案》的核心内容。

这些内容，大多都在我的两本畅销书上能找到。这里列出来，希望让大家对供应链管理有个更全面的认识，以便进入后续内容，一步步从初入职场发展为实践专家。

|资源| 更多供应链管理的文章、案例、培训：

- 我的供应链专栏：www.scm-blog.com，个人专栏，写了十多年了，500 余篇文章。
- 我的畅销专著：《采购与供应链管理：一个实践者的角度》，自2012 年领跑畅销榜。
  《供应链管理：高成本、高库存、重资产的解决方案》，最新畅销书。
- 我的微信订阅号、新浪微博、LinkedIn，更新、更快，定期发布新文章。

我的微信订阅号

我的新浪微博

Supply Chain Management as a Profession 第一章

初入供应链：
打好基础，进入快车道

> 经验无法替代。人总是从经验中学习，要么是自己的，要么是别人的。

对供应链职业人来说，职业发展可分为三个阶段。

初出茅庐，是新手，对供应链管理理解不深，重点是快速上手，聚焦"如何解决"具体的问题。工作了十年八载后，成为工匠，强于应对"如何解决"的问题，但弱于应对"不愿解决"的问题，所以陷入迷茫。十年面壁，到了专家阶段，既知道"怎么解决"，也能够解决"不愿解决"的问题，所以就如鱼得水。这就是职业人的三个发展阶段。

职业起步阶段，要力求找到高于平均水平的公司，跟随高于平均水平的人，力争高起点进入快车道，迅速积累第一手实践经验。这也包括读好书、参加系统的培训认证。对职业的认知、职业态度的养成、初始的也是最重要的职业圈子，都是在这个阶段形成的。学什么，怎么学，一方面取决于你的周围环境，比如你所在的行业、公司，另一方面也取决于个人选择——大公司、小公司都有可学之处，关键是要意识到它们各自的强项。

职业初始，对于大多数人来说，选择有限。做了力所能及的选择后，接下来就是埋头干活，多干、多听、多问，不但要知道怎么样，而且力求知道为什么。这是个"劳其筋骨"的阶段。对于职业初始者，任何经验都是宝贵的。相信乔布斯所言，**所有的点，最后都能连成线**。但是，对未发生的，你没法朝前连线；经历过后，却可以朝后连线。我们要做的就是认准方向，一路往前走，**对贡献有激情，对回报有信心**。

做好自己，善待他人；日有所知，日有所进。毕竟，**你是你自己最好的广告**。

供应链管理：大公司与小公司的不同

经常有人问，做供应链管理，是该到大公司，还是小公司？这里我们分析一下各自的长处、短处，并探讨在不同规模的企业，分别能学到什么。

2000年前后，供应链管理在美国炙手可热。一流的商学院陆续设立供应链管理的MBA，供应链管理也在《美国新闻与世界报道》（*U. S. News & World Report*）的MBA排行榜上单列出来，与金融、会计、营销等传统的MBA专业并列。在就业上，供应链管理专业的MBA们有两个热门选择：顶尖的咨询公司和营业额超过100亿美元的大公司。前者包括麦肯锡、埃森哲、科尔尼等，以及一些电子商务、ERP行业的顶尖企业。到这些公司做咨询工作，与大型客户的高层管理打交道，自然有很大吸引力，是典型的"金领"工作，头上有超人般的光环。后者即《财富》500强的大公司，规模大，采购额高，供应商多，整合、节支、供应链优化都有做头，动辄省下千百万美元，看上去真是"海阔凭鱼跃，天高任鸟飞"啊。

这两种择业取向看上去不同，其实后面都有一个共性：**规模**。大公司的规模大，建制完整，新手能够受到系统的培训（MBA 们尽管有过三年或更多的工作经历，但还属新手，不像他们自己或者别人认为的那样有经验）；顶尖的咨询公司动辄一个人每天收费几千美元，也只有那些大公司才能承担得起，所以客户也是那些大公司，咨询顾问接触的自然也是大公司的流程、系统和业务。**在这些大公司里，流程、系统驱动人员**，事情大都是按照流程来做，人的主观能动性是有，但不像在中小型公司那里得靠人来驱动流程。这是大、小公司的一个很大区别。

流程驱动，按部就班，速度就慢，不利于快速开发新产品、应对迅速变化的需求市场。于是有些大公司，比如通用电气、联合技术，就化整为零，设立不同的事业部、产品部。不同事业部、产品部之间的联系甚微，事实上是独立核算的中小企业，在系统、流程、供应商管理、人事方面往往与别的中小公司没什么区别，比如靠人来驱动流程。例如我以前有个供应商，是一个 50 亿美元大公司的一个小分部，甚至连 ERP 都没有，购料、排程都得依赖 Excel，负责的那个小姑娘头天晚上跳半夜舞，第二天工作没了精神，工作疏忽了点，几个星期以后就断了料。但由于他们的技术优势，我们还得用。

再如 2000 年前后的思科，"收编"了很多小公司，设了很多副总裁来管理（很多副总裁就是原来小公司的头）。当年克林顿总统访问思科时，曾跟当时思科的 CEO 钱伯斯开玩笑，说"你的本事真大，能管这么多副总裁，我就一个都管不来"（副总裁与副总统在英语里名称一样，都是 Vice President）。有些小公司没法彻底融入思科，就变成了一个个"小岛"，在系统、流程和管理方式上，还是按照小公司的方式运作。同样有名的还有兼并高手泰科（Tyco），先后整合兼并了大批公司，但是"消化不良"，最后还是不得不一个个吐出来，拆分出去了事。

所以，**进大公司之前要弄清楚，看是到总部呢，还是到分部工作**。即使是在总部，如果各分部的产品、业务大相径庭，能在公司层面上整合的也往往有限。例如联合技术的一个分部生产航空发动机，另一个分部生产奥的斯电梯，还有个分部生产开利空调，三者之间在直接材料的采购上没多少搭接，规模效益有限。这些公司，如果要在供应链上做文章的话，八成还是离不开间接采购，例如IT、办公室用品、营销宣传和物流基础设施等。如果你抱着"就算把那10亿美元的采购额降下来0.1%，咱也能整个1 000万美元"的念头去的话，你八成要失望，因为那10亿美元大多是直接采购，难以标准化，需求和供应的整合也很难，你其实没多少议价能力。

再说说中型公司。按照美国的标准，"中型"其实也不小，大致是几千万到二三十亿美元上下的年销售额，但低于《财富》500强的下限（50亿美元左右，2016年）。这些"中型"企业，尤其是那些小批量行业的公司，有独特的挑战：**基本的流程、系统有，但完全靠流程驱动不行，因为业务复杂，流程和系统不可能面面俱到，要求人的主观能动性来弥补流程、系统的不足**。就如硅谷的一个二三十亿美元的半导体设备公司的总裁所言，这种公司得有**基本**的流程和系统，但更得靠有能力的人来驱动流程（大意）。这也意味着**中小型企业对人的要求更高**。在美国，此类企业的报酬也相对更高——非常有名的大公司往往报酬不是最好，因为它们有品牌效应，能够吸引更多的人加入。

不同于大型公司，**中型公司的职位设置相对职责范围更大**。有一个黑色笑话，不知是真是假，说通用汽车的流水线上有个组装工，他的任务是给车轮上安一颗螺丝钉，年复一年，这活儿就干了一辈子。好不容易熬到退休，该享几天清福了，结果没几天就去世了。还有人开IBM的玩笑，说在IBM，职能分工是如此之细，削铅笔都有专门的人负责。不过这种笑话不大会开在中小型公司头上，因为它们的职位划分相对较粗。

可以说，**公司越大，职能分工就越细**。拿计划职能为例。公司规模越小，计划越可能是个兼职工作，由执行能力最强的人来做。比如生产计划由生产经理兼任，需求计划由销售经理兼任，配送计划由物流经理兼任。这一方面是因为小公司业务较简单；另一方面是因为企业小，系统、流程不完善，结构化的数据较少，很多信息都是以非结构化的形式存在于执行者的头脑里。计划作为独立的职能，对数据的依赖很重要。没有数据，自然就做不好。所以，计划成为执行职能的兼职，也就顺理成章了。但等企业规模大了，业务变得更复杂，对计划的要求更高，这时候执行职能就很难把兼职的计划做好，需要有独立的计划职能。

中小公司的流程、系统得依赖人员（people dependent），但不能依赖某个特定的人（person dependent）。要不，如果那个人被公交车撞了的话，你的生意还做不做？过于依赖某个人，一种情况是公司规模实在太小，一个人得兼多个职务，就像我在硅谷的一个印度工程师邻居，他的公司刚开业，总共就五个人，人、财、物、产、供、销六个职能部门至少派一人，也得六个人，那注定每个人得身兼数职。另一种情况是根本没有流程、系统，或系统、流程设计不合理，把某个人设计到其中去了。例如部门自己开发一个小系统，是一个分析员用微软的 Access 和 Excel 做的，程序是他写的，也没留下文档，其中一些数据处理还得他来做。这就像我以前的质量经理同事，都离开老东家几年了，还在给他们维护质量管理软件系统。如果你的供应商有这样的情况，你可得特别小心了。当然，有些特殊的业务、产品也可能会造成过度依赖某个人的情况。例如硅谷有个高科技公司，它有一个产品，推出市场二十多年了，全公司只有那么几个人知道怎么去维修（因为实在太老、太落后）。这公司没几年就大幅裁员一次，这几个人倒是稳如泰山。

那小公司究竟怎么样呢？举个例子来说明。我曾经帮助北美客户招聘员工，管理国内的供应商和供应链。每次我都会问同样的一个问题：你的新产品开发已经成功，上市在即，前景很好，供应商的产能不够怎么办？来自小公司的应聘者的答案都很一致：仔细跟踪，一旦出现交货延迟，就转厂。为什么会采取这种逃避措施呢？因为小公司规模太小，跟供应商谈判的筹码有限，没法有效驱动供应商改进，走为上就不足为奇了。如果这人在沃尔玛、通用电气或苹果等大公司工作的话，答案更多是把他们的老总叫来，要他们加产能、建库存；如果不听话，你这生意就不要做了。

这就如动物世界，如果你是狮子，你可以改变一些东西；如果你是只兔子，那只有撒腿跑的份儿了。为什么要说这些？**不同规模的公司，做事方式大不相同；你选择什么样规模的企业，学到的做事方式也会有不同。** 对本土企业来说，常见的情况是规模大了，但还是小公司的心态。这就如人的个头挺大了，心态却还是小孩心态。大公司要有所作为，就跟狮子一样，你不能一味地采取不作为的逃避策略，那是小公司的做法——当公司大了，不作为就不是选择方案⊖。

对于供应链管理来说，小公司没有足够的支配权，在供应链上没有主导权；它们的系统、流程一般也不会太健全，专业分工也不细。**供应链职能的核心任务呢，则往往由内部客户职能兼职，比如由销售来兼职做计划，由研发来兼职找供应商。** 所以，总体而言，小公司的供应链管理专业度较低，对职业初始的人来说，到小企业，在专业领域学到的东西或许有限。当然，如果你已经在大公司干了多年，厌倦了只负责安装一个螺丝钉的活儿，那么小公司倒是个不错的选择，因为你有机会把大公司学到的东西来实施，完善一个部门或流程，有更高的成就感。

大公司有相对完善的系统、流程和人员培训，是理想的"在职大学"。在美国，IBM、惠普、通用电气、宝洁等向来都是有名的高管训练营，在供应链领域也不例外。很多中等甚至大规模的公司的高级员工都与这些一流的公司能挂上钩。比如苹果以前的供应链老总和后来的CEO库克，LG电子的前首席采购官Tom Linton都是来自IBM。美国大公司的首席采购官中，相当一部分人都来自以前美国《采购》杂

⊖ 大公司要有所作为。详细内容可参阅我的畅销书《供应链管理：高成本、高库存、重资产的解决方案》，第163-167页。

志评选的"采购卓越金牌"的那二十来个公司，IBM、通用电气、惠普都名列其中。

很多企业有一个共性，就是喜欢向行业的龙头老大学习。在国内，联想就是这样的例子，从 IBM 继承了不少人才，从戴尔挖来不少人才。在美国，霍尼韦尔也是这样的例子，全面向通用电气看齐，有人甚至称霍尼韦尔为"小 GE"，因为一度上至 CEO，下至总监、经理，都是前通用电气员工。企业这样做，看重的还是职业经理人在这些龙头企业的经验，以少走弯路。

这些大公司的经理、总监层次的人物，一旦到了规模小点的企业，就成为他们的副总裁层次的高管。例如《供应链变革：构建可持续的卓越能力与绩效》㊀一书的作者迈克·卡佐克，先在霍尼韦尔担任供应链总监，然后被塞斯纳飞机制造公司挖去，担任供应链副总裁（该公司规模为 30 亿美元左右），再被英国的史密斯挖去，担任副总裁（规模为 20 亿美元左右，后被通用电气以 48 亿美元的现金收购）。

在国内，这条路是从知名跨国企业到一流的本土企业，再到民营、第二梯队的企业等。高管们要适应的不单单是规模带来的差距，更多的是管理文化的差异，水土不适应的情况就更多，也更有挑战。当然，职业人士的流动，是最佳实践从一个公司传到另一个公司、从一个行业传到另一个行业的重要方式，有助于提高整体的管理水平。对于职业初始者来说，找到这样一个合适的专家，跟着学习，也是不错的选择。

实践者说

由于几次收购并购，自己曾在中型公司（年营业额为 10 亿～30 亿美元）工作多年，又在大型企业（年营业额为 100 亿～200 亿美元）工

㊀ 该书的英文名为 *Leading Effective Supply Chain Transformations: A Guide to Sustainable World-Class Capability and Results*，作者为 William Lee 和 Mike Katzorke。中文译者为王长军。

作了几年。企业的工作模式完全不同：中型公司往往没有专人负责各种改善项目，因此给中低层管理人员极大的自由发挥的空间和想象空间。他们可以在自己负责的领域内不要说是修修补补，就是推倒重建也是有可能的。这种管理方式极大地激发了员工主动改善，积极创新的原动力！

而大公司机构大而复杂，为了强化内部管控，因此设置了非常严格的操作流程和监控系统，但同时也有专人负责流程改善（如BPO，商务流程外包）以及系统优化。因此公司并不鼓励个体的创新和改善。长此以往，雇员的独立思考、主动创新、应变以及管理变革的能力都被大大弱化了！

其实，通用电气的全民六西格玛就是来应对这一挑战的。（李洛庆，阿克苏诺贝尔，供应链经理）

小贴士　行业老大的诅咒

几年前，听一位首席采购官说起自己的经历。他说自己一直在行业第二的公司做事，在供应商关系上，行业第二与行业第一的做法往往大相径庭：行业老大往往更具侵略性，更独断专行，更倾向于霸王条款，因为它们规模大，有规模优势；行业老二则相对更倾向于采取合作方式，协调解决问题，因为规模小，没法像行业老大那样独断。当然我也见过行业老二采取更具激进的举措，因为他们想通过这种方式达到成为行业第一的目的。

利用规模优势没什么错。不过对很多行业老大来说，不用规模最大的优势，似乎就要遭天谴，所以动不动就挥舞规模优势这把大锤，习惯性地把问题转嫁给供应链伙伴。规模优势这把大锤呢，简单粗暴好使，效果短平快，最后注定成为工具箱里的唯一工具，而问题也就随之而来：**重锤之下，你会得到行业最好的价格，但没法得到行业第一的质量**。拿汽车行业来说，多少年来，通用汽车一直是行业老大，利用全球采购量第一的地位，屡屡挥动降价大锤，供应商降不了就转厂，甚至不分青红皂白，直接从供应商的货款中一刀切，扣除一定的百分比，作为当年的年度降价。结果价格是降下来了，但是一分钱一分货，质量也跟着下来了。有了价格优势，没有质量、技术优势，时间长了，就没法保持行业第一的地位。**行业第一的衰落，很少是因为价格失去竞争力，而是质量和技术输给竞争对手**。失去了行业第一的位置，行业老大们就更没有优势，从而很快彻底败落。我想，这就是行业老大的诅咒吧。

讲到这里，顺便提一下价格与质量。虽说我们的目标都是价廉物美，但你一定要记住，**长期而言，便宜没好货，而好货也注定不便宜**。对于便宜没好货好理解，因为人们大都吃过那样的亏，变聪明了；但对于好货不便宜，很多人表示不理解。我就问他："您能力强，本事大，是个'好货'，会不会打八折把自己卖了，给企业做事？"答案当然是否定的。

短期、局部的市场可能是不透明的，价格和质量可能不均衡，你可能低价买到好东西；但**从长远来说，市场是透明的，质量和价格最终会匹配，形成均衡**。作为一个大企业，我们靠着胳膊粗拳头大，把好东西的价格压下来，但时间长了，质量肯定会下降，与低价形成均衡。我在电信行业，经常听到这么个例子：电信商不断地压价，供应商就只能在质量上做文章，比如原来的电池是金属皮的，好多年都不用换；后来为了进一步节省成本，就换成了塑料的，没几年就得更换。再比如说，在国内，一款新车推出后，第一款的价格一般都高，但质量也不错；第二款、第三款出来后，就得降价，质量也跟着下来了，比如留意观察，你会发现有些地方的钢板变薄了。这是汽车行业的一位朋友告诉我的，各位可以帮我验证。

我为什么要讲这些呢？行业老大们一般都会驱动低于行业平均值的价格。在有些公司与供应商的协议中，会写明你给我的价格一定要低于给别人的价格。这种做法再加上年度降价，鲜有例外，都会最终导致质量的下降来形成均衡。**多年压价的结果，就是系统淘汰优质供**

应商。我到一家千亿元级的家电企业，它的质量检验部门就在抱怨，说压价多年后，采购给他们最后找来的供应商，从质量角度来看，都是些淘汰对象。经常有人问，身处这样的企业，该怎么办？我的答复是，没办法——那么大的企业，任何一个人都没法改变，所有你能做的就是不要去那样的公司了——**选择永远重于提高**。

当然我也理解为什么那些企业会这样做。身处这样的行业，你这么做，三年后死了；你不这么做，今年就死了。所以，对于企业来说，同样存在选择的问题：你是选择死撑，还是选择退出？当行业变成夕阳行业后，北美的企业习惯于退出，或者兼并整合，最后就剩个两三家，比较均衡（还记得当年IBM退出PC业务的故事吗？）。但在国内，企业习惯于做加法，尚不习惯于做减法，就只能在红海里生受。就拿电视机行业来说，那么成熟、饱和的行业，到2016年，创维、康佳、海信、TCL、长虹等大型本土企业就有五家，还有乐视、小米这样的后起者，微鲸科技等新兴企业还在往里冲。池塘就那么大，鱼越来越多，结果水越来越浑，搞得谁也没法生存了。所以，**你要特别留神，尽量避免这样的行业、企业**。否则，自作孽，不可活，谁也救不了你。

扯得有点远，再回到行业老大上来。由行业老大位置带来的霸气，如果跟它的员工接触，你会感受得到。对行业第一的自信无可厚非，但是自信到了傲慢，就是问题的开始。正是因为傲慢，才使规模优势成为工具箱里的唯一一把工具，成为很多问题的根源。强势做法不是解决问题，而是把问题推到供应商和分销商等供应链合作伙伴那里去了。从供应链的角度看，这意味着供应链的问题照旧。因为供应链伙伴处于更加不合适的位置来解决这些问题，供应链的成本会更高。在供应链之间的竞争中，行业老大的败落就不难理解了。

从职业发展来说，总觉得行业老大培养出来的人刚猛有余，柔韧不足；傲慢过头，谦卑不足。脾气大过能力的情况也相对更多。所以，对于那些职业初始的人，选择行业老二未必是件坏事，因为往往能学到更多协作与解决问题的能力。

实践者说

和一位在全球前三位化工企业工作的朋友聊天，据说猎头对他们公司的雇员已经形成了固定的看法：开口说话牛得不得了，要价高得不得了，具体事情什么都做不了！如果专业视野越来越窄，职场竞争力越来越弱，不得不说这是个人职业发展的一个盲区或是误区。（李洛庆，阿克苏诺贝尔，供应链经理）

实践者说

个人感觉，所谓行业第一的霸气更多地体现在一种公司整体文化上，并不仅仅是一个部门的问题。例如美国的一些企业这种霸气会浓一些，比如沃尔玛之类的，已经霸道到变态的程度了。再有就是一些国内的民营企业，没有见到过真正的大场面，稍有一些采购量就感觉自己非常强了，说起话来也是非常嚣张。而一些欧洲企业因为自身的文化就比较含蓄，所以做起事情来也是比较温和的。我现在就在一家欧洲的化工企业里做采购，我所在的集团部门的一只产品已经是全球的老大了，但公司的一些同事做事还是蛮谦和的，包括我的采购老板跟我们培训的时候也要求一定要真正和供应商保持良好的关系，而不是压榨他们，更不能显得非常牛气，所以我们一起跟供应商保持非常好的合作关系，包括和一些本地的非常小的供应商也是如此。（安俊龙，贺利氏公司，采购经理）

小贴士　我，不是我们

一位首席采购官告诉我这么一个故事。他当年新到一个公司时，需要整体提升采购与供应链部门的水平，其中一项任务就是从外面招聘新鲜血液。该公司地处美国中部，属于那种前不着村、后不着店的地方，虽说是该州的首府城市，但上得了规模的公司屈指可数，除了他所在的那个公司外，就只有波音。那招人也就只能招波音的人了。

面试的时候，当问到你在波音曾经干过什么、取得过什么成就的时候，应聘者无不回答"我们"做过这，"我们"做过那，"我们"取得过这样那样的成就。当进一步问道，那"你"具体干了什么呢？应聘者便开始支支吾吾，顾左右而言他。这位首席采购官的公司属于中型规模（30亿美元左右），一个职位，比如采购经理，要负责很多内容。而波音这样的大公司，员工的工作面太窄，很难有那样的通才。不得已，只能着眼于从公司别的部门选拔。

这其实也是大公司的通病，特别是技术和业务复杂度高的公司。这些大公司的分工如此之明确，每个人只是负责针尖大小的一部分。小小一件事，都得动用一大堆人。例如跟供应商的合同谈判中，采购经理负责商务条款、律师负责法律条款、工程师起草质量标准、财务敲定付款条件、分析员计算价钱。供应商来了一个人，却发现谈判对象坐满一屋子。访问供应商时也是，一去就是一大帮，黑压压的，挤满供应商的小会议室。我在中型公司（年营业额为10亿～30亿美元）做采购的时候，虽然官僚制度没那么复杂，访问供应商也往往是三四个职能的人同行——采购经理、质量工程师、产品工程师，对方是孤零零的一个人，老觉得己方人多势众，有点以多胜少、以强凌弱的感觉。

大的供应商也是。我在硅谷，有一个欧洲贵族供应商来访，光业务开发经理就有四个——总部负责该产品的经理、美国的大区经理、美国西海岸的分区经理、针对我方公司的大户经理，再加上总经理、工程师等，齐刷刷的一大帮，西装革履，满口的贵族腔英国英语，但就是解决不了问题。想想看，那么大的规模，一层层的官僚机制，一层层的闲人，一个人干，三个人看。为了表现自己的价值，这些闲人就层层把关，制造麻烦，结果是啥事也干不成。面对这样"规模"庞大的供应商你可得小心：同样负责业务，为什么要四个经理都来？八成是他们之间缺乏互信，互不通气，于是就每个人都去，眼见为实。这情形也自然没法长久，不久该分部就因连年亏本被母公司卖掉了。

不管是有幸还是不幸，如果你到了这样的公司，该怎么办？很多"我们"做的事、学的技巧，往往不能很容易转化到别的岗位、公司，除非这公司也是个很大的公司，拥有同样复杂的班子来支持你。那你就得多个心眼，多想想看，如果这事完全交给你，你该怎么办。这样，你可以学得更全面。或者就选择在中小型公司做事，这样你负责的范围可能更广。

如果你的职业生涯大多是在这种巨无霸中度过的话，如何才能让新的雇主相信，你也能够自己干很多事，而不是光知道看别人干呢？在面试过程中多用"我"，少用"我们"，集中体现你的价值，而不是你那一群人的。我也面试过很多这种大公司的职员，要真正了解这人自己干了点什么还真不容易。纠正过多次，对方还是一张口就是"我们"。看来"我们"成了口头禅，就跟有些官僚张口"组织"，闭口"组织"一样，都成挡箭牌了。

再就是要把个人成功与公司成功区分开来。 一个人的简历看上去金碧辉煌，除个人能力外，很有可能是公司的成功，即"我们"的成功。说得好一点，"我"是"我们"成功的一部分；说得不好点，"我"其实是沾了"我们"的光。"我"的成功你可能复制，"我们"的成功则不一定。我服务过一些行业的领头羊企业，本土和跨国企业都有，感到有些员工的优越感很强，甚至可以说是傲慢、自大，跟他们自身的能力很不相符。这就是典型的没有分清个人成功与企业成功。人不能没有自豪感，但自豪跟傲慢还是大不一样。

实践者说

说实话，每个企业都有自己的长处和短处。我早先在几百人小公司做采购部经理，主管采购和物料管理，供应商、品质、合约、谈判、招标等都会直接做。但时间长了挑战性小，并且没有标杆，虽然老板非常信任和授权，但个人能力提升遭遇瓶颈，一心向往大企业。于是在六年前来到现在这家采购规模大，约占全球半导体行业10%的公司。公司分工细，专业化程度高，但是，就像刘老师讲的，每个人只负责品类和案子的一部分，供应商品质管理及合约等多职能涉入，相互制约行动缓慢。

但也并非百害而无一利，记得2005年第一次与全球著名半导体厂商议价时，有多个采购代表参加，相互支持，但彼此案子和客户独立。我的老板说了一句话，要思考如何在众多议价的采购中凸显自己。现在发现真的非常有道理。公司成功不代表个人成功，只有在为集团争取最大利益情况下，提升综合能力，凸显出"我"，才是硬道理。（Sophie Wang，某全球大型代工商）

实践者说

论功行赏时，大家会谦虚地将功劳推广到团队，说是"我们"大家的功劳。但很多时候需要"我"来搞定，领导才会放心让你独当一面。独当一面，更有利于个人成长。一如军队的野外生存训练。不是说这个人有多大权力，就做多大事，而是能做多大的事，就会相应地汇聚多大的权力。对权力交叉的岗位和部门而言，谁做得多，谁拥有的权力就越大，虽然短期内很辛苦，但有利于个人长远的全面发展。（徐帮龙，歌尔股份有限公司，采购经理）

实践者说

其实，说"我们"有什么不可以呢？现代的管理模式里，基本不存在"我"，只有"我们"。我觉着现在招人，最应该看重的是这个人是否能够融入团队，是否能够在团队中不计"自我"的工作。我曾经遇到一个人，凡事都喜欢自己干，展示自己的成果，邮件从来不抄送，遇到问题了才知道找别人，当你发现他的问题并指出来时，他会说你举个例子出来，否则不接受。这样的人很容易解释出来"我"做了什么，因为他很清楚，但是对于"我们"他不仅是多余的，而且阻碍了团队的发展。（陈喆，卡特彼勒，价值链分析和库存优化）

小贴士　在中小企业，谁在做供应链的核心业务

企业小的时候，供应链职能往往不健全，比如缺乏独立的计划部门；或者虽然有相应的职能，但其核心任务却由设计、营销等内部客户承担。我服务过多个中小型企业，年度营收在几亿元人民币，发现这种现象很普遍。

比如在这些企业，**供应商选择和管理虽说名义上归采购，但其实由研发人员兼职**，采购做的是以订单处理为主的行政文秘工作。我曾经做过问卷调查，针对三个中小型本土企业，询问学员关于供应商的问题，发现47%的问题来自设计，以及围绕设计的产品管理和项目管理等职能。而作为供应商管理的对口职能，采购人员只占供应商问题的18%。为什么呢？这并不是因为采购人员能力强，没有问题；而是供应商选择和管理，虽然是采购的核心任务，但其实是由技术人员来负责的，这也在现场培训、互动中得到验证。作为对比，在规模大、职能分工明确的企业，设计提的供应商管理的问题就少多了。这也是为什么在培训这些中小企业的时候，我都坚持让技术人员参加供应商管理的培训。有一位董事长不理解这点。其实这种情况在他的公司更加明显：在他们公司的问卷调查中，供应商相关的问题，过半的是技术人员提出的。

对于中小型企业来说，采购额有了一定规模，有了一定的基础来管理供应商，也对供应商的绩效要求更高，客观上要求专业职能来管理，而采购是对口的职能。采购的挑战呢，就是从订单处理为主的"小采购"，向以供应商选择、管理为主的"大采购"过渡，成为供应商选择和管理的主角，并且做得更专业，做得更好。对于采购职能来说，就是建立采购经理人的"大采购"组织，配以供应商工程师等技术力量，完善供应商的选择和绩效管理流程，整合供应商，增加规模效益，力求供应商层面的大优化㊀。

㊀ 更多的内容可参考我的畅销书《采购与供应链管理：一个实践者的角度》，或者我的供应链管理专栏网站（www.scm-blog.com）。

在有些中小企业，与技术人员做采购的核心工作类似，**计划的关键任务，比如需求预测，往往由销售来做。**

企业小的时候，计划是个兼职任务。需求计划一般由营销、市场或者老板兼职，生产计划则由生产部门兼任。企业发展到一定规模，业务的复杂度大增，兼职计划力不从心，客观上要求专业计划职能的出现。于是，计划就成为一个独立的职能。但是，由于系统、流程不健全，数据准确性差，虽然有了独立的计划职能，计划的质量却没法保证，甚至更差。原先销售兼职做需求计划，他们可以利用业务知识，拍脑袋做出差不多的计划来，虽然差，但质量尚可。现在计划做需求预测，一方面由于系统的数据不完善，没有数据；另一方面与销售对接不畅，没有判断，需求计划的质量自然不高。再比如说生产计划，信息系统里的工序工时数据往往维护不准，生产部门凭借老经验，排的计划尚可凑合；现在由计划部门完全按照系统里的数据来计划，安排的计划则往往难以执行。这都决定了，计划职能很难有所作为，企业的管理水平也难以提高。

这些在供应链职能薄弱的企业很常见：供应链没有能力做好核心职能，就只能由更加强大的研发和营销等部门来兼职。对职业经理人来说，如果你在建制完善的企业做过，熟悉供应链的系统、流程和组织建设，加入这样的企业意味着很多机会，你可以把原来做过的、学过的实施下来。但如果你刚开始职业生涯，就加入这种管理粗放的企业，你在供应链专业上并不一定能学到多少。**选错了公司，跟错了人，开错了头，是个大问题。**

有一次我在上海交大，给他们的MBA做讲座。一位MBA说，他不赞成我讲的一些概念，比如寻源的时候尽量一品一点——一个料号归一个供应商做，以增加规模效益；但同一品类的不同料号呢，至少用两个不同的供应商，导入竞争，且互为备份。我的解释是，一品一点对供应商的选择、管理能力要求很高，企业需要有能力选择合适的供应商，并且把他们管好，从而有效管控供应链的风险。如果企业的供应商选择能力不高，选不对合适的供应商，那就只能同一个料号，多选几个差不多的，分散风险，但同时也分散了采购额，降低了规模效益。我能理解这位MBA为什么觉得我讲的都是错的：他职业一开始就在这种粗放型企业，一品两点、三点甚至四点，学到的自然是些粗放型的做法，开错了头。这让我想起《猫和老鼠》的一个片段，小鸭子一生下来，第一眼看到的是只猫，就认为猫是它妈妈；而真的鸭子妈妈来了，反倒被当成假的。

供应链管理最好的公司

经常有读者问，哪个公司的供应链管理最好？这就如问哪只股票最好一样：**市面上最热的股票八成已经不是最好的，否则就没有那么多逢高买进的悲剧了**。同理，案例中读到的那些公司，杂志上经常提起的那些公司，八成都已成为老皇历。剥开华丽的外壳，八成是"金玉其外，败絮其中"。IBM、惠普、摩托罗拉、沃尔玛，凡是你能经常听到的那些名字，八成都难逃过热的嫌疑。

经典案例注定是滞后的。没有一个公司愿意把正在下金蛋的点子公之于众。所以，你读到的八成都是些五年甚至十年前的东西。如果你慕名加入这样的公司，你会发现，当年那些制造经典案例的人八成早已不在了。剩下的那些张扬最佳实践的人，往往跟创造这些最佳实践没什么关系，他们充其量不过是在坐享其成，往自己脸上贴金罢了。

这就如虽说埃及是四大文明古国，其实跟今天的埃及人没有太大的关系一样——历经几千年的变迁，现在的埃及人早已不是原来埃及人的后代了。你说金字塔壮观，现在的埃及人不过是在无功受禄罢了。要说有创造性，那是几千年前生活在埃及的人的创造性。现在的埃及人有意见，那好，你们再创造出一个金字塔数量级的文明来，给大家看看。

可以说，"供应链做得最好"的公司是个虚幻的概念。人们心理上追求的"做得最好的公司",其实是个完美形象,就跟完人一样,不存在。这个虚幻的形象呢,就如我们心目中的理想人生——其实是多种最佳的理想组合。我们所读到的最佳实践,都是特定公司在特定情况下的特定行为,其实已经是抽象处理了,不管我们愿不愿承认,是源自实践而高于实践。我们心目中具备所有最佳实践的理想公司,是根本找不到的。即使有,别忘了"仆人眼里无伟人",一旦我们进入那些所谓的"最佳公司",熟悉后,你八成会失望,意识到什么是"金玉其外,败絮其中"。

就拿半导体芯片制造业来说,英特尔、IBM、三星、台积电、德州仪器,这些声名显赫的企业,再加上成为历史的摩托罗拉(飞思卡尔)、飞利浦(恩智浦)等,我都熟悉,因为都是我曾经多年的客户。不过,在这些名企后面,凡是你能找出的伟大,我都能找到一堆的反例。本土企业中,华为、联想、海尔,还有各个领域的领头羊公司,在大家心目中都是供应链做得很好的公司,也存在同样的问题。**我说这些,并不是想抹杀这些公司的伟大;我说这些,只是给大家更全面的了解,让大家树立正确的期望。**

所以,当读者要我推荐供应链做得最好的公司时,我思前想后,就是找不到合适的。不过,倒有些供应链做得很好的专家,寻找那些专家所在的公司,或许比寻找"供应链做得最好的公司"更靠谱。这些人就是所谓的能生金蛋的人。对职业人来说,你得加入那些能生金蛋的人所在的公司,经历他们生"金蛋"的过程,在过程中学习。这是与那些"供应链做得最好的公司"不一样的:到那些公司,系统、流程和组织已经成型,变化很少,你其实是看不到太多的,除非你跟当年的我一样,有兴趣找到多年前的老文档,复盘当年的转型过程。

举个例子。LG电气聘请了Tom Linton作为首席采购官,一位在IBM等多个公司历练多年的专家。Tom Linton在LG的那几年,系统引入北美企业成套的采购与供应链管理,从组织、系统、流程和供应商管理方面着手,力图系统提升LG的供应链管理水平。这是个巨变,也是学习的最好机会。如果你有幸，那几年正好在 LG 做供应链管理，耳濡目染一定能学到不少东西。这学到的不仅仅是"是什么"，更重要的是如何来实现。俗话说，乱世出英雄。**在企业里，巨变出人才。**

十年前的海尔也是。当时海尔在全面提升管理水平，请全球知名的咨询公司来，也挖来不少外资企业的高管。这些高管和咨询公司一道，带来不少最佳实践，也不时有各种各样的培训，让员工的眼界大开。对于职业人来说，这段时间可以说是职业发展的黄金时期。我个人就认识好几位海尔的员工，当时大都是初入职场，很快发展到经理、总监层次，这几年被深圳、杭州、芜湖等各地企业纷纷挖走，成为独当一面的高层管理者。如果你在山东的话，从二线到三线、四线、五线城市，你都能看到前海尔员工的足迹——他们经历了海尔的巨变，练就一身本领，就被挖到更大的舞台承担更大的责任。

当一个公司声名鹊起之时，真正实现变革的那些精英们（"能生金蛋的人"）就纷纷被别的公司挖走。剩下的往往是守成者。**你得跟着那些精英们的步伐，在他们的新船上找个位子，成为他们的班子的一部分。**虽说找到"能生金蛋的人"是一个小概率事件，但只要努力，还是有机会。多留神那些领先企业，看他们的总监级别的人都去了哪里。你可能在行业活动、展会等处遇到这些人。跟他们建立联系，了解他们是怎么一步步走过来的，留神他们都上哪些公司了。

实践者说

认同，自古师从名师是有道理的。工作这些年，感觉这一年的进步最大，收获如下：名师＋一颗坚持进取的心＋良好的自我调节能力。（Grace Liu，供应链管理专栏读者，www.scm-blog.com）

小贴士　高德纳的全球供应链25强

高德纳（Gartner）是美国的一家知名的研究与咨询公司，每年会发布全球供应链管理的 25 强。他们参照资产回报率、库存周转率、营收增长,并结合行业人士、高德纳分析员的判断,从《财富》全球 500 强和《福布斯》全球 2 000 强中评选出供应链的佼佼者。这些企业规模都很大,在 2015 年营收都高于 120 亿美元。如果你不知道从哪里入手,来寻找会下金蛋的供应链专业人士的话,可考虑从这个清单的公司开始(见表 1-1)。

表 1-1 高德纳全球供应链 25 强(2015 年)㊀

排名	公司名称	排名	公司名称
1	亚马逊	14	3M
2	麦当劳	15	百事
3	联合利华	16	希捷
4	英特尔	17	雀巢
5	Inditex	18	联想
6	思科	19	高通
7	H&M	20	金佰利
8	三星	21	强生
9	高露洁	22	欧莱雅
10	耐克	23	康明斯
11	可口可乐	24	丰田汽车
12	星巴克	25	家得宝
13	沃尔玛		

资料来源:高德纳官方网站 www.gartner.com。

如同任何评选,这个清单也不完美。比如你一眼就看得出,这些公司主要是来自大批量行业,包括供应链大师苹果和宝洁公司。但这也可以,至少给我们一个清单,开始寻找那些会下金蛋的人。

从供应链管理的发展来说,最佳实践的传播遵循几个规律:①从制造业向非制造业传播,比如麦当劳的流水线,最早是从福特汽车发

㊀ 苹果和宝洁因为多年位列 25 强,高德纳就创造了另一个门类,叫"大师"(master),专门把这两个公司放进去。

展而来；②从典型制造业向非典型制造业发展，比如从汽车、家电、计算机向制药、化工等领域发展；③从大批量行业向小批量行业发展，比如从汽车向飞机制造、半导体设备等行业传播。

所以，从高德纳的全球供应链 25 强开始，把近几年的那些公司搜集到一起，就是个相当不错的开始。对于职业人士来说，特别是职业刚开始的人，关注来自这些企业的人，关注这些企业的案例，慢慢积累，更好地理解供应链管理，跟随这些企业里的杰出领袖，成为一个供应链职业人士。

此外，美国高级采购研究中心（CAPS Research）的理事会成员所在的公司也有不错的供应链管理。这些理事都是副总裁、首席采购官层次的人物。他们能在 CAPS 的理事会，很重要的原因是愿意资助这家供应管理领域的顶尖研究机构。而这种人大都是学习型的，愿意实施变革，打造一流的供应链，愿意在人员培训上投资，他们所领导的供应链管理部门还是有点理想的。料还是要追，价钱还是要砍，但他们与众不同的是还想着如何从人员、系统、流程方面改进供应链管理。这些都是不错的学习的地方。

总体来说，大公司是培养人才的摇篮。而这些人才呢，很多被规模小一些的企业挖走，比如数亿或成十亿美元规模的企业。这些企业有了一定的规模，为这些人才提供了用武之地。如果你能在一开始就跟着这样的人的话，经历他做的变革的全过程，不但是经历成功，更重要的是经历失败，不管是对你的业务能力还是领导能力，都是不错的锻炼。这是在稳定的、成熟的巨无霸中学不到的，因为这些企业相对比较完善，作为后来者，你看到的只是成功的东西，经历不到失败。你可以照猫画虎，在别的公司去实行这些成功的做法，但因为你的理解是静态的，没有经历过从差到好的变革过程，没有经历过或至少看到过失败，你成功的概率就大打折扣。**最佳实践重要的是过程，不是结果。**在那些经典案例中，更多的是结果，而不是过程。

对于找到供应链做得好的公司，我还有个小秘密，那就是看这家公司是否缺钱。**公司不差钱，往往是做不好供应链的代名词。**有句话说，人都是属驴的，不压不长劲。企业也是。公司不差钱，就不会给供应链压力；没有压力，供应链管理自然就做不好。我在美国读商学院的时候，有个博士师兄做研究，发现一个制药公司竟然从六家PC制造商买计算机，供应商太多，采购额分散，规模效益可想而知。六家供应商整合成一家后，计算机的价格降下来百分之三十几。为什么这家制药公司的采购这么烂？很简单，制药公司不差钱。我的一个MBA校友去美国的一个地方政府工作，负责给政府旗下的医院采购，有一个产品，简单的谈判降价就砍下来百分之二十几。水分这么多，还是同样的原因：政府花的是纳税人的钱，不差钱，不心疼。

在不差钱的公司，你学到的八成是些不差钱的习惯。相反，有些行业苦哈哈的，过的是有今天没明天的日子，供应链管理反倒做得很不错。比如那帮做代工的EMS（electronic manufacturing services，电子制造服务）企业，利润薄如刀刃，供应链稍微一眨眼，浪费掉一点库存，这半年就算白干了。正是因为苦哈哈，反倒练就一身好本领。对于那些不差钱的公司来说，比如技术驱动的企业，到这些苦哈哈的行业挖些人来，也不失一种好举措。当然，作为一个职业人，你也不一定非要主动受苦，专找那些苦哈哈的企业。要知道，在薪酬待遇、职业发展上，那些苦哈哈的企业也挺抠。不过我能确信的是，**你要尽量避免那些曾经是不差钱的主儿，现在已经快坐吃山空的二流公司。**

小贴士　当心二流公司

俗话说，女怕嫁错郎，男怕入错行。**对职业人来说，怕的就是选错了公司，把未来绑在二流公司上**，最终这些二流公司变为三流、四流、末流，直至被淘汰出局，如同泰坦尼克号一样沉没。"覆巢之下安有完卵"，员工便成了"殉葬品"。

拿我熟悉的半导体行业来说，二流公司在北美和欧洲有不少。如果时光倒退十年，这些公司大都是一流公司。福利太好，不差钱，生活太安逸，员工从上到下都成了慵懒的肥猫，这些公司也成了贵族公司。显然，这些公司失去了饥饿感，也就失去了竞争力，就被亚洲的竞争对手打得满地找牙。于是一流的变二流，二流的变三流甚至破产倒闭。几年前，欧洲第二大半导体公司奇梦达就这么破产了。

亚洲也有这样的二流公司。它们的一个共同特点是拘于形式，人浮于事，不愿承担任何风险。比如新加坡有个芯片厂，工程师严格按照设备厂商的建议更换备件，谁愿意去承担质量风险去延长备件寿命呢？结果他们的易耗品消费就高。而中国台湾的联电在新加坡有个分公司，工程师们在设备上用起易耗品来，尽量推迟更换，以便省钱——设备厂商推荐用2 000小时，他们往往能用2 300小时，因为他们知道，设备厂商的建议往往是基于最高要求，且留有富裕系数。这虽然看上去微不足道，可别忘了，成本就是这样一点点累加起来，一个公司就这样变得没有竞争力。多年来，这个新加坡半导体公司就未曾盈利多少，最后被沙特阿拉伯的一个国有企业收购。花惯了钱的老贵族投靠了挥金如土的新暴发户，花钱的本领肯定会更高，不过挣钱的本领嘛，还有待时间考验。

人说"吕端大事不糊涂"，二流公司则往往相反。供应商的大问题，例如产品价格、运营成本太高，倒没多少人注意，反正省下来的也不是自己的。我在半导体设备行业做的时候，我们有一个关键备件达不到预期寿命，导致我们的客户芯片厂商的生产成本居高不下。主要是两个客户受影响：一个在亚洲，行业顶尖；一个在北美，曾经"阔过"的二流公司。亚洲的客户每天追着要求解决问题，不解决就赔损失，每月数以百万美元计；北美的客户就温柔多了，反正花的钱也是母公司的，母公司有的是钱。

几年过去了，这个北美客户每况愈下，二流都算不上了。如果提起这家公司的名字的话，地球上恐怕无人不知，属于典型的曾经阔过的主儿，不过已经退化成懒人集中营。好消息是这家公司终于开始裁员，把那些懒人砍掉一些；最近又把自己倒贴一大笔钱给卖掉了。虽说不应随意嘲笑别人，但在这并没多少乐趣的硅谷，看着那些二流、三流公司裁懒人，而那些懒人还一副受委屈的样子，还真让人忍不住地乐，不是偷着乐，而是明着乐。

对职业人士来说，要避免加入二流公司。虽说在二流公司日子好混，但过惯了闲散日子，技能落后了，再就业就困难重重。而要真正学本事，就得到一流的公司。这跟你到一流的大学是一个道理：相比二流大学，好大学得高分困难，但能学到更多的东西。

实践者说

这是我的老师亲身经历过的一个一流、二流和三流的小故事，拿来和大家分享一下。

那时老师还在一家印刷企业做管理董事，公司赚了钱，于是增加投资买了几台当时世界上最先进的海德堡四色印刷机。机器到了以后，公司还请了两位德国的工程师来帮助设备安装、调试并培训员工。时间匆匆过去，德国的工程师启程回国之前，老师请他们吃饭告别。

在餐桌上，老师问道："我们现在有了世界上最先进的机器设备，是否就可以生产出一流的产品，并成为一流的公司？"德国工程师的回答颇有些耐人寻味："你们现在有了一流的机器设备，工艺操作现在还是二流水平，但是不怕，只要假以时日，你们的操作水平就会日渐熟练，很快达到一流水准。但是你们的内部管理依然还是三流的，三流的管理水平是无法造就一流的企业的。"

老师忙问："何以见得我们公司的管理水平还是三流的？"德国工程师说："我举一个小小的例子，你看我们每天准时上班，工作服干干净净、整整齐齐。下班的时候，我们的工作服依然是干干净净、整整齐齐。但是看你们的印刷机操作工人，虽然也是穿着工作服，但早已分辨不出原来的颜色和质地了；印刷机的操作工绝非一定肮脏邋遢，但是一个肮脏邋遢的操作工人注定是生产不出世界上第一流的产品的。"

老师听了不禁汗颜，回到工厂，从最基本的5S做起，几年后使企业成为当地的著名的上市公司，后来在中国投资建厂。（李洛庆，阿克苏诺贝尔，供应链经理）

小贴士　在大公司里学什么

那好，我选了个优秀的大公司。那我该学点什么呢？

大公司的专业度高，所以，先要学习专业的做法。俗话说："为官三代，始知穿衣吃饭。"——公司也是一样，经营时间长了，做成了大公司，职能分工明确，做事的专业性才高。有句取笑IBM的话，说在IBM，安一个螺丝钉都有专门的人负责。在建制完全的大公司，每个员工，不管职位高低，在某种程度上都是一个螺丝钉，很专业的螺丝钉。把这些螺丝钉串联起来，需要系统和流程。**要做精做细，专业分工必不可少；要每次都做精做细，系统和流程不可少**——系统、流程的一大功用就是确保重复性。大公司的系统、流程就是我们可以学习的地方。

当然，你到这样的公司，总会看到很多不理想的东西，比如流程太复杂、太慢，需要协调的职能太多。你可以不喜欢，但一定要记住，**存在的都是有一定合理性的**——在这些大公司，任何系统、流程都是经过很多人多年的验证、妥协才沉淀下来的，都是为解决或预防特定的问题而存在。你要先了解这些东西为什么会存在，即使表面上很愚昧的东西，也先假定其合理性，只有理解了合理性，才有可能真正改进。

比如你在小公司，可随便导入一个供应商，大不了换呗。但大公司不行，你一定得走流程，让不同的职能过完一张张的评审表，把那些勾打完——公司越大，轻选择、重淘汰的风险就越大，所以首发命中、一次做对更重要，轻率不得。或许你还不理解，相同的风险，大公司为什么就比小公司更敏感。拿我经常举的例子：你到街边的大排档，吃了块坏鸡肉，肚子疼，除了你自己，没人会当回事——你那么有钱，谁让你贪便宜，到大排档吃东西，活该。

但是，如果你到麦当劳，吃了块坏鸡肉肚子疼，这还不马上就成了头版头条，说麦当劳又在卖坏鸡肉了。大公司的条条框框，很多都是为排除这些小概率事件。人们对大公司的期望高，所以大公司不得不这样做。这样做的结果呢，就是中庸，**把最坏的那些长尾掐掉了，顺带把最好的那些也掐掉了**。这或许能够解释，为什么大公司能做出不错的东西，但很少有杀手级的产品。

再说说那些表格。没人喜欢表格。比如我当年在导入供应商时，有三套评估表格，分别针对供应商的生产管理体系、质量管理体系和物料管理体系，每一套都七八十个问题，有不少看上去很傻，跟大白话一样。既然傻，为什么还放在那里？每张表格的后面，都列着一长串的版本更新历史，有些从一九九几年就开始，先后更新几十次，先后好几代的管理人员和专家的名字都在上面。这么傻的问题，为什么屡经修改，都没被拿掉？后来想想，想通了：这些存在的都有一定原因，我认为傻，其实是我不理解，我不懂罢了。

比如评分表格中有个问题是：这个供应商有没有质量指标？我当时想，有又怎么样，质量问题还不照样出？十多年后，我自己访问了几十成百个公司后，我认识到了这个问题的价值：**有质量指标，不能确保质量管理；但没有质量指标，注定质量管理做不好**。后面的逻辑呢，就是**指标驱动行为——你统计什么，就得到什么；想得到什么，就统计什么**。更进一步，就是科学管理的常识：**如果你不统计，你就不知道；你不知道，你就没法管理**。

放在整个供应链管理上依然。比如我访问过很多公司，发现在那些快速发展的中小企业，以及管理粗放的大中型企业，库存都很高，库存周转率很低。一细问，很少有库存周转率指标的。公司里，特别是有点规模的公司，**没有指标就没人负责，没人负责就做不好**。这就是为什么在供应链管理上,或者说任何管理,最根本的一条是建立责任机制:定什么样的指标,谁负责。

我们初到那些大公司,要试着先来了解为什么这些企业这么做。为什么要这么讲呢?因为我们年轻,不喜欢条条框框,对大公司的各种规章、制度、流程天生就无好感,先入为主地认为那都是傻事。这往往阻止我们理解这些措施的合理性,失去了探究"为什么"的机会。

用《高效能人士的第八个习惯》的作者柯维的话讲,就是先尝试去理解,然后尝试被理解。这是个从无知到有知的过程。要知道,**企业是理性的,特别是大企业,他们做什么、不做什么、怎么做,都是基于企业能力的理性选择**㊀。大公司里的各种做法,都是经过多年尝试,吃了很多苦,受了很多罪,经过了多少人的挑战和相互妥协,才留下来的做法,**不一定是最好的,但一定不会差到你一眼看上去的那样差**。

在建制完善的大公司,好处是会接触到如何系统地做事,不光是自己做,而且是看别人做、听别人讲。在我的专家三段论中,这就是"系统学过"和"系统做过",为以后的"系统提高总结"做准备㊁。所以,不要嫌弃那些流程、表格、系统,看上去很无聊,很无趣,其实是多少人智慧的结晶,好好学习,领会贯通。不光是自己所在的职能,还有相邻的职能——当你离开这些大企业后,你会发现,即使你花100万元,也找不到地方学习这些。

对供应链职能来说,在大公司要注意学习几个基本的流程:销售

㊀ 这个理性论是非常重要的假设,在后面我们还要反复讲:企业是理性的,组织是理性的,企业人是理性的。也就是说,存在的都是有原因的。我的职业生涯大部分在硅谷高科技界度过,企业管理相对完善;后来到国内,访问、服务众多本土的企业(有些还是行业的佼佼者),常常震惊于他们的一些粗放做法。后来慢慢想通了,那都是由企业的具体情况决定的,是企业的理性选择。认识到这一点是个漫长的过程,在我看来,也是判断职业人是否成熟的标志之一。

㊁ 我认为,成为专家需要具备三者,姑且称为"专家三步曲":①系统学过,而且学到最好;②系统做过,而且做到最好;③系统地提高总结过,从形而下上升到形而上。这时候,职业人就成为专家。这点在全书会多处提及,也是本书的核心内容。

与运营计划流程（S&OP）、供应商选择和管理流程、订单处理流程，以及相邻的产品开发流程、设计变更流程等。把这些流程文档找出来，过一段时间阅读一次，刚开始不求甚解，渐渐地你会加深对整个公司运作的理解。这些流程、系统和表格都是宝贵的财富，离开这些大公司，你会很难找得到，不管你花多少钱。**你现在觉得无聊、空洞，没什么用，一方面是你不懂，另一方面也是因为你的接触面不够宽，工作范围不够广，接触不到这么多，所以就不能理解为什么这些应该存在。**等你日后到别的公司，特别是中小企业，职位上晋升了，更多地负责系统、流程方面的东西时，你会更好地体会到，老东家的那套东西是多么宝贵啊！**人都是从经历中学习，要么是从自己的经历，要么是从别人的经历——大公司的这些系统、流程，就是别人经历的结晶。**

在大公司里，系统也有很多可学之处。前面讲过，供应链的流程其实是固化在系统里的。不理解系统的主要参数设置和逻辑，是不可能深入领会供应链的细节和精髓的。就拿订单流程来说，需求是通过客户的订单录入系统，系统运行转化为车间的工单和供应商的采购订单，订单通过电子商务系统发送给供应商，供应商在电子商务系统承诺单价、数量、交期，直到最后交货、验收、付款，再到组装、交付给客户，这是个完整的订单流程，一个端对端的流程。流程的每一步都伴随着一定的周转时间。比如来料验收，有些企业的 ERP 系统里设置的时间高达五天。或许你会问，为什么要这么多天？负责来料验收的职能会告诉你，因为有些来料需要做这样那样的测试，有些甚至得找外来机构做。这看上去很合理，但不要就此打住：能不能因为这 1% 的可能，就给所有的来料验收五天的时间？因为现在系统里设的是五天，意味着只要在五天内完成入库手续，就算"按时"。别忘了，这可是给整个订单周期增加了五天的时间。如果我们不改变这个数字，也需要设立阶梯式绩效考核指标，比如 95% 的来料当天验收入库，98% 的隔天入库，100% 的五天内入库等。我们之所以这么详细地探讨这些，主要是因为魔鬼出在细节中，供应链的流程其实是设计在系统里，而供应链的交期、成本都跟系统里的主要参数设计不无关系。不理解系统，就很难真正掌握供应链，也就不理解基层员工都在忙什么了。

再就是大公司的培训。中小企业没有太多的资源来培训员工，所以他们更加倾向于招聘有经验的员工。大公司更可能有自己系统的培训，还会有一定的外来培训预算，找各个领域的专家来培训自己的员工。利用这样的机会。我每年都给几十个这样的大公司做内训。在有些公司，特别是跨国公司，学员的积极性都很高，积极参与。在另一些公司，特别是大型国有企业和有些民营企业，一些员工是被迫参与，表现就较消极。

当然这些人有他们消极的原因：这些好是好，但在我们公司没法实现。我想说的是，很多最佳实践，以及专家的培训，都是理想状态，不管到多好的公司，离落地都还有一段距离。但知道与不知道可不一样：**你知道好的，至少有个努力的方向；连什么是好的都不知道，那你做好的概率有多高**？任何一件事的实现都是个两阶段过程：先是精神实现，然后才是物理实现——不要因为物理实现难，就不愿意去学；如果没有精神实现，就不可能有物理实现。"哀莫大于心死"。这些员工对外来新思想不感兴趣，对自己公司的那套东西就更不感兴趣。不学习，年纪轻轻，就尸位素餐，这个人的职业生涯就算这样了。

除了在大公司学专业外，**大公司里还可学的就是管理**。所谓管理，其实是确保不要把事情做砸了，尤其是大公司。**管理有两个要素：计划和控制**。不管是计划，还是控制，都是在应对那些可能出现的极端因素，确保一件事能做好。大公司的管理，能把众多的人纠合在一起，做出稍微高于平均水平的事来。虽说平庸，也有很多在小公司学不到之处。想想看，光是把那么多的人聚合在一起，还要保证1＋1＞2，就是一件不容易的事。企业之所以能长大，是因为增加人、增加产品的边际效益为正。等到边际效益为负时，企业就不再增长。维持边际效益为正，需要很多管理工作。身在大公司，给我们很好的机会观摩、领会怎么做管理，也给我们犯错误的机会。大公司有能力承担我们犯错误，这是小公司往往不具备的。

当然，要知道，大公司有种趋同作用，就是把我们的短板补齐的同时，也把我们的棱角磨平。职业生涯初始，补齐短板或许比发挥特长更重要，棱角磨一磨也不是坏事，因为这样容易与别人合作，以后带领更大的团队成功。我见过一个企业家，一直在顺境里成长，国内名校毕业，就到国外留学，然后创业，短短几年就把公司做成了几亿元的规模。但正因为一直顺境，从小到大都是被宠着、护着，给人的感觉呢，总是觉得缺些什么——缺的就是在大公司里给磨平的那段经历。

这在硅谷也是一样。那些聪明的创始人大都是些技术专家，强于技术而弱于管理，风投、董事会往往就给找个大公司背景，强于管理的搭档。比如埃里克·施密特就是这么加入谷歌的，成为谷歌的CEO。在加入谷歌前，施密特在贝尔实验室、太阳微系统等历练多年，有丰富的管理经验，配上谷歌两位创始人的技术创新，谷歌实现从伟大到卓越的突破。乔布斯也是，缺乏大公司的管理经验，挖来百事可乐的总裁斯卡利做CEO，就是类似的尝试。不过后来乔布斯与斯卡利的理念不合，导致乔布斯离开苹果。乔布斯重回苹果后，又从康柏计算机挖来库克，乔布斯后苹果的CEO。库克在IBM、康柏历练多年，是个成功的管理专家。后面的故事大家就都知道了。

当然，我说这些，并不是说你一定得先到大公司去受磨炼。大公司虽然能提高你的管理能力，却不见得是提高领导力最好的地方，在大型跨国企业尤其如此——在我看来，小公司有更多的领导力机会。当然，仁者见仁，智者见智，这只是一家之见。这也是为什么有些公司从海外大公司挖来人，却发现这个人虽说有多年的经验，却只在有限的几个领域，缺乏带大团队的经验。要知道，**大公司是成为专家的地方，未必是培养领袖的最佳地方**，尤其是建制完善、发展缓慢的成熟企业，一个萝卜一个坑，典型的专家社会，很难找到中小企业需要的领导型通才。

|实|践|者|说|

大公司的分工太过于明确，每个人做的只有被模块化的那一小部分，所以一旦时间过长，导致其转到小公司后会非常不适应那种"一脚踢"的工作模式。所以如果在大公司可以做到一定级别，可以统筹兼顾几个部门、模块的话，再到小公司去实施、改进之前学到的东西还是很不错的选择。（舟摇摇，供应链管理专栏读者，www.scm-blog.com）

|实|践|者|说|

大公司成熟的培训和系统化的管理氛围对个人非常有好处，能力的提升是自己意识不到的，同时视野完全不同，到小公司马上就可以感觉到。小公司的事并不比大公司少，内部纷争一样是江湖，还是在中型公司担当高管比较适合。[Margaret，西诺迪斯食品（上海），供应链经理]

|实|践|者|说|

我现在就职于某小公司，负责计划调度，对小公司流程靠人来驱动深有体会。要想把事做好，首先得学会做人，处理好同事关系，大家互相理解支持，积极地帮助身边的同事，久而久之，流程也就在不经意间形成了。做事不管是靠人来驱动，还是靠流程驱动，这得根据公司规模和自身实际决定结合，没有好坏之分，适合的就是最好的。（赵明丽，供应链管理专栏读者，www.scm-blog.com）

|实|践|者|说|

大公司和小公司确实差别挺大，大公司靠流程，小公司靠个人。但从择业的观点看，未必大公司就好过小公司，因为在大公司固然可以见识到一个好的系统如何运作，却也有可能因此失去高成长的机会。

一般大公司的成长性比较差，从小公司成长为中型公司比较容易，从大公司成长为超级公司却难。所以个人认为择业时应该选择一个成长性好的行业，然后再选择一家有发展空间的公司比较关键。

我有一个同学，从学校毕业时到一家中国台湾公司上了几年班之后，看好挖掘机械，就辞职之后去做重工的销售，几年后自己开公司，又过几年就做得风生水起，现在一年能做几亿元。虽说公司不大，财务上却绝对自由。我以前的一个老板，中科院毕业，美国知名大学的博士，又在500强公司积累了经验。虽然现在也是某个跨国公司的高管，但整天飞来飞去，年纪不小，工作负担不轻，从早忙到晚，时不时还受点气，夹在政治斗争之中，工资虽高，但也没到可自由支配的程度。总之，我看着觉得可怜。

择业之外，还可以选择创业。现在的中国经济发展这么快。有机会还是要选择创业。不同于欧美社会发展已经比较成熟了，机会不多，再加上经济危机，机会更少。（网友，供应链管理专栏读者，www.scm-blog.com）

实践者说

小公司主要是执行，大公司主要是计划和系统的完善。如果弄反了，结果就是：小公司成了假大空，大公司成了急乱慌，不能良性循环。（兰陵城主，"供应链管理专栏"微信公众号读者）

实践者说

不论外企国企，个人的职业生涯要靠自己去把握。一个岗位，一家公司，能不能学到东西全在自己平时是否留心去学习。所以，同样的工作年限，水平和能力却大不一样。只要自己愿意留心去学，基本上很多岗位都有值得去学的东西；自己无心学习，任何公司都学不到东西。

这里面当然还有一个个人眼光的问题，长远眼光和短期利益的平衡和取舍。如果只看重短期利益，难免变成温水里煮青蛙。所以，经常听朋友说某公司适合养老……而某公司、某工作累得不是人做的……就看个人根据自己的长期目标进行取舍了。（Jerry Zhao，供应链管理专栏读者，www.scm-blog.com）

实践者问

我现在工作中面临三个显著问题：①我们公司属于小公司（某个大公司的孙公司：子公司的子公司），孙公司由于新成立，市场业务部门权力也很大，公司要求采购作为平台要全力支持市场工作，以市场为导向；②孙公司的采购流程完全手工，效率超低，新公司人手又不够，也没有加人计划；③孙公司属于项目性采购，采购量起伏不定，愿意合作的供应商不是很多，而公司及时付款率很差，基本为零，最近就有供应商说，再不及时付款，将影响下次合作，同时孙公司还按母公司的规定——超过五万元，原则上要进行招标。以上问题导致孙公司的采购工作非常难做，问题很多，每天都很难受，不知道该怎么解决。（James Hsu）

作者答复

有些公司问题实在太多，如果你在基层的话，要改变也太困难。在这样的公司工作，只能说是不幸。俗话说，良禽择佳木而栖。这也是为什么职业初始的时候，最好找那些规范的公司，比如大型外资企业，这样你接触到的、学到的都是些比较规范、正规的做法。在像你提到的这样的小公司，我们每天学到的更多的是最差实践，不是最佳实践。时间长了，就把我们也学坏了。

实践者问

我在深圳，是我们公司的运营操作部经理，因为公司近两年比较难,个人难以有晋升空间,所以跟老板商量后打算换个新工作环境。我目标还是做供应链相关的工作,可是最近几个月找下来,打击挺大的。作为部门负责人,我确实涵盖了客户关系维护、供应商管理和整个订单的统筹管理、部门架构建设和员工管理等,但面对其他企业的面试,我却变得高不成低不就。对于职位为供应链经理的,大多数需要有战略规划的;而对于普通流程操作,一方面其他企业觉得我 overqualified(资历过高——作者注),另一方面职位等级和薪资也很难达到我的要求。

所以我现在面临的难题是:要么是修改简历,隐藏自己的高级管理经验,而选择普通级别的工作经验;要么坚持现在的等级水平,继续找,但我觉得希望不大。我一直对供应链很感兴趣,这次重新找工作,就是想正正规规进入这个领域,但不知道是不是我运气不好,能力不足,还是大环境低迷所致,感觉这次想换自己想要的工作特别难。希望您能给点建议。(匿名,作者的学员)

作者答复

高不成,低不就,这是换工作的共性问题,特别是有了一定工作经验、行业经验后。这问题因为小公司而更复杂(该学员在营收1 000多万元的小企业工作——作者注):小企业让我们接触到很多职能,广是足够广,但专业度不够。这样,如果要正规进入供应链领域,往往面临的是从头开始、从基层工作开始的问题。但这样的工作薪酬又比较低。

这并不是说我们就得削足适履,刻意地修改简历来匹配要申请的工作(当然那样做也是一个选择)。要知道,**工作一段时间后,人或多或少都被经历定义了,成了红烧肉就很难重新回锅,做成回锅肉**。所以,坚持做一块儿骄傲的红烧肉,也是一种选择。这意味着坚持找,找合适自己的工作。

同时要知道,随着经历的增加,可供选择的工作面会越来越窄,换工作的难度其实会越来越高。这就是为什么前台的实习生的工作选择很广，而公司的副总裁却只能在特定的行业，就那么几个公司可供选择，一旦失业，动不动就花一两年，还找不到合适的工作。

因为谈的是找工作，顺便分享一篇小文章，是我几年前在《读者·原创版》上看到的，挺有意思，原文摘录如下，送给找工作的朋友。

2006年冬天我去《中国青年报》实习，面试的是马明洁老师。我对答谨慎，试图把每个问题都回答得滴水不漏。几个月后，我得到一份大学的教职，没有继续留在那里。我自认为干得不错，但我还是跟马老师说："请给我一些忠告"。她笑着说："你在面试的时候太谨慎，太想把自己包装成我想要的人。其实你**有实力就应该做自己，就像一盘骄傲的红烧肉一样，肉已经红烧了，你爱吃不吃，没必要因为食客而变成回锅肉**。"作者汤涌，《读者·原创版》2010年第8期第26页。

供应链管理的职业机会

2010年感恩节前夕，我去美国普渡大学，给商学院的国际学生做报告，谈供应链管理领域的职业机会，在这里加以总结、扩充，分享给大家。

我们知道，供应链管理包括三大执行职能：采购管理、运营管理和物流管理。三大执行职能在计划的驱动下，完成产品的采购、加工和配送。相应地，供应链管理的工作机会也可分为这四个领域。这也是SCOR模型所描述的。值得注意的是，在不同的公司、行业，对供应链管理的理解会有不同。相应地，相同的头衔，在不同的公司或行业可能有不同的职责；不同的头衔，在不同的公司也可能有相同的职责。这也是为什么在1996年，PRTM和AMR Research要成立供应链管理学会（Supply Chain Council），推动在不同的行业建立供应链管理的共同语言，即 SCOR 模型。

下面列举了一些典型的工作，职责说明也非常简单，旨在给大家一个整体的概念。如果你想了解某个职位的详细职责，你可以到求职网站上搜索相应的职位。那些成熟的跨国公司的职位说明一般都很详尽，应该能给你足够的细节。另外要注意，不是每一个公司都设下面所有的职位。例如有的公司设立商品经理，就不设寻源经理，寻源的任务由商品经理来做。也有的公司设立物料经理，就不设采购经理，而是由物料经理管理一帮采购员，既负责采购，也负责物料、库存管理。设采购工程师的公司一般不设供应商工程师，反之亦是。

采购与供应管理

- 寻源经理：制定寻源策略，导入供应商。
- 采购经理：基于寻源策略，制定和执行采购战略。
- 商品经理：制定商品战略，转化为寻源策略。
- 物料经理：制订供料计划，确保供应，管理库存。
- 采购员：围绕订单交易，展开日常的采购活动。
- 供应商工程师：技术领域，负责供应商的流程和质量问题。
- 质量工程师：围绕质量，确保供应商的产品符合质量标准、技术规范。

运营／生产管理

- 运营经理：负责公司或部门的整体运作。
- 生产经理：负责生产运作管理。
- 项目经理：负责项目的计划、执行和完成。
- 维护经理：负责生产设备的维护与管理。
- 质量经理：负责产品的质量和质量管理系统。
- 生产工程师：负责生产过程中的流程和质量。
- 工艺工程师：负责产品的生产工艺和流程。
- 质量检查员：负责质量检查的日常工作。
- 生产线一线员工。

物流 / 客服管理

- 物流经理：负责公司或部门的整体物流运作。
- 运输经理：负责公司或部门的总体运输业务。
- 仓储经理：负责仓储系统的整体运作。
- 配销经理：负责仓储配销整体运作。
- 客户服务经理：负责整体的客户服务。
- 供应链经理：负责公司的整体物流、仓储、运输和配送。这个职位比较新，职责还在演变中，在有些公司负责生产，在有些公司实际上是计划经理，负责销售与运营协调。
- 仓储物流一线员工。

上面职务对应于供应链管理的三大领域，是众多职位中有代表性的一些，切不可以偏概全。要知道，供应链是一个公司最大的领域：生产雇最多的人，采购花最多的钱，物流占GDP的近20%，整个供应链领域的就业机会该有多少，就可想而知了。加入供应链领域，成为一个供应链职业人士，也是个不错的选择。

这里想特别强调采购和供应管理的职位。在企业轻资产化的进程中，越来越多的公司外包生产和物流，所以原来归生产经理、物流经理的任务，现在归采购经理管：采购经理得选择和管理合适的供应商，以完成这些原本由企业自己的生产、物流部门负责的任务。这也是为什么在供应链的三大执行职能中，采购的担子最重——在典型的制造业，70%左右的增值活动发生在供应商处，而采购是对供应商负责的职能。另外，采购是公司对外的窗口，处于天然的位置管理供应链，转变为供应管理，责任也在增加。

小贴士　采购的分层和分权

采购和供应管理领域有三类主要岗位，履行下述三大职责。三个职能一起，构成采购小组（这里的供应商经理可能是寻源经理、采购经理或商品经理，供应商工程师也可能是质量工程师、采购工程师，如图 1-1 所示）：

（1）**选择合适的供应商**，并管理供应商总体绩效——这是寻源经理、采购经理、商品经理的工作重点。

（2）**处理日常订单操作**，从需求产生到产生供应商订单、确认交期单价数量，到收货，这以采购员为代表。

（3）**处理质量和工艺流程问题**，这以供应商工程师、质量工程师和采购工程师为主。

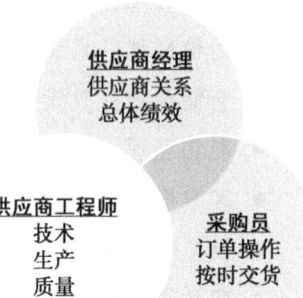

图 1-1 采购管理小组

采购小组的这三类职位，意味着**商务和技术的分离、战略和执行的分离**。管理越粗放，能力越低下，这两种分离越不普遍。可以说，这两种分离从一定程度上反映了采购职能的能力。如果你到一个公司，同一个采购人员既谈合同，又处理质量问题，也在发订单，这个公司的采购能力八成不高。我去过这样一些公司。**这些公司普遍有订单处理，但没有供应商管理；有价格谈判（商务），但质量和技术力量薄弱**。对于职业初始者，这类公司能让你接触到很多东西，但很难让你成为某个领域的专家。

商务和技术的分离，使得采购有了专门的技术力量。在有些公司，特别是技术含量比较高的公司，如果没有供应商工程师（或类似的技术职位），供应商有关的技术类任务就得完全依靠研发人员。但研发的主要任务是开发新产品，供应商相关的技术和质量问题只是他们的兼职。要知道，不管在哪个公司，研发人员都是利用率最高的，研发的事都是超负荷了，哪有时间做兼职，这注定供应商相关的技术类问题得不到足够的资源，也就做不好。在技术含量较高的企业，没有足够的技术能力，也决定了采购对供应商的选择、管控能力不够。

战略和执行不分离，容易导致采购人员的精力消耗在订单层面，没有足够多的资源来选择和管理供应商。这是因为订单层面的紧急事情较多，比如生产线停工待料等，不处理不行。等这些琐碎杂事做完了，一天也就结束了。两层分离的好处是专门有人负责供应商层面的事，主要是围绕内部客户的需求，选择和管理合适的供应商。供应商选对了，管好了，订单层面的问题就会少很多。这样就进入良性循环。

在多权分立的企业，为了有效制衡供应商经理，防止腐败问题，供应商经理被细分为找供应商的、谈价钱的、分配份额的等多个子职能。而为了进一步制衡采购，供应商质量成为独立的职能。于是就出现了"铁路警察、各管一段"的现象：寻源的负责找供应商，合同的负责谈价钱，采购员负责订单操作，设计负责技术问题，质量负责质量问题，财务负责付款问题。

权力过于分散，对内难以形成跨职能的供应商战略，对外难以形成合力一致与关键供应商抗衡，就注定了供应绩效没法保障。同样，没有一个职能对供应商负责，供应商就成了无主财产。要知道，在企业里，没有专人负责的事是管不好的——没有组织保证，供应商的选择和管理注定做不好。此外，没有人真正对供应商负责，供应商的正当利益得不到保护，就不得不通过非正常途径在采购方找后台，反倒系统地造成了贪腐问题。这些后台呢，要么是位高权重的管理层，要么是胳膊粗拳头大的技术人员，他们的腐败更难发现，更难控制。这就是为什么七权八权分立的公司，虽然约束了采购职能的腐败，却从来看不到一个根治了腐败的⊖。

供应链除了三个执行职能外，还有计划职能。SCOR 模型中，计划处于三个执行职能的上面，因为它是执行和运作的发动机。对于职业人士来说，**计划是供应链运作的"所以然"**。理解计划，才能更好地理解供应链为什么会按照某种方式运行。遗憾的是，采购员很少有

⊖ 采购分权太细，供应商就成了"无主草地"。对这个问题及其解决方案，我在畅销书《供应商管理：高成本、高库存、重资产的解决方案》中有详细的阐述，见 140-145 页。大家也可以访问我的"供应链管理专栏"网站 www.scm-blog.com，搜索《供应商不能成为公共草地》一文。

理解预测、计划是怎么做的，能做的只有向供应商催货；客服人员理解库存水位如何设定的就更好，只知道断货，不知道为什么断货，也就只能做客户的道歉员了。

供应链的很多问题，表面上看是执行不到位，其实都源于计划上的先天不足。比如赶工加急，八成是因为计划不周，紧急需求使然；短缺，八成是因为预测失败、库存水位设置不够。计划的重要性不言而喻，以至有专门的一大类职务就是计划，这也给供应链职业人士更多的选择余地。

要知道，**每件事都是两件事：想到和做到**。这也就是说，每一个执行职能，都对应着一个计划职能。就生产制造业来说，计划又细分为需求计划、生产计划、物料计划、采购计划等多个小领域，这还不算运营、物流、仓储、配送等。当然，在很多情况下，执行往往兼职做计划。**公司规模大了，业务的复杂度高了，计划就得从执行中分离出来**。否则，执行人员兼职做计划，就跟研发人员兼职管理供应商质量一样，注定让计划难以得到足够多的资源，也注定计划做不好。计划想不到，执行就很难做到。我们的很多问题，也就这么来了。

下面列出一些典型的计划类职位，供大家参考。

- 计划经理
- 需求计划经理
- 生产控制经理
- 库存计划经理
- 生产控制专员
- 库存计划专员
- 需求/供应计划专员
- 分析员

这些计划类职位，其共性是"劳心者"。那么执行类的职位呢，就是"劳力者"。"劳心者"想不到，"劳力者"就很难做到，或者即使做到，成本也会很高。**劳心者不能劳力，否则就没精力做好计划**。比如作为计划员,你不能花太多的时间来催货,否则就没有时间来做好计划,导致后续催货更多,形成恶性循环。**劳力者不能劳心,否则给供应链导入太多的不确定性**。比如计划做好了预测,采购不信任,就打个折;计划当然能知道("要想人不知,除非己莫为"),下次给的预测就加个码;采购就打个更大的折,导致后来计划加更大的码。采购与计划、计划与销售、销售与客户都是类似的博弈,多重博弈的结果呢,就是给供应链导入太多的不确定性,最后要么是短缺,要么是过剩,一堆库存问题㊀。

上面从职能的角度出发,简单介绍了供应链领域的职位。这里想补充的是,对于职位不可望文生义。看到程晓华先生的一篇博文,说猎头小姐给他打电话,问他做过什么。他说他是伟创力的全球物料总监。猎头小姐说,真可惜,如果做过供应链管理就好了,她那里有个供应链管理的位子——她不知道物料管理就是供应链管理的一部分。我也屡屡收到 E-mail,问该怎样转入供应链管理。我就问,"你现在做什么?"答曰质量管理,或者供应商工程师。我回答道,"你这不是已经在供应链管理领域了嘛,如果对另一个工作范畴感兴趣,例如寻源或采购,平常多留意点,看寻源经理怎样做事,找机会就可以转入了。"

除了从职能角度,我们还可以从如下三种能力来划分供应链的职位(见图 1-2)。

供应链的最基本能力是执行能力,比如采购下订单,客服接电话,物流把产品从 A 点搬到 B 点。简单地说,执行能力可以归纳为"只会低头拉车,不会抬头看路",内部客户要我们干什么,我们就干什么。这在供应链管理能力低下的公司挺常见,是供应链能力的第一个层次。

等到了第二个层次,除了有执行能力,还有计划能力。第二个层次的标准是**不但要能做到,而且要能想到**,这对应供应链的一系列计

㊀ 对于职能间的博弈导致的多重预测,以及如何应对,可参照我的畅销书《供应链管理:高成本、高库存、重资产的解决方案》,第 228-233 页。

划职位,比如需求计划、生产计划、物料计划、采购计划、配送计划等,供应链的能力上了一个台阶。

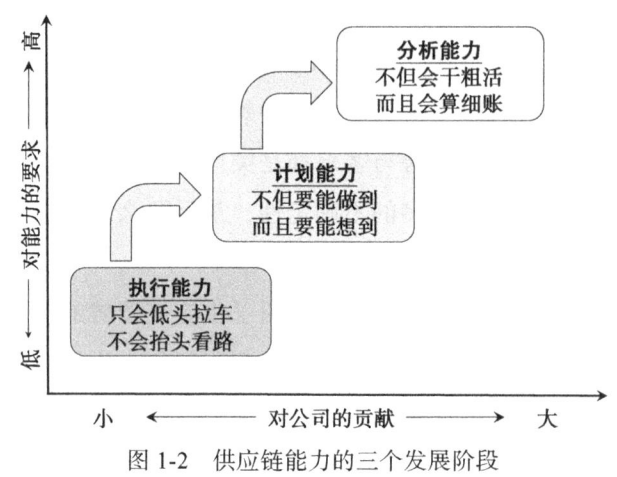

图 1-2 供应链能力的三个发展阶段

第三个层次呢,叫**分析能力**,要求供应链**不但会干粗活,而且会算细账**。在这个层次,供应链有能力分析各种数据,更好地指导计划和执行。比如为了提高 1% 的按时交货率,需要投入多少库存,就是个典型的分析问题。这几年讲得挺多的大数据,以及相关的分析职能,都是为了提高供应链的分析能力。

从执行到计划再到分析,这是对供应链领域工作的另一种分法。这三个职能对公司的贡献也逐级增加,当然对从业者的资质要求也逐级增加。对供应链职能来说,作为一个职能,不但要会干活,而且要会计划、会算账(分析)。这也是供应链能力上台阶的原因。

小贴士 做什么工作最好

网上的一些专业论坛里,有很多抱怨,做采购的说采购地位太低,做物流的说物流是打杂,做生产的说这年头了,生产简直就是低人一等。这山望着那山高,用英语里的一句俗语讲,就是"别人园子里的草绿",好像销售、财务、设计等就更好。

可换到销售、财务等职业论坛上，看到的抱怨也差不多：做销售的说整天都像在乞讨；做设计的说工程师不过是公司的苦力；做财务的抱怨每天跟打仗一样，周结算、月结算、季结算、年结算接踵而来，不加班加点反倒不正常。

所以，就职业选择来说，活少、钱多、离家近的工作很少。不过要说天下乌鸦一般黑有点悲观，光明的一面是行行出状元。**关键是你能否潜心做下来，做到最好**。常有职业初始者发邮件来，说工作不过就是打杂，该怎么发展？我的答复都很简单：每个人，不管你到哪个管理层次，工作的大多数内容都是打杂，问题是你是否做到同事中打杂最好的一个人？

魔鬼出在细节中。离开了脚踏实地，深入不了细节，人就会一直在表面上飘。这也是为什么有些人公司换来换去，职位做了一个又一个，也不见得长进的原因。俗话说，会埋怨的怨自己，不会埋怨的怨别人。意识不到自己的问题，净抱怨环境和他人，几年下来，初入职场的学习黄金期过了，这人也就算废了。

那么对于职业人士来说，究竟应该到哪个职能去工作？用北美的默认答案，或者说政治正确的答案，那就是你喜欢的职能——**只有喜欢，才会更可能投入精力；只有投入精力，才可能真正做好**。但是，对于很多人来说，特别是初入职场者，你其实没有什么特别感兴趣。这个时候可考虑两个因素：**匹配度、重要度**。

匹配度是指你的能力与职位的匹配。比如有些人擅长跟人打交道（姑且称为"关系型"），那么可以考虑从商务型、管理型的岗位做起；有些人擅长跟数据打交道（姑且称为"分析型"），那么可以考虑从计划、分析类岗位做起。企业在招聘时，匹配度是个重要的考量。公司用各种各样的测试，看学历、经历，进行一轮又一轮的面试，就是在评判匹配度。

重要度指的是职能在公司的相对地位，你可以通过问简单的问题来判断。比如我访问公司，经常会问，如果采购员和计划员的职位都有空缺，而且报酬差不多，大家喜欢去做哪个？这就是在评判这两个职位的重要度。如果答案是采购，那意味着计划是个更加弱势的职能，吸引不到最优秀的员工。加入强势职能的好处是，你可以跟更多更优秀的人共事，学到更多更好的实践。**选择重于提高，这对职业生涯初始者非常重要：你很难去改变一个组织，所以良禽择佳木而栖，选择合适的组织很重要。**

你也可以根据公司的口号来判断。比如有的公司宣称质量第一，或者质量有一票否决权，那其实是质量部门不受重视的表现，你要离他们的质量部门越远越好。你知道，**说啥的缺啥，而且越是缺啥，越是说啥**。这世上我还没见过一个公司说销售第一，或者研发第一，因为那两个职能本来就是胳膊最粗、拳头最大的职能，用不着强调。

这时候，有人或许会问，匹配度和重要度究竟哪个更重要？我没有确切的答案。对于职业生涯刚开始的人来说，发挥自己的特长，跟优秀的人合作，都很重要。对于新近毕业的人，有些建制完善的公司有轮岗制，比如在两年内做三四个岗位，然后决定最合适的职位。对于没有工作经验的人来说，轮岗是个挺不错的选择，在我看来，其价值跟读个研究生差不多。如果你好好学，这三四个岗位做下来，应该能学到不少东西，相信到时候也会知道，你最喜欢做什么岗位了。

小贴士　外行怎么能快速入行⊖

知乎上有人提问：本人现在在某企业从事财务，想系统学习供应链管理，如何才能快速入行？Pan Fan 分享了个人经验，挺有见地，不但适用于初学者，也适用于在职者。在征得她的同意后，我把这篇小文章纳入本书，做了简单的文字编辑，以及把重点用黑体字突出，希望给大家提供不同的视角。

⊖ 作者 Pan Fan。原文链接：http://www.zhihu.com/question/21247277/answer/47031988。

做了这么些年，关于"从事完全不相关的职业的人要如何开始学习供应链管理"这件事，我来说点实在的亲身体会，算是和题主一样中途转行的人的一点点经验。

基础学习四步走，如下所述。

（1）**找书看，只看关于基本概念的书就行，弄清楚供应链管理的大概念，以及每一个板块是什么东西，都在做些什么。**（帖子）上面有个朋友大学学供应链管理的，列了他们学习的 12 个模块。这还只是大模块，每一个里面还有细分，所以先花点时间搞清楚供应链管理在做什么。

有人推荐 CPSM 和 CSCP 认证的教材，建议初学者就不要全看了。我只看过英文教材，不知道中文版翻译得怎么样。但是无论如何，APICS 的这两个认证考试都是针对有供应链从业经验的人的[⊖]。教材对于没有从业经验的人来说，除了基础知识板块部分，其他的根本就是天书加死记硬背，没有必要在题主目前这个阶段去看。

基础知识板块可以结合其他基础教材看，有利于对供应链管理形成大概念。

（2）**从计划开始学**。最好是找你们公司做计划的人（最好是需求计划、生产计划和原材料计划都懂的人），从那儿开始学，保证比从其他任何地方着手快不止一倍。这里面的原因有二：

其一，除了物流和仓库两个环节以外（事实上也有可能会涉及一小部分的，看公司业务流程设置情况），销售、生产运营、采购这些所有环节基本上都要靠计划来衔接。也就是说，计划是能全面、系统且近距离接触所有部门的最佳职位，能让你很快形成大局观，了解整个供应链的运作。

其二，做计划有助于形成良好的数据思维和逻辑思维，锻炼你的数据分析技巧。做供应链的对数据要十分敏感，而且要善于从数据中

⊖ 作者 Pan Fan 这里有误。APICS 提供的认证是 CSCP。CPSM 是由美国供应管理协会 ISM 提供。详见后文"供应链管理的职业认证"。

发现问题，计划是个特别好的开端。

（3）**认真学好 ERP 系统的相关模块 [物料管理（MM）模块和生产计划（PP）模块是重点]，要吃透其中的逻辑**。我看到有人说 ERP 系统不重要，我觉得是瞎说。我第一天转到供应链部门，老大就告诉过我一句至今不忘的话：**不了解 ERP 系统的人没有做现代供应链管理的资格**。

ERP 系统表面上是为了方便企业的管理和日常操作，事实上它每个模块背后是有十分严密的逻辑和算法支撑的，这些逻辑及算法恰恰是供应链管理的基础思维。学习 ERP 系统的过程就是理顺这些逻辑和算法的过程，等于让你基础扎实，后面做各种策略工作都有很大帮助。

（4）**多方了解采购、物流包括仓库管理的相关知识。如果有机会，最好能在几个基础岗位上轮换**。是否有轮岗机会，取决于所在企业供应链管理部门的职能设置。

在许多企业，供应链管理部门管理范围宽泛，会包括采购、仓库、库存管理、计划和物流，这种时候多数职位设置都会有重合，或者会对一个职位以外的经验有要求，例如要求做库存管理的要有物流背景，做计划的要有采购背景之类的。对各个岗位的基础知识和运作都有所了解，会具有很强的竞争力。越往后做，职位越上去的时候，多方面经验和背景越会有极大的帮助。

总体说来，我认为供应链管理是一个不上手去做，光纸上谈兵成不了气候的职业，要一边做一边学，才会真正了解它到底是个什么样的东西。否则理论越看越混乱，真正一脚踏进去会发现完全是两码事，那些理论知识帮不上太大的忙。通过学习了解基础后，理论知识反倒十分有助于快速提升。

换工作，开拓更多的供应链领域

进入了供应链领域，做了几年后，就不可避免地面临改变，要么是纵向发展，晋升；要么是横向发展，换个岗位。对于换岗位来说，我个人的看法是，如果在一个岗位上三四年还做不成最好，那很有可能你不在最合适的位子上，在同样的岗位再做个几年，成为专家的概率微乎其微。用前面提到的捷蓝航空（JetBlue）的董事长、斯坦福大学的客座教授乔尔·皮特森（Joel Peterson）的话说，人很少在一个岗位上变得更好——**选择重于提高，方向大于努力**，你得寻找更合适的岗位。

人在职业生涯初始时，一般会在**执行领域**，比如采购、运营或者物流管理。一方面这三个执行领域的工作机会最多，另一方面计划比执行更困难，没有经验的人更难做计划。从执行换到计划，也是个不错的选择。我们这里就以计划为例，解释从执行到计划的职务转变，希望给供应链人士更多的职业选择。

小贴士　计划：供应链管理的另一领域

很多供应链职业人问，如何规划职业发展？这个问题很大，因为各人的背景、兴趣不同，加上供应链管理本身无所不包，所以没有一个明确的答案。我的看法是可考虑三个方面，①技术类的，如质量工程师、供应商开发工程师；②商务类的，如采购经理、采购员、运营经理；③计划类的，如物料经理、物料计划员、计划经理等。这里想说的是第三种。

如果说质量工程师、采购经理、采购员等的一大任务是确保供货的话，计划人员的任务则是确定什么时候要货。计划是整个供应管理的发动机，因为它确定需求，然后由需求去驱动供应。计划类职位看上去没什么光环，但它对供应链的顺利运作至关重要：供应链的很多问题，表面上看是执行不到位，其实是因为计划不到位——如果计划人员想不到，执行人员就很难做到，即使做到，成本和库存的代价也会很高。例如库存过多，是因为需求计划不准；习惯性地催货，是因为需求与供应不匹配，还是个计划问题；产能问题，也往往是因为计划没有足够提前，导致供应链没法及时扩张产能。总而言之，说计划是供应链的大脑毫不为过，它是企业的"**大管家**"。

如果你想真正理解供应链的运作，你得懂得计划——供应链的大多数逻辑，都隐藏在计划中。因为供应链的很多问题都跟计划有关。例如如何把需求信息转入物料计划系统，MRP多久运行一次，如何应付突发事件（没有计划好的事），直接影响到供应链的表现。你可以引起管理层的注意力，拿到你一时所需，但如果我们不从根本上改善物料、资源计划，你可能永远得为供应链的按时交货率操心。

计划类工作与库存管理直接挂钩，而库存为财务、公司高层所瞩目。所以，计划类工作有相当大的可见度。计划工作也与客户服务水平直接挂钩，因为计划得好坏，直接影响公司的客户服务水平。所以计划类工作让你跟客户端对接。计划与生产的关系就不用说了。所以，纵观一个公司的人、财、物、产、供、销等六大领域，计划与每个领域都直接相关，可以很好了解公司和供应链运作，是职业发展上不错的一站。

实践者说

工作10年，所幸经历的岗位比较多。在计划员时期，从销售分析、需求计划、库存计划到生产计划，产销存实战。后来两年全职参与实施SAP PP模块，MRP、工厂、采购运作等知识在这一阶段得到补充。后来调到子公司的销售计划部任负责人，负责PSI规划、销售政策制定、定价、内陆物流运作、资源调配。之后调到公司总部负责协调中国区供应链，协调制造体系与销售体系间的利润分配，内部转移定价，并成功推动了工厂与销售间的物流优化。抛弃KPI、端到端价值链的观念在这期间得以树立。现在又拓展到负责采购部门。

也曾经为发展方向迷茫过，但多年来的经历，基本确定了个人的职业生涯锁定在供应链了。于我们个人，有机会去经历多种岗位积累，

不是平台越大越好，而是寻找适合自己的平台。（唐明伟，TCL，供应链部经理）

小贴士　计划的三道防线

经常有人问，如何做好计划？这是个很大的话题，我总结为三个环节，或者说计划的三道防线：**需求预测、安全库存和执行弥补**（见图1-3）。其逻辑如下：

第一，所有的预测都是错的，但错多错少不一样，要尽力做出准确度最高的错误的需求预测，提高首发命中率（第一道防线）；

第二，所有的预测都是错的，所以我们设立安全库存或安全产能来应对（第二道防线）；

第三，安全库存没法应对的，最终要靠供应链的执行能力来弥补（第三道防线）。

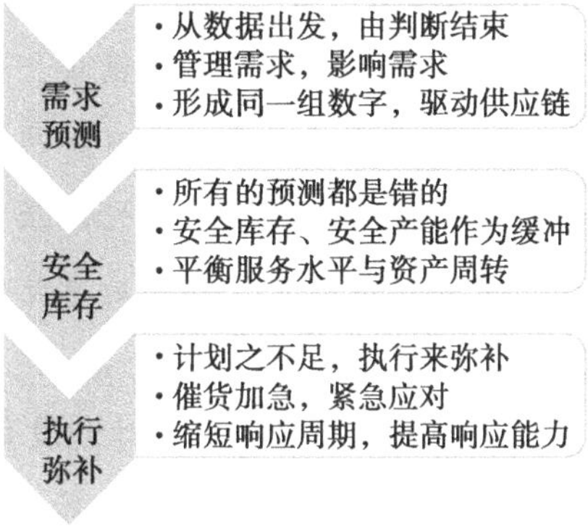

需求预测
- 从数据出发，由判断结束
- 管理需求，影响需求
- 形成同一组数字，驱动供应链

安全库存
- 所有的预测都是错的
- 安全库存、安全产能作为缓冲
- 平衡服务水平与资产周转

执行弥补
- 计划之不足，执行来弥补
- 催货加急，紧急应对
- 缩短响应周期，提高响应能力

图1-3　计划的三道防线

我们的挑战是计划能力薄弱，第一和第二道防线设得不好，很容易失守，太多的压力就会转移给第三道防线。这就是典型的**计划能力不足，全靠执行来弥补**，习惯性地陷入救火模式。

就第一道防线的需求预测而言，在建制完善的公司，计划人员遵循的是"从数据开始，由判断结束"[⊖]——在历史数据的基础上，计划做出预测初稿，搜集营销的反馈（判断），做出适当调整，成为最终的需求预测。在这个流程，计划有**数据**，因为计划人员熟悉系统，精于分析系统里已有的需求历史数据；营销有**判断**，因为营销人员整天

⊖ 对于管理者来说，"从数据开始，由判断结束"是个很重要的决策方法论，本书会多次提及。有意思的是，在企业里，有数据的职能往往没有判断，有判断的职能往往没有数据。这就是为什么需要跨职能协作，对接判断与数据，做出质量最高的决策来。而次优化的决策呢，往往是因为要么缺乏数据，要么缺乏判断，把本来需要跨职能协作的决策，由单一职能完成。

跟客户、市场打交道，对尚未发生的事有一定的判断。两者结合，已知的加上未知的，造就了**最准确的错误的预测**——所有的预测都是错误的，但这个结合前后端智慧的预测错得最少。

在有些企业，虽然也是计划提供数据，营销提供判断，但需求预测的质量还是很差。为什么呢？举个例子。我访问沿海的一个跨国企业，以及内地的一个本土企业，他们的计划人员都说，他们也是"从数据开始，由判断结束"——计划把所有的需求历史找出来，几十几百行的数据，一股脑儿给销售，由销售做出预测来。我问计划，销售给你们反馈没有？答曰没有。问销售的副总为什么。答曰你看着那成百行的数据，从哪里下手呢？账多不愁，那只好说没什么变化。所以说，这样的预测呢，其实是完全由计划按照需求历史做，准确度不高就可想而知了。

这里的根本原因，是**计划没有提炼出真正需要营销判断的产品来**。大多数产品相对均匀地分散给多个客户，每个客户所占比例都很小，所以根本不用具体的销售给反馈意见：根据需求历史，加上对业务增长的判断，计划就可以做出准确度相当高的预测。真正需要销售反馈的，是那些集中在有限客户的产品，这些特定的客户所占比例相当高。他们的需求变化，会对产品层面的预测带来很大影响。计划需要分析需求历史，识别这样的产品和客户，以便有的放矢。

打个比方，这就是在挑选"沙子"里的"大石头"："沙子"是占需求比例小的客户，他们的需求变化一般会相互抵消；"石头"是大客户，需求变化对总体的影响更大。找到"大石头"，让相应的营销做判断，营销才能有的放矢。而找到"大石头"的过程也是数据分析的过程，是计划职能的一大任务。找不到"大石头"，营销没法提供判断，看上去是个营销问题，其实更多的是计划的数据分析不到位问题。

在有些企业，我们看到的正好相反：营销的数据分析能力不足，却被要求提供预测数据；计划的判断能力不强，却在做判断调整需求预测——**错误的职能在做正确的事，注定需求预测的质量不高，导致**

首发命中率低下，第一道防线形同虚设。你知道，销售是没有数据的——他们的任务是跟人打交道，不是跟数字打交道，做预测就是拍脑袋为主；计划是没有判断的，因为相比销售，计划更加远离需求，怎么能做好判断呢？没数据的提供数据，没判断的做判断，就如"盲人骑瞎马，夜半临深池"，预测的结果自然一团糟。计划和供应链成为受害者，就会逼着销售"提需求"——你说多少就多少，我也不调整，把需求预测的责任统统推卸到销售头上。所以，需求预测本身是个跨职能任务，任何单一职能做，都是次优化的结果。

在有些企业，要销售做预测的另一个理由，是需求变化太大，计划没法从需求历史来预测。这其实是在**低估业务的可重复性，也是企业容易犯的一个错误**。我想说的是，虽然看上去业务的复杂度很高，变化很大，其实我们的业务还是有相当的重复性的，不然就不可能做到几亿元、几十亿元、几百亿元的规模。比如卖糖水的可口可乐一直卖糖水，不造飞机；卖汉堡的麦当劳一直卖汉堡，不做芯片。虽然他们的新产品跟老产品会有不同，但总是同一类产品，需求上有一定的可比性。此外，虽然客户一直在变，我们的主要客户也一直就那些。这就注定历史有相当的可重复性，我们能从需求历史中学到很多。**过分强调差异，其实是把所有的产品、所有的业务都当作例外来处理，低估了业务的重复性，完全依赖销售来预测，显然是误导**。

没有人知道的比需求历史数据更多。想想看，一个几亿元几十亿元的企业，销售部门动辄几十到几百人，每一个人知道的也就是几十到几百分之一。而且销售人员的流动性往往很高，知识和经验的传承也值得怀疑。对上规模的企业来说，尽管产品种类、型号很多，其中大部分的销量也总是相对稳定，可以按照需求历史来预测，不足之处可以由安全库存来应对，不需要销售介入。

对于少部分需求变动较大的产品，需要营销的反馈。但是，这并不意味着需要所有的销售介入：把需求历史分解到客户层面，你会发现大部分客户所占比例有限，需求量的起伏互相抵消；真正重要的是少量客户，他们的需求占比高，需求量的变化影响大（这就是前面说到的"大石头"）。这些客户是需要重点管理的，需要找到相应的销售，由他们来仔细核对预测，比如未来三个月会上升20%呢，还是下降30%，以及为什么。

这样的产品不多，这样的客户也不多。所以，**如果你需要大量的销售介入大量的产品，你八成还没有找到真正需要销售帮忙的产品。**比如当年我做全球备件计划时，5万多个预测点中，最后筛选出不到100个这样的产品/客户组合，分配给成十个主要客户那里，每个客户也就不到十个。有了具体的产品、具体的客户，而且数量有限，销售才能有的放矢，提供反馈。

作为计划职能，我们需要有沙里淘金的能力，过滤出真正重要的。**所谓的计划提供数字，不光是数字本身，更重要的是分析，通过数据分析，提炼出最重要的"大石头"来，供销售来提供判断。**这样，计划有数据，销售有判断，两者结合起来，才能产生准确度最高的预测，尽管仍旧是错的，但错误的程度最低。这个预测就成为企业的唯一数字，驱动销售、计划、生产、采购和供应商等各个环节，大家都念同一本书，围绕同一个数字来执行，这就是销售与运营计划（S&OP）的精髓。

供应链之所以难以集成，根本原因就是大家的数字都不一样：客户要100个，销售说是120，计划说是140，生产准备了160，采购买了180，供应商按照200来准备产能，这是每个环节都在增加余量，以防不测，但结果呢，这5个数字，至少有4个是错的，最后都形成库存。

需求预测是供应链的第一道防线。预测注定是错的，比如需求预测是平均每周100个，但有时候是80个，有时候是130个。这超出部分，就得靠第二道防线——**安全库存**、安全产能来应对。安全库存生来就是为应对不确定性，不用解释。安全产能的说法不常见，不过也很好理解：工厂在设计产能时，正常的产能利用率一般为80%，那剩下的20%，就是安全产能。打仗的时候有预备队，这预备队就是安全产能，用来对付不确定性。安全产能其实也是安全库存，只不过是固定资产的安全库存，比库存更难对付罢了。为了行文方便，这里我们以安全库存为例。

对于企业来说，常见的挑战是销售和计划协作度低，需求预测的准确度太低，所以第一道防线很薄弱，容易导致第二道防线经常失守——安全库存、安全产能都是基于一定的需求变动幅度，变动太大时就没法应对。安全库存、安全产能设置本身欠合理的时候，情况就更糟。

安全库存水位取决于需求和供应的不确定性，以及有货率目标（服务水平），有成套的统计模型和数学公式来计算。计算安全库存也得遵循"从数据开始，由判断结束"的决策模式，即先分析历史需求的模式和不确定性，套用公式，计算出理论上的安全库存，然后根据实际情况来调整，比如要导入新产品了，那就适当调低老产品的安全库存；年头节下需求会更旺盛，那就适当调高安全库存。但是，在很多企业里，安全库存完全是拍脑袋的结果，由计划员根据经验来设定，或者用一刀切的方法，设定一定天数的需求作为安全库存，这都是典型的粗放经营。

我面试计划员，一般会问什么是正态分布，什么是服务水平，这都是些库存计划中最基本的概念。很多计划员对这些数理统计没有一点概念，他们设置的库存水位有多合理，也就可想而知了：要么太高，造成积压；要么太低，造成短缺。但不管怎样，**最后都是以过剩收尾**。为什么呢？出现短缺，有货率低，影响到客户的满意度，内外客户就给计划压力，逼着计划加库存，不光是短缺的产品，过剩的产品也加，因为他们对计划的工作质量普遍不放心。计划理亏，也只有加大库存以息事宁人。这不，对原来水位设置合理的，库存就这么系统地加上去了。

虽说库存是公司和供应链各种问题的焦点，我们做的每一件事都会影响到库存，但"贡献"最大的，在我看来，却非计划职能莫属。它们的预测准确度低、安全库存设置不合理可以说是库存的最大根源。这也是**为什么在建制成熟的企业里，库存指标一般都是由计划来背**。

当然，如果你问计划，那千百万件的过剩库存从何而来，答案不外乎是销售预测不准，或者设计变更等。销售预测当然是不准的，产品设计当然会变化。等预测准确了，设计也不变更了，这企业也就寿终正寝了。**正因为预测不准，设计经常变更，所以才需要计划来协调，更好地匹配需求和供应，更好地设置安全库存**。在这些企业，计划一般都以受害者的角色出现。但是，不要忘了，计划也是解决方案的一部分。比如就需求预测来说，计划是预测准确度解决方案的一半，如果不是一大半的话。再比如说设计变更，为什么会造成大量库存积压？很多时候是因为计划没有能力，或者没有意愿把库存数据及时提供给设计人员。在信息不对称的情况下，设计人员做出了错误的判断，结果造成呆滞库存。

当然计划也没错：库存问题是由内部客户制造的。道理很简单：价值是设计和销售创造的，问题自然也是他们制造的。这就是"成也萧何败也萧何"。如果设计不开发新产品，销售不做新生意，自然就不会有新问题，但这样的企业也就关门了。**有责任心的计划会想方设法成为解决方案的一部分，没责任心的计划只会继续扮演受害者的角色，一再证明内部客户或外部客户干了傻事**。

这种证明没有多大价值——内部客户做了傻事，不用证明大家也知道，因为结果就放在那里；重要的是认识到内部客户总体上是理性的，他们做傻事，根本原因是能力不够，而弥补这个能力缺陷，往往得依赖计划职能。就拿需求预测的准确度低为例，看上去是销售不会做预测（这没错，销售是不会做预测的），其实是因为缺了计划这条腿，少了数据分析和支持。

第一道防线的预测、第二道防线的安全库存根基不牢，很容易失守，压力就全部转移到第三道防线，即供应链执行上，成了生产和采购的问题。疲于奔命之下,生产和供应商的整体日程更加难以控制,进一步影响到对计划的整体执行效果,这就陷入恶性循环。

根据我这么多年在众多企业观察到的,**企业规模能做大的,执行能力都不会太差**[⊖];看上去差,根本原因是计划太差,需求预测**和库存计划两道防线习惯性地失守,严重影响到执行部门**。供应链的绩效看上去是执行的结果,其实是计划出来的。貌似没做到,实则没想到。根源还是在计划上,对于计划职能薄弱的中小企业更是如此。

最后,我们来打个比方,让大家进一步理顺这三道防线的关系。这三道防线就相当于在一条河流上修三道水坝:第一道坝是需求预测,希望把大多数的洪水给拦住;拦不住的溢出来,流到第二道水坝,即安全库存;安全库存溢出的,则由第三道防线执行来补救。计划的首要任务是建好前两道堤坝,洪水溢出可以,但不能冲垮,尤其是第一道堤坝被冲垮的话,后面两道注定会垮掉。**计划的失职,在于第一、第二道防线习惯性地被冲垮。而计划的天职呢,也在于构建好第一、第二道防线,对供应链的贡献之大,鲜有能出其右者。**

小贴士　你最了解你自己

经常收到读者来信,问职业发展的下一步该怎么办。是去大公司还是小公司?做质量管理,还是做采购?做物流,还是做供应链?我的答案都很简单:**你最知道你想要什么,你最知道你喜欢什么,你最知道你擅长什么**。那么,你就是回答这些问题的最佳人选,因为你最了解你自己。

这让我想起一个医生来。我从小有胃酸的问题,看了多少次医生,

⊖ 总体上讲,本土企业强于执行而弱于计划。能生存下来并且成长为大企业的,执行能力一定不错。否则,计划和执行都不强,企业早就被市场淘汰了(当然,政策性保护的国企央企例外)。

也没效果,就决定去看斯坦福大学医学院的客座教授 Harvey Young(翁硕彦)。离开前我问,在生活习惯上要注意点什么?翁大夫的答复很简单:"你与这小毛病打交道已经二十年了,你其实最理解哪些地方要注意。"这答复有点出人意料。像他这样的专家医生,几十年的临床与研究经历,"专家建议"想来是要多少有多少。但仔细想想,不由地感慨他的自知之明,也让人明白,自己的主意还得自己拿,因为你最了解你自己。

不知道"你最了解你自己"的人,或许全天下也找不出几个。那为什么总有人请教所谓的权威该怎么办呢?想来**一方面是独立思维的缺失,不愿意自己来思考;另一方面是迷信权威,希望能够找到一夜成功的捷径。**

我们的教育,虽说形式上变化很大,但有一点根本上没变,那就是独立思考的缺失:政府、学校和父母代替了我们思考。大学读什么专业,毕业后找什么工作,谈什么对象,都由父母来做主。

代办的结果,自然是被代办者独立思维的缺失。经过三十多年的努力,父母包办的现状呢,却并未改观多少。就拿留学来说,每年到了留学季,都有很多人问我该选美国的哪所院校,而提问者呢,鲜有例外,都是父母。我在想,这留学生都二十岁左右了,难道还不会打电话,不会打字,不会发邮件?

再说迷信权威和捷径。这么多年来,我越来越意识到,这天底下最大的童话,如果要评的话,就是这"点石成金"的捷径。饭要一口一口吃,事情要一件一件办,罗马不是一天建成的。该流的汗总是要流,该吃的苦总是要吃。**不相信捷径其实是最好的捷径**。你咋就不想想,如果"专家"们知道那么多捷径,那他们自己怎么就不走呢,把天底下的钱都给赚了?

我说这些,并不是让你不要借鉴别人的经验,因为那样的傲慢会要了你的命——毕竟,人都是从经验里学习,要么是自己的,要么是别人的经验。我说这些,是让你意识到,"专家"的看法,鲜有例外是基于个人见解，而不是基于事实的，包括这个最基本的事实：**他根本就不了解你，也没有精力和兴趣来了解你，怎么能给你合适的点子，让你点石成金呢？**

实践者说

其实很多时候，自己最了解自己。包括遇到困难，该如何面对，如何解决，其实心里都有一个谱。但是还是希望别人能够给自己一点建议，有时候其实只是为了证实自己的决定没有错而已。（Lilian Li，供应链管理专栏读者，www.scm-blog.com）

实践者说

曾经也问过很多成功人士，这样相同的问题。我要如何去做，我该如何去做。但到最后，所做的全是自己所决定的。（陈文平，供应链管理专栏读者，www.scm-blog.com）

供应链管理的职业认证⊖

在国内，大学里设供应链管理专业，是最近些年才有的事，而且大都是物流管理。所以，绝大多数供应链职业人士都是半路出家。他们系统做过，但没有系统学过，在供应链管理的整体知识框架上，总觉得有所欠缺。作为弥补措施，可以考虑系统的职业认证。

供应链管理包括三个职能（采购、运营和物流），覆盖材料的采购、加工和产品配送全过程。但现实工作中，很少有人能覆盖这三个方面，每个人的职责或多或少集中在某一块儿。在认证领域，虽然有些认证名义上是"供应链管理"，但实际上还是侧重供应链的一个或几

⊖ 原文在我的供应链管理专栏（www.scm-bog.com），后面有几十条读者问答，感兴趣的读者可到我的网站上搜索"供应链管理的职业认证"，继续阅读。

个职能,要么是采购,要么是运营和计划,要么是物流。在这里,我们重点介绍侧重采购和运营的认证。

侧重采购管理的认证

在北美,采购管理主要有供应管理专业人士认证(CPSM),由美国供应管理协会(ISM)颁发。这个认证由三门课组成,分别是"供应管理基础""供应绩效管理"和"供应管理中的领导力"[⊖]。这三门课对应三本书,作者主要是我在亚利桑那州立大学的教授们。几年前,CPSM 的考试大纲和三本书翻译成中文时,我抽取部分做过校对。总体翻译质量相当不错。但你知道,不管翻译得多好,读上去总会有疙疙瘩瘩的地方。我想强调的是,翻译者大都是国内采购管理界的资深人士,他们基本上是义务翻译,我很敬佩他们的奉献精神。那么多的材料,堆起来接近半米高。翻译者即使没有功劳,也有苦劳。所以,如果你发现翻译得不完美的地方,请原谅并尊重他们的努力。

CPSM 的中文认证已经在几年前导入国内,国内设有考点,可以中文、英文两种方式考试。感兴趣的可以与中国物流与采购联合会,或者美国供应管理协会中国分会(ISM China)联系。如果你参加培训的话,培训机构会一并帮助办理考试手续。说到培训机构,顺便声明一下,我没做过对比研究,所以没法给大家建议该上哪个,特意致歉。

CPSM 是一种较高层次的认证,目的是培养供应管理的专业人士。除了通过三门考试外,它还要求本科学历加三年供应管理职业经历。如果没有本科学历的话,则需要五年的供应管理职业经历[⊖]。注意,行政文秘和支持性的角色不能算作职业经历。比如你作为采购的文秘,给供应商发了三年的订单,这不能算作供应管理职业经历。所以,CPSM 的要求相当高。我个人的感觉是有点像研究生层次的认证。

⊖ 美国供应管理协会 ISM 网站:www.instituteforsupplymanagement.org。
⊖ 对于 CPSM 认证,ISM 对职业经历的定义如下:工作的主要职能是供应管理、采购或供应链管理。见 https://www.instituteforsupplymanagement.org/cpsmfaq#FAQ3。

当然，跟大多美国考试一样，CPSM 的考试不会太难，关键是对概念的掌握。围绕 CPSM 的学习大纲，逐项学习基本概念，再配以读教材、上课，准备工作对于习惯于考试的我们来说并不难。此外，对于 CPSM，虽然认证需要职业经历，但考试并不——如果你没有足够的职业经历的话，你还是可以先考试，等后来积累够了职业经历，再去申请认证。

在欧洲，英国皇家采购与供应学会有 CIPS 认证。该认证被全球英联邦国家及许多国家认可。与 CPSM 不同的是，CIPS 认证分六个等级（2013年版），分别针对基层人员、管理人员和高级管理人员[⊖]。CIPS 是高质量的认证，有完整的知识体系。它跟国内的高校合作比较紧密，貌似走的是成人自学考试那条道，大学在校本科生也可参与认证。认证考试在国内可以进行，可以中英文两种语言报考。

- CIPS 1 级：采购与供应运作基础证书
- CIPS 2 级：采购与供应运作证书
- CIPS 3 级：采购与供应运作高级证书
- CIPS 4 级：采购与供应文凭
- CIPS 5 级：采购与供应高级文凭
- CIPS 6 级：采购与供应专业文凭

经常会有人问，CPSM 和 CIPS 究竟哪个更好？这很难说。我通过了 CPSM 的前身美国注册采购经理认证（C.P.M.），对 CPSM 也很熟悉，是 CPSM 的认证讲师，但我没有考过 CIPS 认证，所以不能全面评价。几年前，我见到 CPSM 的认证机构美国供应管理协会的 CEO，谈起 CIPS，他的评价很高，而且说 CPSM 和 CIPS 互相认可，意即通过了一个，就算作通过另一个。在我看来，CPSM 是北美认证，在北美企业的认可度或许会更高；CIPS 是英国认证，在欧洲企业的认可度或许更高。根据你的目标公司，你可以考虑相应的认证。

另外，CPSM 只有三门课，只有一个认证，对基础要求较高；

⊖ CIPS 中文认证考试中心，http://www.cips.org.cn。

CIPS有多门课,可以根据不同的基础,上不同的课,逐级考证。如果基础不好,需要循序渐进的话,CIPS是貌似不错的选择。不过两者有一个共同点:认证的培训课是以填鸭式授课为主,比如CPSM培训总共九天,每门课三天,那么多内容,还是挺紧的。对于职业人来说,集中授课也有好处,至少可以逼着你一下子学完。你知道,**学习和认证属于重要但不紧急的事,如果不给逼着,很多人就会一拖再拖,最后不了了之**。学完后,建议去参加考试。不考试,没压力,就没动力,往往学不好。

侧重运营管理的认证

运营管理是供应管理的另一个领域。在运营管理领域,美国运营管理协会(APICS)是主要的专业人士组织。该协会原来侧重生产与库存控制,伴随着供应链的发展,逐渐过渡到更加广泛的运营管理,并在2014年与供应管理学会(Supply Chain Council)合并,在2015年与美国运输和物流管理学会合并,向供应链管理的路上迈进了一大步。

生产与库存管理认证(CPIM)是APICS的经典认证,也是供应链领域最为广泛的认证之一。该认证始于1973年,全球有超过十万人拥有该项认证。从内容上讲,CPIM侧重于公司内部的需求预测、生产计划、生产控制和实施,把销售计划、需求预测转变为生产主计划,然后进一步细化到物料供应计划(MRP),再到工厂的各个生产车间、生产线的进度排程、生产实施和控制。CPIM认证包括五个模块,除了与生产制造息息相关的主计划、详细计划和排程、运营实施与控制三个模块外,还包括供应链管理基础、战略资源管理,全方位阐述库存、生产计划和运营管理。

总体而言,CPIM是生产、库存管理的基本知识的认证。它不要求认证者具备相关工作经历,有些美国大学也承认该认证课程的学分,可用来满足相关专业本科学位的要求。严格意义上,CPIM侧重对物的管理而非人员管理，其培养目标更侧重于生产管理技术人员。从它的名字也可见一斑：它用的是管理（management）而非经理（manager）。我没看见过有关CPIM认证持有者的薪酬水准等。凭个人的经验，CPIM总体薪酬要低于CPSM，或许因为CPSM认证要求一定年限的工作经历，人员素质起点高于CPIM；或许生产、库存管理整体职业薪酬低于供应管理。需要指出的是，我自己通过了CPIM，也通过了CPSM的前身认证，没有厚此薄彼的意图。

CPIM的认证分五个模块，对应五个考试。最近APICS有改革的计划，把五个考试整合成两个。我是在美国运营管理协会（APICS）2016年9月26日发表的公告上看到这个新闻的，具体的整合日程尚待进一步确定⊖。

2006年，APICS推出供应链专业人士认证（CSCP）。自推出日起，在全球已经有19 000多人通过认证。与CPSM类似，这个认证包括三个模块，分别为供应链设计、供应链计划/执行，以及供应链改进/最佳实践。相比之下，CPSM侧重采购与供应管理，着眼点是商务和绩效管理；CSCP侧重运营与计划，从端对端着眼整个供应链，可以说是第一个试图覆盖整个供应链管理的认证。但是，这三个模块中，并没有多少篇幅谈及采购与供应商管理。要知道，采购在管理供应链上70%左右的增值活动，是供应链三大执行职能的重头戏。在我个人看来，离开采购管理，就不能算完全的供应链管理认证。

CSCP淡化采购部分，我想是因为美国供应管理协会（ISM）已经有个CPSM认证，APICS不想在这个领域有太多的重叠。当然，这也与APICS的受众有关：传统上，APICS影响的主要是生产运营和计划领域，美国供应管理协会（ISM）主要影响的是采购管理，美国供应链管理专业协会（CSCMP）主要是针对物流管理领域。在不远的将来，这种情况不会有深远的变化。所以，离我们看到真正意义上端对端的

⊖ *New APICS CPIM Structure Reflects Evolving Needs of the Supply Chain Management Industry*, APICS Newsroom, www.apics.org.

供应链认证，恐怕还得些年月[1]。

在国内，还时不时冒出一些国际认证来，我都不大熟悉。要验证它们的含金量，最简单的办法就是到相应国家的招聘网站，查含有该认证的工作。比如我在招聘网站 monster.com 上搜索 CPSM，找到 500 多个含有该字段的工作；而输入 CIPS 呢，则有 300 多个。如果把一些知名度很低的认证输进去，则找不到几个相关工作。

顺便提及，凡是标榜"国际"的，你都得留点神。在美国，就拿供应链管理领域的学术期刊来说，凡是带"国际"二字的，几无例外，都是二流、三流的杂志，是一流的学者不屑于发表研究成果的；而一流的学术杂志，我想不出哪一个有"国际"二字。越是二流、三流的东西，越是喜欢标榜"国际"来抬高身价。这些年国内经济发展迅速，吸引了很多国际骗子，跟国内的一些不良分子一起，整出一些"国际"认证，招摇撞骗，不可不防。

国内这些年也在开发自己的认证体系，有些省份甚至有本省的认证。这都是些有意思的尝试，不过从知识框架、培训、认证的系统性上来看，还有很长的一段路走。当然，相比于美国的 CPSM 和英国的 CIPS，这些本土认证在费用上更低，有的省份还有政府补贴，让更多的人能够承担得起。开卷有益。如果你问我的意见，值不值得去获得这样的认证，我的答案是取决于你的机会成本：如果你不去上这些课，还不是在那里打游戏、玩微信，或者到处逛来逛去，把时间都给浪费了，倒不如去参加这些认证，花不了多少钱，总能学到点东西，何乐而不为呢？

哪个认证最值得拿

那么接下来的问题是，哪个认证更值得去拿？这取决于你想做什

---

[1] 这里谈到的三个职业协会，是美国主要的供应链管理协会。详情可参看我的畅销书《采购与供应链管理：一个实践者的角度》第 12-17 页，或者到我的供应链管理专栏（www.scm-blog.com）上搜索《从美国三大协会的演变说供应链管理的发展》一文。

么。如果是采购、供应管理的话，CPSM 是首选；如果是生产计划、库存控制，CPIM 是首选；如果是供应链的端对端管理，CSCP 似乎是个不错的选择（之所以是"似乎"，是因为我本人没有接受过 CSCP 认证，也没有细看过培训材料，只是从它的三个模块的名字和介绍来判断）。其实这些认证有很多交叉的地方。在很多企业，尤其是制造业，CPSM 和 CPIM 很多时候可以通用，例如有些职位会说明两个认证有一个即可。

注意：在美国，这些职位要求会注明是有这些认证的话优先，并不是必须有。这也说明这些认证也不是进入相关职业、成为优秀从业人员的必备条件。例如美国从事采购、供应管理、生产管理等职业的人有千百万，而具备这些认证的只是凤毛麟角。但是，在美国，这些认证在某种程度是入行的标志，如果你有的话，会被视作具备相应领域的知识体系，有不错的基础。对行业实践经验不多的人来说，这尤其有帮助。这些年，有很多中国学生，留学到美国，专注供应链领域，临近毕业找工作比较困难的话，我的一个建议是一边找工作，一边考取一个这样的认证。

如同任何职业认证，这些认证只是提供相关职业的整体知识。**对于职业初始者，这些认证可作为进入相关职业的敲门砖；对于有一定经验者，职业认证可帮助更上层楼**。我的经验是，一个公司的相关从业人员，虽然整体工作经历不错，但不一定都具备职业的基本知识、技能。系统的职业认证有助于提升组织的整体从业素质。这对整体部门的转型、提升尤其重要。例如我在硅谷的老东家，为了采购部门的转型，所有员工都经历了系统的职业认证培训：供应链业务经理和采购员参加 C.P.M.（CPSM 的前身）认证，供应商工程师参加 CPIM 认证。这系统提升了整个组织的素质，顺利完成部门的转型。

小贴士　从采购经理到基金经理：认证有多少才够

一位读者说，他已经得到项目管理专业人士认证（PMP）、六西格玛绿带、MBA 和国内的物流与采购认证，现在正在向美国采购经理认证（C.P.M.）、六西格玛黑带迈进，最后的目标是注册金融分析师（CFA）和博士学位，做个基金经理。这位读者目前想应聘的是采购经理。

从采购经理到基金经理跨度很大，而且要求不同的技能、经历。人生很短，很少有人能在多个领域取得杰出成果。像达·芬奇这样的既能画画，又能做数学家，又能设计武器的人少之又少。集中精力，突破一个领域往往是更现实的选择。

就认证而言，也不是越多越好。如果多于一个的话，各认证之间尽量要有搭接。就拿我曾通过的三个认证来说，注册采购经理（C.P.M.）帮助我系统了解供应管理这个职业；因为工作环境是制造企业，供应商也是制造企业，生产与库存管理认证（CPIM）帮助我理解生产管理；而六西格玛黑带则跟流程改进、质量管理息息相关，与供应链管理相当匹配。更重要的是，我以前从事项目管理，而六西格玛黑带的核心其实就是项目管理。这些认证有机结合，在北美就业市场异常低迷的时候，帮助我顺利就业，也使我在职业生涯中受益匪浅。

对于职业起步的人，认证提供了一个系统学习的机会。但认证并不能证明一切。**真正的知识、技能、经历是没法认证的**。这也是为什么全世界的采购经理有几百、几千万，而注册采购经理（C.P.M.）也只不过 42 000 余人。这说明除了认证之外，还有很多渠道进行职业发展。

要避免两个极端：年轻的时候认为教育和知识可以替代经历，年老时认为经验可以替代教育和知识。所以，对职业起步阶段的人，向同事、同行、朋友学习往往比埋头考试效果更明显。刚出校门，年轻人的舒服区是考试、认证。要想办法超越自己的舒服区，多跟人接触，多跟比自己强的人接触，也不要忽视看上去不如自己的人。人人皆可为我师。想着每天都有所进步，稳扎稳打，时间长了，效果会很明显。

学历替代不了经历，经历也替代不了学历

在王建硕的网站上（www.wangjianshuo.com），看到通用电气总裁伊梅尔特的一句话：**经验不可替代**。很有同感。

不管我们拿到多少学位，读过多少书，听过多少人的演讲，但看或听别人干与自己亲手干是天壤之别。自己干过的，有血有肉；别人干过的，只停留在纸面上。在没有基本的亲身经历前，我们没法真正领会到别人传授的经验。记得十几年前我在商学院读书时，上全球物流管理。教授以前专职做国际货运，讲到国际物流的诸多问题时如数家珍；但我以前没接触到过这些，听上去还是不得要领。现在有了一些经历，才有了更深的体会。

没有经验，我们甚至没法问有水平的问题。在我的"供应链管理专栏"网站上（scm-blog.com），读者以数十万计，经常有人问这样那样的问题。从那些问题上，你可以一眼看出哪些提问者是久经历练，哪些是刚出校门，哪些还在读书。正如《高效能人士的第八个习惯》中柯维说的，他在哈佛大学读博士期间，一位教授是这样评价他的：你还没有水平去问问题呢（因为柯维对某个问题的理解有限）。所以，如果我们有同感的话，那说明我们还欠缺基本经验。

年轻的时候，先干点实实在在的事，积累点亲身经验不是坏事。我大学毕业时，教授要求实习一年再读研究生。当时有点想不开，觉得是浪费一年。现在想来，那一年还是很有价值。从边际效益上来说，从学校到社会到学校，其效果要比从学校到学校再到社会好。读完商学院后，我来到硅谷，总监是位法国人。在第一年绩效评估时，他说："你已经搭好了很好的框架，比如 MBA 教育、六西格玛黑带培训，以及系统的供应链职业认证，现在是给这些框架填上肉的时候了，那就是做些实实在在的事。"这是我得到的最好的职业建议之一。十多年间，正是这一建议指导我脚踏实地，在一线干活，从非常具体的事情做起，获益匪浅。

你也不一定非得干多少年活才行——如果你在一个岗位上三年多了，还没有做成最优秀的几个员工之一，那你再花几年，做成专家的机会也很渺茫㊀。倒不如换个岗位，横向发展，融会贯通更多的职能。对于我个人来说，MBA毕业后先做采购工作，跟有能力，但也有脾气的战略供应商打交道，吃了很多苦头，三年过去了，只能说是勉强生存下来了。后来转到计划部门，反倒有机会深度理解原来的采购职能，并写就我的第一本畅销书《采购与供应链管理：一个实践者的角度》。

当然，一个人，不管经历多丰富，也不可能把所有的桥都走过。**如果单凭自己积累经验，一个人也许永远也达不到什么高度**。有了一定的亲身经验后，要学习、借鉴别人的经历，通过吸收别人的经验，更快提升自己。这就如做生意，你得有自己的本钱，但同时借钱，用钱生钱，这样更可能快速做大。我见过一些职业成功的人，都很年轻。从工作年限上来看，他们根本不可能达到那样的高度；他们成功的原因就在于不但总结、积累自己的经验，而且借鉴、吸收别人的经验，从而能够在短时间内融会贯通，达到别人几十年都达不到的高度。

在美国，我在职业导师就是这样的一个人。他先在一家《财富》500强的公司，先后十余年，轮换多个初级职位，从工程师到运营经理，积累经验，整理成书，完成职业生涯的原始积累。30岁出头，就到另一家二三十亿美元的公司担任总监，是该公司最年轻的总监。37岁时，他被挖到硅谷的一家高科技公司，领导整个供应链部门，负责整个公司的外包、转型。十几年间，他走完别人二三十年都走不完的路，靠的就是在自己经历的基础上，不断地总结、学习别人的经历，比如参加各种行业会议，接受专业培训，到商学院进修等，提高总结，很快

㊀ 斯坦福大学的商学院有位客座教授，叫乔尔·皮特森（Joel Peterson）。我在YouTube上听过他的很多演讲，对其中一句话的印象非常深，那就是人很少能够变得更好（People seldom get better）。他讲这话，主要是突出选择比培养更重要（但并不是培养就不重要）。我想这对于有一定工作经验的人来说很恰当。对于职业新手来说，你当然可以变得更好；但到了一定年限，比如说三年，在同一个公司同一份工作提高的边际效益就很低。这也是我的一个基本假定，在本书中会多次出现。

成长为一位供应链领域的精英。

其实，**你也不需要干太多的活**。那是二十几年前，我还在同济大学读本科，班主任是高欣，现在还在同济大学做教授。当时他刚研究生毕业，一边带班，一边在浦东的一个工程项目上做项目管理。有一次他对我们几个同学讲，大意是实践用不着太多：做上一两个项目，理解项目是如何运转就可以了。这对我的启发很大。当时我们都是没出校门的学生，对工作经验非常渴求，在别人的工作经验面前，我们也是妄自菲薄，自惭形秽。这句话告诉我们，重要的不是工作了多少年，而是有了基本的工作经历后的深度思考。**多少年的工作经验，也没法替代深度思考**。后来到了社会上，不管是国内还是国外，看到很多很有经验的人，但就是没法突破，多年在基层岗位上重复基本的工作，感触就更深了。

对职业人来说，要避免两种错误：**年轻时太重视学历，认为学历可以代替经历；而上点年纪后，有了点经验，又走到另一个极端，认为经历可以替代学历**。青年时代，文凭在手，正是努力向有经验的同行、前辈学习，以及从经验中总结、进步的时候——纸上得来终觉浅，理论结合实际才可铸就才俊。但有些人总觉得自己是大学生、研究生、博士，学富五车，放不下身段，不愿或耻于向学历不如自己的人学习，结果多年后还停留在学校毕业的水平上，自然就失去了进一步升华的好机会。

就拿供应链管理来说，那些最基本的东西，比如订单操作、物料的进出存、ERP里的主数据和逻辑，最熟悉的都是那些基层人员。不向他们学，你八成会永远在表面上飘，看到的都是些二手数据，不熟悉具体的业务。**智慧在民间**，跟基层接触，你会发现，他们知道问题在哪里，也往往知道如何改变，只是人微言轻，推动不起来罢了。而你要做的，就是跟那些每天收你们几万元的顾问一样，把那些问题整理、总结起来，阐述清楚，推动高层来改进。

等上了年纪，经历了年轻人的错误，看清了书本知识的局限性，很多人就倾向于低估学历、学习的重要性，认为凡事都靠经历或关系（其实在一定程度上，关系也是经历的反映）。不学习，就无法补充新知识；没有新鲜血液，人的知识就很快老化，这人也就成了老古董。

对于学院派来说，我们不能轻视经历，但也不要给所谓的"经验"唬住——战略上藐视敌人，战术上重视敌人。如果一个员工"经验老到"，动不动就拿他十几年二十年的经历说事，千万不要被他唬着：反过来想想，如果他的经验果真那么厉害的话，为什么一二十年在做同样一件事？**形而下的经历，如果没法上升到形而上的智慧，再多也就那样**。

此外，我还想强调，**经历替代不了学历**。这些年我遇到很多老师，他们跟工业界交流的时候，总觉得低人一头，因为教不出满足工业界需求的学生来。这倒大可不必。学校和公司的存在都是有原因的：学校永远也教不出在工业界即插即用的学生，因为经验不可替代；而工业界的实践呢，却没法替代学院教育的理论完整性——经历替代不了学历。

实践者说

马未都在《钱是青春无法驾驭的》一文中有句很类似的话：人只能靠自己（积累）的经验生存，没有人能靠（别人传授的）知识生存（括号内是留言者加上的，非马未都原文）。（黄际沄，天津南大通用数据技术有限公司，销售总监）

实践者说

上学期上一位老师的"财务管理基础"课时，课上老师讲了这么一句话："请记住，你们跟我们老师不是处于同一水平上的，所以无论你们什么问题，最好先搞明白；不然就不要来问。"当时觉得老师怎么这么说话呀，答疑解惑是老师们的天职啊，不过今天看了刘老师的这篇文章后才慢慢体会到那一点。（Echo，供应链管理专栏读者，www.scm-blog.com）

实践者说

"没有经验，我们甚至没法问有水平的问题"，我非常认同宝红老师这个观点。初入一个行业或岗位，常感到无所适从，不知从何问起，因为不懂。

渐渐熟悉了之后，对经验的东西又会感觉熟视无睹，习以为常。因为过于熟悉了，就会缺少了当初的一些激情。而新人的加入或请教又会激起我们对当时自己收获经验的回忆，发出这样或那样的感慨——喔，原来这点经验也是蛮重要的嘛。

不过，经验这家伙随着时间的流逝也会贬值的，就像IT行业的技术更新一样，比如手机行业，两三个月就要推出一款新机型，原有的东西就会随着新事物的出现而贬值或打折扣了。所以，经验有时又有点"事后诸葛亮"的味道，唯有学习，唯有不断地学习和刷新自己，与时俱进，才能立于不败之地。（徐帮龙，歌尔股份有限公司，采购经理）

小贴士　想逃避，创业不是归宿

刚到硅谷的那几年，我屡屡有出来单干的念头。行业动荡，公司动荡，人事变动频繁，三年间光顶头上司就换了五个。每次人事变动，都得从头开始；磨合期没过，又是新的人事变动。出来单干，不是因为有多么热衷创业，而是想逃脱。逃脱频频的变动，逃脱让人不安的环境。

后来想开了。**逃脱不是解脱，创业也不是**。不确定性到处都是，约束也是。企业家看上去是自己的老板，其实也是处处受制，而且约束更多。就拿我的供应商来说，有大到几十亿美元的大公司，有小到一年只做个几十万美元业务的小公司。他们的头儿都很难做，外面要受客户的气，内部受董事会的制约，员工离职或不尽职，都很头痛。如果是上市公司，年报季报时，还得看华尔街、投资人的脸色。政府的法规条例又是一层。竞争对手、供应商，都不会让他们的日子好过。该发工资了，资金周转不灵，没经历过的人恐怕难以体会到个中滋味。企业家，看似风光，其实大多数时候是在为养活员工和各种开支而存在。**看上去最自由的位子，约束往往最多，压力最大。**

所以，**如果你受不了工作中的压力、约束，创业不是归宿，你也不会因此解脱。**创业看上去是给自己干，其实是光环掩盖了艰辛，不在其中，没法知道。如果你没法在大公司里成功，你八成也不会成为一个成功的企业家。因为那些约束，不管走到哪里都存在。要成功，就必须超越。**逃脱不是选择。**

其实突破约束就是积累经验的过程。**经验无法替代。**你可以看别人过关斩将，但不是亲身体验，你总隔着那么一层。生活上也罢，职业上也罢，该过的关总得过，该受的磨难总得受。跨越后，人变得更强壮；跨不过，这就是人生的一道坎。抱着"百二秦关终属楚"的念头，突破约束，才是正道。

实践者说

与"现在不坚持，到哪里都是放弃"有异曲同工之妙处。（Amy Zhang，正威集团）

实践者说

"如果你受不了工作中的压力、制约，创业不是归宿"，更是坟墓。创业者的队伍里，逃兵的存活可能是零。我很认同一句话"今天很残酷，明天更残酷，后天才美好，但遗憾的是大多数人都死在明天"。作为一个创业者，我更享受"在路上"的这份感觉，有成就、有挑战、有艰辛，更有难能可贵的一份坚持。（王鹏，供应链管理专栏读者，www.scm-blog.com）

供应链管理方面的书籍⊖

这份书单自 2006 年 9 月刊登以来，在网上广为传播。我一直收到 E-mail，问有没有更好、更多的专业书籍。于是我不断更新这个清单，十年间更新过三次。这些书中，有很多是大学教材，我读商学院时读过，都是原创性作品，不是编著的——很多情况下，编著者看待问题的深度不及原创者；阅读原创性作品，能更接近真知灼见。

当然，也有读者反映，说有些书太老了。我的看法是，**读书要读那些经得住时间考验的书**，而不是求新求奇。时间是个很好的过滤器，经过漫长的岁月过滤，质量不高的书大都如同沙子，被过滤掉了，剩下的更可能是好书。这样，你就用不着花太多时间来甄别了。不要嫌书老。**技术变化很大，但人类的智慧没有增加多少**⊖，这就是为什么《论语》《圣经》等都写好几千年了，还是我们的智慧源泉。

推荐清单上，英文书居多。这些书大多有中译本。我读过英文本，没有读过中译本。作为读者，可以考虑与原著一起对照阅读，专业、英语水平同时提高。这些原著中很多在网上例如 amazon.com 上有旧书可买。有的只要几美元就能买到，质量很好，其实跟新书差不多。我自己也是向来买旧书看。亚马逊上的有些书商可以国际邮购。

这个清单只是我读过的一些书，认为值得推荐给大家读，而绝对不是说，供应链管理领域的好书就这些。因为我的供应链教育和职业生涯主要在北美，我没有读过多少中文专著，所以注定会漏掉一些很好的中文书，在此特别致歉。

我读的书很少。我的宗旨是少读、精读。**深度思考，要远比博览群书更重要**，特别是当你有一定的基础后。读书，要超越"到此一游"

⊖ 原文在我的供应链管理专栏（www.scm-bog.com），后面有几十条读者问答，感兴趣的读者可继续阅读。

⊖ 这是我的一个重要假定。不管是东方还是西方，我们的智慧源泉还是大多来自 2 000 多年前的那些古籍。如果有人不同意，那好，请写本比《论语》《道德经》或《圣经》更有智慧的书来给大家读。

的求多、求新的虚荣感。伤其十指不如断其一指。读懂读透一本书，比浅尝辄止地读十本书更有实际意义。**离开深度思考，不管读多少书，都是用战术上的勤奋来掩盖战略上的懒惰。**

另外，我们知道，供应链管理是由三部分组成：采购、运营和物流管理。在下面的清单中，我们也是按照这三个领域来介绍，最后会介绍一些通用的书籍，希望为大家系统学习供应链管理提供个起点。如果你从事一个领域，比如采购，建议你也读一下运营和物流管理方面的书，因为这些领域都是相通的。反之亦然。

采购与供应管理

1.《供应管理》(第 8 版)，伯特等著，何明珂等翻译

在采购管理领域，美国大学采用很广的教材是由戴维·伯特（David Burt）等著的《供应管理》。该书现在出版到第 8 版（2011 年），英文版可在亚马逊 www.amazon.com 上买到，书名就叫 *Supply Management*（David Burt、Sheila Petcavage、Richard Pinkerton 著）。伯特是斯坦福大学的博士，退休前是美国圣地亚哥大学的教授，并担任该校供应管理研究所的主任。

该书第 8 版已有中文版，书名为《供应管理》(第 8 版)，由中国人民大学出版社出版，何明珂等翻译，可在当当网上买到：http://product.dangdang.com/22817750.html。我读过该书的第 6 版。

2.《采购与供应管理》(第 14 版)，利恩德斯、约翰逊等著，张杰等翻译

该书由加拿大西安大略大学教授利恩德斯（Leenders）和约翰逊等合著，是北美除了戴维·伯特的书外，又一本广为采用的采购与供应管理的教材。利恩德斯在哈佛大学获得博士学位，是加拿大供应管理界的权威。

原版的 *Purchasing and Supply Management* 可在亚马逊 www.amazon.com 上买到。我读过这本书的老版本，感觉没有伯特的书全面，但不失为一本不错的教材。该书的第 13 版有中文版，由机械工业出版社出版（2009 年），张杰等翻译，可在京东上买到：http://item.jd.com/10059323.html。

3.《采购与供应链管理：一个实践者的角度》(第 2 版)，刘宝红著

这是我自己的书，从供应链的角度认识和解决采购的挑战。自 2012 年出版第 1 版以来，每年都居供应链管理畅销榜首。第 2 版于 2015 年全新上架，更全面，更系统，有更多的本土案例，继续领跑供应链管理畅销榜。

这本书不是教科书，也没有教科书的理论框架，特点是贴近实践，从实践者的角度阐述供应链和采购管理，可读性较强。套用一位读者的留言，这是"一本干过活的人写的，（但）没干过活儿的人也能读懂的书"。这本书在当当、京东、亚马逊和天猫等各大网站都有售，电子书也已经出版。

生产与运营管理

1.《运营管理》(第 14 版)，雅各布斯和蔡斯著，任建标翻译

英文名称 *Operations and Supply Chain Management*（F. Robert Jacobs and Richard Chase）。在美国的大学，这是本常用的教材，由运营管理的权威雅各布斯和蔡斯著作。这本书已经出版到第 14 版，中文版由任建标翻译，机械工业出版社出版，可在当当网上买到：http://product.dangdang.com/23668687.html。

我在读商学院期间，曾系统地学习过此书的老版本。这本书写得挺实用，有很多实际小案例。如果要系统了解供应链和运营管理，该书值得一读，因为生产与运营管理是现代工业管理之母，在有些公司，供应链管理就隶属运营管理部。

2.《制造计划与控制：基于供应链环境》(第 5 版)，沃尔曼等著，韩玉启翻译

英文名称 *Manufacturing Planning and Control for Supply Chain Man-*

agement（2010）。该书由 Jacobs、Berry 和 Vollmann 等该领域的泰斗写就，已经出到第 6 版。中文版为第 5 版，由韩玉启等翻译，当当网上有售：http://product.dangdang.com/20480157.html。

我细读过该书的第 4 版。那一版内容很全面，介于学术专著和工业界读物之间。

3.《制造业库存控制技巧》(第 4 版)，程晓华著

如果你在生产制造行业，负责物料及库存控制的话，建议看程晓华的《制造业库存控制技巧》(第 4 版)。这本书是本干过活、操过盘的人写的，没有教科书的理论框架，有的是经验之谈。在当当、京东等各大网站都能买到。

物流管理

1.《供应链物流管理》(第 4 版)，鲍尔索克斯和克劳斯著，马士华等翻译

英文名字为 *Supply Chain Logistics Management*，已经出版到第 4 版，在物流管理领域，是美国大学的常用教材。

鲍尔索克斯和克劳斯是美国物流学术界的权威，马士华是国内物流界的泰斗。中文翻译版在当当网可以买到：http://product.dangdang.com/23441648.html。

2.《物流管理》(修订本)，兰伯特等著，张文杰等翻译

这本书的英文名字为 *Fundamentals of Logistics Management*，我读过第 1 版，系统地了解物流管理。中文译本在当当网可以买到：http://product.dangdang.com/20355127.html。

供应链管理

1.《供应链管理：战略、计划和运作》(第 5 版)，乔普拉等著，吴秀云等翻译

这本书的英文名称为 *Supply Chain Management: Strategy, Plann-*

ing, and Operation》，已经出版到第 6 版。乔普拉是美国西北大学的教授。这本书是美国大学的常用教材。乔普拉有深厚的工业背景，写的书实践性挺强，也适合实践者阅读。

中译本由吴秀云等翻译，名为《供应链管理：战略、计划和运作》，第 5 版，清华大学出版社出版（2014 年 4 月）。

2.《供应链管理：高成本、高库存、重资产的解决方案》，刘宝红著

这是我的第二本书，针对本土企业普遍面临的高成本、重资产、库存高企等问题，提出系统的供应链解决方案，那就是前端防杂，控制复杂度，增加规模效益，降低产品和供应链成本；后端减重，改善供应商管理，提高企业从市场获取资源的能力，走轻资产之路，提高资产回报率；中间治乱，改善供应链计划，有效对接需求和供应，降低库存，提高库存周转率。

本书由机械工业出版社出版，2016 年 5 月上架，在当当、京东等网站上很快跃居供应链管理综合排名榜首。这本书从公司层面出发，阐述供应链管理的三个增值点：支持设计，推动设计标准化和设计优化，降低产品的复杂度；支持营销，协调销售与运营，促成跨职能共识，制订需求计划，用同一套数字驱动供应链；选择和管理好供应商这一战略资源，确保供应商绩效，因为供应链的大部分增值活动发生在供应商处。

如果你是企业中高层管理人员的话，本书可以帮助你找到供应链绩效改进的着力点；如果你是基层人员的话，本书可以帮助你从更高层次了解供应链对企业的价值和作用。这本书在当当、京东、亚马逊和天猫等各大网站都有售，电子书也已经出版，机场、高铁等处也可买到。

3. 供应链管理专栏网站：www.scm-blog.com

这是我的个人网站，从 2004 年底开始写，已经十多年了，有 500 多篇文章，有些收录到我的书中，有些没有。我的最新文章都会发布在这个网站上，大致是一周一篇的速度。另外，网上有几千位读者的留言，还有我的答复等，是个不错的相互学习的社区。

4. "供应链管理专栏"微信公众号（wwwscm-blogcom）。

这是我的微信公众号。扫描下面的二维码，跟千千万万的供应链职业人士一道，每天读一篇我的供应链原创文章，并实时得到我的培训信息。

其他

1. *Clockspeed : Winning Industry Control in the Age of Temporary Advantage*

该书作者是 MIT 教授 Charles Fine，通俗易懂地介绍了不同行业的发展速度（脉动），针对高脉动速度行业，提出如何通过三维设计并行来迎接挑战。三维并行指产品设计、工艺设计和供应链设计。反映到供应链管理，就是竖向集成和外包战略的轮回（"分久必合，合久必分"）。这本书很好，既大气，又翔实，是学者著作中少有的适合于职业经理人读的书。

该书出版于 1999 年，中文版为《脉动速度下的决策者》，由李筠翻译，中国台北出版。

2. *Competing Against Time: How Time-Based Competition is Reshaping Global Markets*

书名翻译过来就是《基于时间的竞争》，可惜没看到中文译本。

这是波士顿咨询集团的两位顾问所写，他们是 George Stalk, Jr. 和 Thomas M. Hout。书的起点很宏观，就像波士顿咨询集团的很多战略层次的东西一样，但深入剖析企业的运作，是一本卓越运营的好书。我接受了系统的 MBA 教育、在严酷的工业环境历练十几年后，读这本书，突然有种豁然开朗的感觉。难怪苹果的 CEO 库克对这本书推崇备至。

这本书是在 1990 年出版，但概念一点都没过时。它讲的是美日企业之间的竞争，放到今天的经济环境中还是很适用。在北美十几年，深刻体会到北美企业挣扎的还是这本书中提到的那些东西，解决方案也没变。而该书对日本企业全球化的描述，放在今天的中国企业上，也是非常妥帖。

3. *The Seven Habits of Highly Effective People*

作者 Stephen Covey（柯维），中文译名为《高效能人士的七个习惯》，是本个人成功的好书。柯维是位很有影响的管理思想家，在美国乃至世界上影响深远。

4. *The 8th Habit: From Effectiveness to Greatness*

中文译名为《高效能人士的第八个习惯：从效能迈向卓越》。这不是《高效能人士的七个习惯》的简单延续，而是升华。

这本书讲的是领导力，是领导力领域少有的好书。我听该书的英文 CD，每天上下班听，一遍又一遍地听，都快两年时间了，百听不厌。这本书之所以好，是因为它给我们指明了一条领导力之路，那就是通过让别人更成功来实现我们的成功。

与《高效能人士的七个习惯》一样，这本书的作者也是 Stephen Covey（柯维）。第一本讲的是个人成功，第二本讲的是团体成功。两本书说的都是成功，却没有一点成功学里常见的浮躁。我想这跟作者的个人修养分不开。

5. *You've got to find what you love*

这是乔布斯 2005 年在斯坦福大学毕业典礼的演讲，关于经历、成败与生死，是个很好的演讲，我听过很多次，感同身受。英文原稿的链接如下：http://news.stanford.edu/news/2005/june15/jobs-061505.html。我在本书的后面也摘要翻译了部分。

小贴士　读原著，读透那几个没法回避的人

以前学马列，有读马列原著的说法。理论水平高的人，标志之一就是读过原著。

我没怎么在意。直到我自己到美国，进入供应链领域，做研究，浪费了一两年时间，读了一堆杂七杂八的衍生学术文章。这些衍生性文章虽然是基于原著的，即供应链领域内最基本的那些文章，但在理解、诠释上打了折，你在理解它上又打折，那么相对于原著，你就是打了更多的折。这还是理想状况。有些衍生性文章错误地理解了原著，那就更糟糕了。

一个领域内，真正的原创性作品屈指可数，真正的原创性人物也是。要成为一个领域的专家，这些原创作品、原创人物是没法回避的，当然也是不应该回避的。那么，在供应链领域，都有哪些原著，有哪些根本的人去跟随呢？我在理论领域涉足甚浅，这里以**交易成本理论**为例，简单地谈我自己的见解。

第一个没法回避的，就是经济学家**罗纳德·科斯**（Ronald H. Coase）和他的开创性文章：《**企业的性质**》（*The Nature of the Firm*）。科斯是英国的经济学家。1937年，他发表了《企业的性质》。该文独辟蹊径地讨论了企业存在的原因，以及扩展规模的界限问题，这就是"交易成本理论"。科斯认为，当市场交易成本高于企业内部的管理协调成本时，企业便产生了：企业的存在正是为了节约市场交易费用，即用费用较低的企业内交易代替费用较高的市场交易；当市场交易的边际成本等于企业内部的管理协调的边际成本时，就是企业规模扩张的界限㊀。

㊀ 引自百度百科词条"罗纳德·哈里·科斯"。

这篇文章是划时代的，可以用来解释供应链的种种行为，比如为什么有时候企业会竖向集成（重资产），有时候会采取外包（轻资产）。当企业的管理能力强，能够有效地通过市场方式获取资源（即成本更低）时，它就不会竖向集成。相反，竖向集成是企业管理能力薄弱的体现。这就是为什么在轻资产方面，外企最甚，民企次之，而国企最差——在这三类企业中，总体上外企的管理能力最高，民企次之，而国企最差（注意：这并不是说国企的员工能力最差，相反，国企的员工个人素质普遍高于民企）。这就是为什么重资产、产能过剩的受害者大都是国企、央企了，这几年讲的供给侧改革，也主要是针对国企、央企。

1991年，科斯获得诺贝尔经济学奖，《企业的性质》一文是一大原因。

科斯之后，**奥利弗·威廉姆森**（Oliver E. Williamson），2009年诺贝尔经济学奖获得者，进一步完善交易成本理论。这就是第二个你没法回避的人。如果你要研究供应链管理，就没法回避这两个人的经典著作。在他们的理论基础上，有成千上万的衍生文章。那些文章中也有精品，你不能视而不见。而且这些衍生文章相对好读。但不管怎么样，这些衍生文章的效用，最多不过是你吃饱前垫底的包子。最后让你真正吃饱的那个包子，就是科斯和威廉姆森的几篇原著。

交易成本理论如此，代理理论和"牛鞭效应"等供应链管理上最根本的理论也是。你必须找到那几个最初的奠基者，读他们的原著。限于水平，这里不再赘述。我想强调的是，虽说开卷有益——任何一本书，任何一篇文章都有可学习的地方，但益处的多少可不一样：对我们的时间投资回报最高的，其实还是离不开那几个奠基者和大家。把他们的著作读精、读透，有利于我们快速上手，不管是理论还是实践，莫不如此。而且你会发现，他们虽然是伟大的专家，其实真正传世的作品没多少。**数量永远替代不了质量**——微信朋友圈里那些哗众取宠的文章，注定精品极少，大都是些垃圾快餐，还是少读点为妙。

我还想补充的是，原著的创作过程绝非一朝一夕，你也不要指望看一遍，瞄一下就能领会。这些专著不是我们的消闲读物，所以心怀敬畏，多花时间一遍又一遍地读。传世的文章和专著动辄要几年来完成，我们八成需要几个月到几年来读透。我们读书，大多时间都不过是"到此一游"而已，谈不上读透，虽然读了很多书，其实没多大长进。读原著也是思考的过程。没有什么可以代替深度思考。

做供应链管理的"三语人才"

一位前美国首席采购官说，要管好跟中国有关的供应链，光懂双语还不够，得懂三语才行。

这双语是指中、英文，能够听说读写。那第三种语言呢？供应链管理的语言，即懂得供应链管理。这三语中间，懂得任何两种就算不易，精通三语者则寥寥无几。而要成为全球供应链管理的佼佼者，不管是管理境外企业在国内的供应链，还是负责国内企业在海外的供应链，懂得"三语"都意味着显著的优势。

相对而言，本土人才中，供应链专才很少。这跟供应链管理导入时间较晚、供应链专业的设立较晚，以及职业经理人在国内发展较晚有关。精通英语的供应链专才就更少。年纪较大的那一层职业经理人（例如五十岁以上）中，供应链、运营管理经验较多，但限于当时条件，英语教育较差，所以能说英语的较少。20世纪八九十年代，外资企业进入中国，在人才上面临的是两种选择：**会干活的不会说话**（指外语）——这指的是供应链职业的人；**会说话的不会干活**——这指的是外语专业的毕业生。他们两害相权取其轻，招了大批的外语院校毕业生，教给他们供应链管理。毕竟，教会人干活要远比教会人说话容易。二三十年后，这些人有很多成为供应链领域专才，成为第一代的三语人才。

对三语人才的需求是日渐增长。向国内发展的外资企业、向海外扩张的本土企业展开激烈的竞争，结果是三语人才的薪酬激增。自2008年以来，我帮助外资企业招聘本土供应链专才，深深体会到这一点：同样背景的三语人才，国内的薪酬不输美国。想想也是，物以稀为贵。同样的三语人才，在国内的稀缺度就更高，报酬高，也在情理之中。

几年前跟一位朋友谈起，他当时作为一个美国公司的生产总监派驻中国，想招供应链经理，应聘者动辄要求六七万美元一年，公司都有点承担不起。当然，金融危机中，这批金领被裁员的不少，降低要求的也不少。例如2009年上半年，我帮一个意大利公司在深圳一带招聘现场运营经理，四五十万元人民币的年薪，应聘者中以前赚八九十万元的大有人在。但是，随着全球经济的回暖，对高端人才的需求增加，薪酬回升，也就不足为奇了。

成为三语人才的路也很长。拿我个人而言，英语在国内学了15年有余，在美国两年多的商学院教育，然后工作两年后，才算真正能够听说读写。在供应链管理方面，从系统的商学院教育到残酷的工业实践，也十几年了，还是很难称得上三语人才。人都说十年磨一剑，三语人才其实得二十年。当然也不要气馁。罗马绝非一日建成。只要目标明确，坚持不懈，日有所知，日有所进，就像在任何领域一样，长期积累，自然会有所成。

小贴士　没有技术背景怎么办

在一家中国香港公司担任高级采购的职业人问起，身处技术公司，采购技术性很强的东西，例如半导体芯片，没有技术背景该怎么办？

技术公司，没有技术背景，这看上去很糟糕，其实并不像想象的那么严重。首先，跟供应链的大多职位一样，采购经理是个管理性岗位，对技术的要求无非是懂得基本概念，能够与内外客户、供应商沟通。采购经理要做的就是尽快熟悉那些术语和概念。其次，尽管是技术公司，真正的技术性的东西也不会太多。不信你列个单子，如果把单子上的前 20 个技术概念都基本理解了，在日常工作中恐怕也早就游刃有余了。这是在战略上轻视挑战。下面说些战术上的重视。

列个术语、缩写词清单

与技术人员交谈，比较头痛的就是那些缩写词（其实管理中也有很多，只不过我们不大注意到罢了）。一个办法就是见一个，记录一个，在适当的时候向适当的人请教。几周下来，你会发现大多数的术语不再是难题了。另一个比较系统的方法就是花点时间，阅读以前的文档，把那些术语摘录下来。几天工夫，你会觉得你不再是门外汉。当然，如果有需要，你最好有一个专业词典。网上有很多，百度一下，你会得到更多。

与技术人员交谈

找些你比较信任的技术人员，一起吃午饭，请教你不懂的问题。你可选择一对一的方式，这样不至于人多跑题。一周出去几次，没几周，你就能知道很多东西（至少是皮毛的）。当然你也可以让技术人员简单解释他们的学科，哪些知识需要学习，在哪里能学到等。人的缺点是好为人师（我也包括在内，要不就不在星期日的早晨写这些东西了），所以如果你向他们虚心请教，一般都会得到很好的答复。这些人在行内，熟悉本行的东西，有些东西他们几分钟就能解释清楚，而我们自己去学习，需要的时间就很长。

经常读些图纸、技术规范

对你负责采购的主要部件，你要尽可能地看实物、理解图纸、搞清规范。你不大会一下子搞清楚，关键是要有意识地学习。我在美国 MBA 毕业前找到工作后，问部门老总我该做什么准备。他的一个建议就是到大学的工厂里去，看那些师傅怎么加工机械零件，了解基本的物料特性和机械设备。职业人切忌只停留在表面。到仓库、车间、供应商那里去看看零件。不要只知道价钱。这让我受益匪浅。

参加些培训、会议等

各种行业大都有各种会议、培训等。不妨常去去,听同行讲,向他们请教。在硅谷,这类活动很多,我刚到硅谷的那几年,目标是至少一个月参加一次,这样一年就十几次。这些场合往往是得知最新技术的地方。比如十几年前,博客刚兴起的时候,我就是在一个活动上得知,自己动手搭建了一个,从 2005 年写起,到现在已经十几年了。这就是我的"供应链管理专栏"(www.scm-blog.com)。在博客上写了几百篇文章,整理成两本畅销书,你现在看的这本是第三本,也是在博客文章的基础上整理的。

访问供应商

让你的供应商带你参观他们的生产设施,解释他们的生产流程。或者让销售人员解释他们的产品、技术。相信他们都会是非常乐意的,因为这对他们意味着机会。我的很多技术知识都是这样得到的。不要担心供应商把你看作门外汉:大多数采购经理开始时都是技术上的门外汉,你不说供应商也知道。

总而言之,这是一个循序渐进的过程。每天学一点,十分钟也罢,几个月内你就会知道很多。我的理解是,你不是跟技术人员比技术,你是在跟别的采购经理比。很多人并不理解日有所知、日有所进的重要性,所以就一直停留在低水平上,一直是门外汉。只要你认识到这点并采取措施的话,不出几个月,相信你就会比部门里大多数采购人员懂得多,你会得到同事们的认可和尊重。

再就是要认识到,人,尤其是年轻的时候,如果要发展,其实一直是在自己不胜任的位置上干。这与西方管理学的一个基本概念相同:人总是被晋升到自己无法胜任的职位。所以对不熟悉、不了解的东西也不要太担心。换过来,如果你一直干你 100% 胜任的东西,你自然也没多少激情,干得也不一定会最好。重要的是,你得学,得有意识地学。这是让一个人脱颖而出的根本。

另外,没有多少人是真正的科班出身。更多的人是通过工作中学习而精通一个行业、专业的。我的供应商中，技术最好的那个就是由一个学历史的人创建的，而他现在成了那个行业的泰斗。另一个经营不错的机械加工厂是由一个律师创建，而他说起机械加工、质量控制、生产管理都是头头是道。

我们再退一步想想，即使我们在大学里学一个专业，真正花在专业课上的时间也就两年。工作了，进入一个新领域，一边做，一边学，一两年下来，效果应该比在大学读两年专业课好吧。**如果在一个岗位上都好几年了，你还认为自己是个门外汉，那很简单，你没有沉下心来钻研。**

影响你的那几个人

在《读者》上看到一篇文章，说朋友遍天下是个错觉。就如庞大的野牛群，看上去浩浩荡荡，其实牛与牛之间大都没关系。对一头牛来说，真正亲近的无非就周围的那么几头。人也是，真正能影响你的人，也就那么几个。这几个人往往也决定了你这辈子能走多远。

就我个人而言，在供应链管理领域，有几个人对我的影响深远，不管是理论、实践，还是思想上。

先说**理论**上。供应链管理没有太多的理论，如果说列出最根本的那几个的话，就不能不提"牛鞭效应"，讲的是需求信号沿着供应链传递时不断失真。越是远离需求源，失真越厉害。我们熟悉的"啤酒游戏"就反映了"牛鞭效应"。在供应链领域，没有一个行业可以摆脱"牛鞭效应"的困扰。"牛鞭效应"的研究者众多，以斯坦福的李效良（Hau Lee）教授最为出色。他写过一系列的文章，系统分析"牛鞭效应"的成因，即信息不对称，以及应对方案。这其实也是供应链的一个根本问题：信息不对称造成不确定性；对于不确定性，供应链的自然反应就是增加安全库存，或者安全产能——产能本身就是库存，是固定资产的库存，更难对付；库存和产能都是成本。这就是说，信息不对称造成成本。

作为供应链职业人士，**理顺供应链伙伴之间的关系，让大家愿意共享信息；改善供应链的系统和流程，让大家能够共享信息**，就成了我们的一大任务。**拿信息换库存**。可以说，李效良教授的研究，为我们指出了供应链管理的一个重要方向。我对供应链问题的解决方案，很多都是从应对不确定性开始，减小"牛鞭效应"，库存和成本自然会降低。而"牛鞭效应"的信息不对称，指的是两个伙伴之间的不对称，对称是个双向行为，需要双方的协作；而这协作一定要从自身开始，因为你没法控制对方，你最可能改变的就是你自己。

在**实践**上，我的职业生涯跟我职业导师密不可分。他的名字叫Ron Nussle Jr.。十几年前，他在主管一个20亿美元公司的供应链时，把我从商学院招到硅谷，我从此走上职业经理人之路。我这么多年实践的、学的、写的，也得益于他的思想体系，特别是从组织、系统和流程角度来提高供应链的能力，以及从谈判降价、流程优化和设计优化推动供应链三阶段降本。

Ron Nussle Jr. 最早在霍尼韦尔，后来到塞斯纳飞机制造公司，我在读商学院时就跟霍尼韦尔接触很多，熟悉它的一系列做法。而他的职业导师也是来自霍尼韦尔，以前在摩托罗拉、福特汽车等公司做过，熟悉大批量行业的供应链管理。顺着这两个人，你也能看到我的供应链管理思路是怎么发展起来的：从摩托罗拉、福特汽车等所在的大批量行业，到霍尼韦尔等所在的小批量行业，再到科技含量更高、周期性更强、供应链挑战更大的半导体设备行业。而这也基本符合供应链最佳实践的传播路径——**从大批量进入小批量行业，从制造业转入非制造行业**。我说这些，是因为对于供应链职业人士来说，找到合适的职业导师，研究他们的职业发展路径，请教他们是如何走过来的，对于我们的职业发展很有帮助。毕竟，**人都是从经验中学习，要么是自己的经验，要么是别人的经验。**

在**思想**上，我不能不提史蒂芬·柯维。我们很多人熟悉他的书

《高效能人士的七个习惯》。这本书表面上看是关于个人成功的，也反映了供应链的根本准则，即供应链伙伴之间都是相互依存的。引申出来，大家都是问题的一部分，所以都应该成为解决方案的一部分。柯维反对"取决论"，即只有别人做了什么，我们才能做；我们做什么，都取决于别人做什么。这是"都是别人的错"的翻版。因为大家是相互依赖，所以要协作，共同解决问题。你知道，**供应链管理的核心思维就是协作。没有协作，就没有供应链管理**。十几年前读商学院时，教授节选了《高效能人士的七个习惯》，作为我们的阅读材料。十几年过去了，我才慢慢体会到教授的意图。

柯维的另一本书叫《高效能人士的第八个习惯》，讲的是领导力，也是团体成功。**供应链的思维也是团体成功、全局优化**。对于职业人士来说，供应链管理需要协调不同职能、不同实体，是个领导力职位。我们之所以难以推动改变，领导力的缺乏是一大原因。提高自己的领导能力，找到自己的声音，也帮助别人找到他们的声音，复制自己的成功，是供应链职业人士的成功之旅。这对有了一定工作经验，取得了个人成功，上升为经理人，带团队、管项目的人来说，很有借鉴意义。因为这个阶段的人，知道怎么做事，知道怎么管理团队，但缺乏的是领导力，激发团队力量的能力，导致难以突破职业瓶颈。

在我的职业生涯中，柯维的这两本书扮演了重要的角色。职业生涯初始，《高效能人士的七个习惯》帮助我成为一个高效率的职业人士，奠定了我的协作心态；进入管理层后，《高效能人士的第八个习惯》给我很多领导力方面的启示，补上了领导力的课。当时，公司的图书馆有这两本书的CD，我借来放在车里，每天上下班听，一遍又一遍地听，连续几年。

读书是从别人的经历学习，不一定要读很多，但要找到好书，深读细读，实现从知识到经历再到见识的升华。深度思考，别人的知识就内化成自己的经历，再进一步升华成为自己的见识。作为一个作者，我能理解写一本书是个几个月到几年的历程；真正读懂一本书，其实也需要这么长的时间。电子时代的问题是，我们的信息被碎片化，广度太广，深度不够，就跟体育锻炼没有达到一定的强度，虽然锻炼了，但没什么效果，只是在维持现状。这时候，人就处于平台期，很难突破。

|实践者说|

吉人天相，有幸运的成分，更多的是不断求索，突破自己的安全区，向声望、地位、能力远超自己的人看齐，跟他们交往，向他们学习。（Watson Zhang）

|实践者说|

①我需要思考那些影响我的贵人，以五年为时间单位。②周围的人很多，影响你的就那么几个，经常打交道的也就那么几个。有"七"个就够了。做管理，管理下属有"七人"理论。多了很难面面俱到。③要突破自己的安全区，这也是主动改变还是被动改变的问题。主动改变多了，会减少"被"改变，主动迈出这一步很关键。（徐帮龙，歌尔股份有限公司，采购经理）

在职业生涯，人要有贵人相助，不管是跟他们直接接触，还是阅读他们的著作，学习其理论框架、实践经验、思维方式。虽说吉人天相，有幸运的成分，但对更多的人，则需要不断求索，突破自己的安全区，向声望、地位、能力远超自己的人看齐，向他们学习。相信假以时日，你也会达到他们的高度，尽管开始的时候，他们看上去是那么高不可及。这里的关键是，你得不停地进步、学习。

这是找到你的同盟者。我还想补充的是，站在你的对立面的，也有很多可以学的。在让你进步上，你的敌人和同盟者一样重要，如果不是更重要的话。

> **小贴士　精心挑选你的敌人**
>
> **精心挑选你的敌人，因为你的敌人界定了你**。据说这是恺撒大帝说的，但没找到实据。
>
> **不要低估一个强大的、值得尊敬的敌人的价值**。因为你在与之周旋的时候，自然或不自然地会受到他们的影响。如果他们"费厄泼赖"（fair play），你也会自然或不自然地还以公平；如果他们阴险毒辣，相信你也很难一直以德报怨；如果他们的手段高明，你也会变得聪明，即使不是这次，相信下次你会采取类似聪明的手段。所有这些，潜移默化中，你的敌人在影响你的处事方式和手段，这就是为什么"你的敌人界定了你"。
>
> 我在硅谷十几年的职业生涯中，遇到很多对手，很多值得尊敬的创业家、实干家。上到白手起家的华人博士，下到学徒出身的墨西哥劳工，对我的个人发展影响深远。从他们身上，你可以学到很多东西，包括为自己的正当权益奋斗、就事论事、尊重自己的对手、看到事物的两面性、寻找解决方案而不是制造障碍、坚信正义、公平和尊重事实。**优秀的敌人值得尊敬**。你会因他们而变得思考更加全面，更加宽容而不过分苛刻。
>
> **精心选择敌人，也意味着不与不值得为敌者为敌**。品德低下者不足为敌，能力不如己者不足为敌，不择手段者不足为敌。时刻铭记，近朱者赤，近墨者黑——**你会变成你的敌人那样的人**。精心选择敌人，也是为最佳利用自己的资源。青春有限，你不想耗在与无赖骂街上；感情有限，你不想投资在不值得投资的人身上。对于不足为敌的人，息事宁人或许并非下策。俗话说，敬君子方显有德，怕小人不算无能。这也是为什么韩信能受胯下之辱。
>
> 此外，判断一个人的能力高下、品德高低，众所周知的是看他与什么人为友；但更简单的，莫过于看他与什么人为敌了。如果一个人与不足为敌的人为敌，那要么是他的判断力有问题，要么他本身就是那种层次的人。不管如何，都得仔细斟酌了。

小贴士　不从众：自己做自己的参照系

2000年网络泡沫破灭后，纳斯达克指数从5 000多点一路下跌到2002年的1 200多点，投资人损失惨重。接下来的三年里，纳斯达克指数一路反弹，又翻了一番。而在此期间，一般美国人的投资回报率每年只有几个百分点。历史总是在重演。2008年的金融危机后，很多美国人的股票投资损失过半。惊恐之下，人们纷纷逃离股市，结果很多错过了2009年的狂飙猛升。这后面的原因呢，都离不开一窝蜂的从众心理。贪婪、恐惧都有很强的传染性，从众心理之下，很多悲剧就发生了。有几点教训：

第一，**你没法预测未来**。正因为没法预测，所以不能投机。没法投机，就只有做好基本面的事。有统计表明，经济学家做的预测只有48%左右的是对的。如果你投硬币，你猜对的概率是50%。既然这些聪明脑袋的预测如此，那你我平常人的就可想而知了。所以，不要盲从这些预测。**做好基本面的事，尽力而为，得到什么就是什么。**

那什么是基本面的事呢？举个例子。2008年的金融危机使美国股市损失50%左右。股市大落必有大升，这是基本面的道理。这意味着你得待在股市里，才会享受到这随之而来的大升。但是，很多人没有。逢高买进，逢低卖出，这些人在股市最低的时候出场，结果错过了随后的狂飙猛升。当标准普尔达到雷曼兄弟公司破产前的水平时，相信错过了的人肠子都悔青了。

再比如说，天上的那只大雁射下来后，是煮了吃还是烤了吃，这并不重要；重要的是你得先把它射下来：这就是基本面的事。为什么要说这些？你看企业里，很多时间其实是花在讨论煮了吃还是烤了吃，而不是把大雁射下来。大企业的效率低，跟闲人众多、纠缠在这些非基本问题上不无关系——闲人多了，为了显示自己的价值，就开始考虑太多"前瞻性"的问题，结果是只顾抬头看路，没人低头拉车，反倒把大家的注意力从基本面引开了。

第二，**你得有独立的思维**。美国股市上这么多人受损失，关键是受大众和媒体的影响，即从众。**群众的力量是无穷的，因为可以简单叠加**——一个人没法把大石头推到金字塔顶，一群人则可以。**群众的智慧则未必，因为智慧没法简单叠加**。否则的话，把天底下小学生的数学才能加在一起，哥德巴赫猜想早就解决了；把楼道里弹钢琴的小姑娘们的智慧加在一起，就能让莫扎特再世。在智慧上，三个臭皮匠，永远也顶不上一个诸葛亮。群众的智慧不但非常有限，而且往往被随大流效应扭曲，变得非常危险。

有时候，民主并不是一种好制度，说的就是依赖群体的智慧来做决策。大家都清楚，不能靠举手表决来预测经济动向；但在现实生活中，哪种意见的声音大，哪种意见就往往占了上风，跟举手表决又有什么区别呢？作为个体，你得有甄别能力。独立思维的能力至关重要，这就是为什么在美国的教育体系里，独立思维是如此关键。

特别要强调的是，**你得小心媒体，比如那些记者**。在美国，记者是个低收入职业。比如 2011 年，记者收入的中位值比美国人平均收入值低 8%[1]。虽说收入不能成为判断一个人的标准，但在市场经济下，能力越高，收入越高；能力越低，收入越低，却是不争的事实。你不能排除非常优秀的记者能力非常强，见解非常高，收入也非常高。但大多数记者不是那样。可以说，作为一个群体，记者是低于平均水平的。所以，你要当心大众媒体对我们的影响：那些文章、新闻是记者写的，他们代表的往往是低于平均水平的见解。

第三，**你得有独立的行动能力。你做什么，不做什么，不能取决于别人做什么或者不做什么**。独立行动其实是独立思维的延伸。生活中，有太多的人依赖于别人干什么才干或不干什么，从小时候的"别的孩子都在玩，为什么我不能玩"到学生时代的"别人都在逃课，为什么我不能逃"，再到成年后"别人不赡养老人、接济亲友，为什么我

---

[1] Reporters make 8 percent less than typical Americans (or maybe they make more), http://www.poynter.org/.

得"，莫不如此。

如果有人说别人不吃饭，你为什么要吃的话，你肯定说那人疯了，因为你饿，当然得吃饭。没错。你吃饭与否，跟别人吃饭与否无关：你有自己的标准，即自己饿还是不饿，你的参照物是你自己。那为什么不把这简单的道理延伸呢？**优秀的人之所以优秀，是因为他们把自己当作自己的参照物，以做正确的事为标准**。众人之所以为众人，因为他们代表平均水平。以他们做参照系，你最多也只能达到平均水平。

历史上，大规模的悲剧很多是由从众行为造成的，从"大萧条"时的股市崩盘，到希特勒的灭绝人寰，都跟大众缺乏独立思维的能力不无关系。如果你想成为领袖，你就得锻炼独立思维和独立行动的能力。从众，不管是在职业生涯还是个人生活中，都没法让你走多远。

实践者说

从众可能是所有农耕民族的一大通病吧，在最开始的时候有它积极的意义：只有大众步调一致才能进行大规模的农业耕作，管理层则进行中央集权，从而保证整个民族代代繁衍，生生不息。弊病就是这种从众的心理也流传下来并不断巩固，缺乏海洋民族的独立思维，2007年的股票疯狂，或者今天中国的楼市疯狂莫不是这种心理的折射。人们所关心的只是别人是不是也在这样想而不是事实到底怎么样，这是中国人很需要加强的一部分。（安俊龙，贺利氏公司，采购经理）

从 3C 说做人与做事

2006年4月22日，美国华裔精英组织百人会（Committee of 100）在旧金山举办年会，最后一个活动是"导师计划"。该计划的目的是由德高望重、经验丰富的前辈给下一辈传授做人、做事的道理，例如前英特尔资深副总裁虞有澄、台积电创始人兼总裁张忠谋等都列席其中。大家采取分组制，由一两个导师带领几个年轻人，围在一张圆桌旁，进行自由讨论。

我很有幸，分在前通用汽车副总裁杨雪兰一组。杨女士在通用汽车向中国发展的过程中起到了重要作用。在一个白人、男性占主导地位的汽车公司，一个华裔女性，晋升到如此高的管理职位，取得如此成绩，实属难能可贵。分享她的经验时，杨女士总结出三个"C"来（见图1-4）：Competence（能力）、Character（品格）和Comfort（舒服）。

第一个"C"是做事的**能力**，包括技术和管理能力。大家读硕士、博士，在职场磨炼，都是在培养自己的能力。做事的能力是一个人安身立命的根本，尤其是刚起步的年轻人。做事的能力相对容易量化，大家可

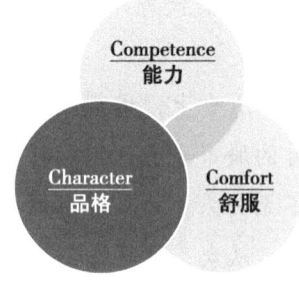

图1-4 做人做事的3C

以通过学位、经历、著作来证明。但只有能力并不能保证职业生涯的成功。现实中就有很多人，技术背景很强，经验很丰富，管理能力也不错，但一直无法在职业生涯上取得突破，则是因为欠缺后面的两个"C"：品格和舒服。

第二个"C"是**品格**。如果能力指的是做事的话，品格则指的是做人。做事要先从做人做起。良好的品德、适中的个性、诚实、正直都落入这个范畴。杨女士特别强调了"值得信赖"和"可靠"的重要性。一个人，不管能力再强，如果不值得信赖、做人做事不可靠，就没法得到信任，从而不大可能被委以重任。**信任没有替代品**。它是基于做事的**能力**和做人的**品格**，而且需要长时间的培育。当然，这并不是说一个人必须十全十美，因为人无完人。但知道自己的长处、短处，扬长避短，作风一贯，则有利于建立信任。

第三"C"是**舒服**。一个人，尤其是在另一个国家、另一种文化里生活，是否能让与其共事的人感到舒服，对其工作也罢，社交也罢，意义非同小可。物以类聚，人以群分，就是因为相互感到舒服。如果

对一个人感到不舒服，你是不会把他纳入自己圈子的，这是人的天性。华人在美国人企业里有"天花板"，美国人在华人的公司何尝没有呢？谁见过一个中国公司请美国人做 CEO 的？中国人跟中国人扎堆，印度人跟印度人扎堆，意大利人跟意大利人扎堆，这后面都有"舒服"的成分。我见过些天赋超群、能力很强的人，但一直在基层做，一个原因就是情商不足，大家对他感觉到不舒服。很多怀才不遇的人都有这个问题。

对职业人来说，这三个"C"是一生的功课。第一个"C"把你带进了门，后两个"C"让你更上层楼。

小贴士　**宁做钝才，不做歪才**

一位供应链老总说，他在招聘总监及以上职位的时候，除了考虑业务和综合管理等能力以外，还要考虑一个重要因素：integrity。这个词很难找到一个非常贴切的翻译，或许可以意译为品德、节操。一个有 integrity 的人是正直的、完整的，品德好，会做正确的事，不会在大方向上出问题。这点对于高管来说非常重要。因为位高权重，影响到很多人，特别是方向性的问题。选了能力不足的人，无非就是无大功；选了品德有问题的人，则可能有大过。

宁用钝才，不用歪才。歪才往往是品德有问题的人，用我的家乡话说，就是意识有问题，心眼不好。钝才的风险是不作为，但在一个大公司，系统、流程、人员建制都比较完善，有一定的惯性，钝才的不作为往往就是没大功而已。但是，歪才的作用则会导致大过，比如整坏一个部门、流失杰出人才、搞僵部门关系。尽管歪才本人部门的指标往往很好，但这是局部优化，为部门利益而牺牲全部利益，对公司来说弊大于利，即为大过。如果你看卡佐克的《供应链变革：构建可持续的卓越能力与绩效》一书，上面多处提到，供应链转型一定要以公司的成功来衡量，很大程度上就是防止"歪才"类部门领导追求部门目标，损害公司利益。2009 年我跟他一起去中国，一路上他好几次提到这点。

钝才相对好辨识：行家一伸手，就知有没有。歪才则否，因为他们往往以能人的身份出现，简历上有炫目的成绩，而且能说会道，一副救世主的样子。他们的危害也在短期内难以体现，因为这些人一般都能做成绩、善表现。但是，这些人的致命弱点是难以长久。时间长了，狐狸的尾巴总会露出来。放在简历上，就是这些人经常换工作，换公司。这也是，品行有问题的人，时间长了，总会被识破，所以不得不走人了事，但对企业的危害已经做下了，无法逆转。

在中国历史上，很多显赫的位子，比如宰相，都是钝才居多，大概也是统治者的求稳心态，避免用歪才的风险。尤其是中国，开科取士，其实在很大程度上是在衡量一个人的品德。中国几千年的历史之所以稳定，有品德的钝才或者平庸人士的贡献不可忽视。歪才看上去一时有成果，但往往是进三步，退两步，昙花一现，制造出一些不和谐而已，然后在系统惯性的强力作用下消失。

对于职业人士来说，凡事先想想能否过品德这一关。**不要因为自己的职位低下，就降低在品德上的要求**。做正确的事，做个完整的人。在一些小事上都难能保持节操，那大事上呢，相关利益更多，就更难做正确的事和保持完整的人格。**不要降低对自己的要求，也不要降低对别人的要求**。在职业选择上，上司的人品应该是一个重要因素。公司文化也一样。有些公司为实现目标不择手段，公司文化必然有节操问题。择业时要远离这些公司，除非你想同流合污。"良禽择木而栖"。不管你的位子多高，你很难改变一个公司的文化。

实践者说

中国的道德体系处于重塑的阶段，每天每个人的道德观都会面临新的挑战并不断地重塑。歪才如何定义值得商榷。在如此的浊世中，对供应链人士的 integrity 的要求恐怕只能陷入在网上议论而已；其重要性不言自明，但小环境取决于大环境……（匿名，供应链管理专栏

读者，www.scm-blog.com）

作者回复

这更多是个人选择问题。不管在什么环境、时代、国家，人们对错误的事的定义大都一致。**法律可能因国别、时代不同而不同，道德则否**。integrity 更多的是道德成分。如果因为外在的原因而改变自己的道德底线，这本身就是欠缺 integrity 的表现，是借口。世界浑浊与否我们个人很难控制，但我们能控制我们自己。在任何情况下，随波逐流都是一种个人选择。

实践者说

我之前听过海岩老师在被采访时说过的一句话，大概是这样的：不论我们在社会或企业中处于一个什么样的位置，我们应该先塑"德"，然后才是"术"。也就是说没有品德/道德的约束，那往往人们会把"术"用在歪门邪道上。可往往我们周围这种没有德，却很善于用"术"的人很多。这种人也往往很会让自己在短期内"爬"到一个比较高的位置。可是从长期发展的角度来看，我相信假的真不了，若是金子也迟早会发光。

非常喜欢您这篇文章中的最后引用的那句"良禽择木而栖"。在什么样的环境里，跟什么样的人一起工作，是否要坚持做一个 integrity 的职业人，我们是可以选择的！！[郑文婷，布鲁克（北京）科技有限公司，采购经理]

小贴士 原则与利害

2012 年，我在深圳培训供应链管理。有学员问，如果供应商交货迟到，但对生产线没有什么影响，应不应算迟到？看上去很简单的一个问题，反映的其实是一个根本性的问题：讲原则，还是讲利害？

我的答案很简单：你说周三送到，结果周四送来了，迟到就是迟到，这是个原则问题，不能与是否造成损失（利害）混淆。公司那么大，物料那么多，你不可能逐个去判断，而且把一个本来很客观的指标，掺入很多主观性。这就如有些法律，本来是黑白分明的事，经过人为解释，法治就变成人治，害莫大焉。

如果问题是标准定得不清，不得不人为解释的话，那解决方案应该是细化标准。在制定细则时，有些管理者怕麻烦，只制定一些纲要性的东西，自己图方便，可不要忘了，**不制定细则，并不意味着那些具体的情况就不会出现**。实践中该出现的都会出现，执行层就不得不去人为解释，出现各种不同的细则版本，不但给人为操纵提供了温床，而且大大降低了执行效率。

林语堂有句话，说**国人只讲利害，不讲是非**（原则）。这话说得有点刻薄，但细想想，其实说到点子上了。为什么在这里上纲上线呢？因为讲原则还是讲利害，关系到做人的准则，会影响一个人能走多远，不论是职业上还是社区活动中。且听我解释。

人的职业生涯分三个阶段（见图1-5）。刚出校门，初入职场，你去应聘，人家会问你有什么能力、将来能做什么，我们推销的是潜力；工作了几年后，应聘的时候人家就会问，你做过什么，绩效如何，我们推销的是经验；到了第三个阶段，我们想更上层楼，领导更大的团队的时候，公司关注更多的其实是我们是一个什么样的人，我们推销的是人品、修养和声誉。这是因为这个阶段要求的是领导力，而领导力的一大块就是模范作用。**不讲原则、只讲利害，你在人格上就不可能成为模范，也注定了在第三阶段走不远。**

以前的举孝廉，其实就是看人品。**能力相对容易提高，人品则否。**科举文章，一边看文采（逻辑思维），一边看思想。尽管说的并不一定是要做的，但从说的（写的）还是可以看出一个人的人格和思想水平来。皇帝选拔的人，自然是第三层次的人，是领袖。而他重点考核人品、人格，也自有他的道理。

初入职场，
我们推销的是潜力

工作几年后，
我们推销的是经验

最高阶段，
我们推销的是
人品、修养和声誉

图 1-5　顶级的职业成就取决于你是个什么样的人

实践者说

韩非说治理国家不外乎"法、术、势"，重点强调制度在领导岗位上的重要思想，利害关系已经制定在原则当中，所以不管任何情况之下，原则第一。（Laomo，供应链管理专栏读者，www.scm-blog.com）

实践者说

往往碰到棘手的事情，当时很紧张，做出灵活处理，大事化小，小事化了。先据利害关系做出反应，事后却不做根本性地反思和改善。忽略了原则性的是非判断，总是严于律人，宽以待己。讲原则还是讲利害，涉及做人的准则。（石鑫，职业经理人）

小贴士　今天的危机是明天的笑话

在供应链管理上，有些公司习惯性地陷入救火状态，自上而下都是如此。供应链管理离不开救火，比如生产线停机待料，本身就得救火，但那是基层的任务。一旦自上而下地形成救火文化，那就是问题。

这是我在一个秘书桌上看到的座右铭：Today's Crisis is Tomorrow's Joke——今天看来火烧眉毛的事，在明天看来往往是笑话一个。这是对那些"危机式管理"的人的绝妙写照。

在战略上，你一定得有危机感。因为生于忧患，死于安乐，适当的危机感是个人、机构、国家继续前进的动力。**但在战术层上，如果对啥事都按危机来处理，那么大多时候你是在管理"噪声"，甚至是无事生非了**。任何事物都是一个系统。系统自身有一定的纠偏功能。微小的偏差是"噪声"，大都可通过系统自己来纠偏。这就如你生了小感冒，也不用立即下猛药，因为身体会慢慢自己调理；如果你下猛药的话，你实际上在干扰一个基本正常的系统，反倒可能起副作用。公司也一样。看看我们试图立即解决的很多问题，其实大都会自己解决，需要的只是一点时间而已。

危机式管理实际上成为美国上市公司的一大通病。在华尔街的压力下，公司每时每刻都在为这个季度的指标拼搏：营业额、利润、库存、现金流量……这些指标又转化为公司内部的各项指标：按时交货率、价格、质量等。这些指标每周、每月、每季度地评审，有些甚至是每天。于是大家跟没头苍蝇似的做这做那，就是为了下周、下月的指标好看些，而顾不上对长远的指标会带来负面影响。于是很多资源就消耗在管理"噪声"上，不能不说是一个大遗憾。

管理"噪声"，也往往跟我们对数据分析不到位，对全局缺乏理解有关。不理解就缺乏安全感，就容易情绪化，陷入危机模式，过度反应，失去了深思的机会；不深思，则很难从"噪声"中识别模式，失去了发现和应对根本问题的机会。根本性问题的投资回报率高。成功的职业人之所以成功，跟他们透过现象（"噪声"）看本质不无关系，把有限的资源投入到根本性问题上。

对于职业人来说，凡事动手前想想，我们是不是在反应过度？今天的危机会不会变成明天的笑话？相信这样，我们会避免很多愚蠢行为，将来也可少汗颜很多。

22 岁的时候，你在干什么

在经历迷茫的时候，更重要的是关注脚下，把当下的每一件事做好，机会和方向自然就会来找你。

——聂晨，大华会计师事务所，高级项目经理

一位刚读物流管理研究生的读者问，他 22 岁了，不大不小的年纪，却怎么也找不到目标。他想知道我在 22 岁时做什么，怎么一步步走过来的。

22 岁的时候，我还在读大三。所以，我已经落后于这个读者了。我读的本科是 5 年，所以我落后了 3 年。不，是 4 年，因为我毕业后又工作一年，才读研究生。研究生读的是项目管理，不是物流，也不是供应链。真正进入供应链管理都是 2000 年的事了。所以在物流和供应链管理领域，我比这位读者整整晚了 7 年。

刚进入供应链管理，我也是一无所知。当时美国的教授电话面试，我也是有一搭没一搭，谈的都是些建筑项目管理的事，因为那是我之前 10 年学的、做的。好在他要招一个懂建筑的助手，所以我就这么进来了，成了供应链管理的研究生。惭愧，说这些，一方面是想证明这人生实在没法规划——如果能的话，我这会儿应该在建筑工地上，带领一帮民工干活，因为那是我本科、研究生的专业；另一方面也是说，这位读者从另一个专业转入物流管理，尽管专业变了，其实也没落后什么。22 岁的年纪，干什么都赶得上，只要你用心。

人的一生由很多点构成。**开始时，这些点零零散散，互不相连**。比如你学的是机械，毕业后却进入销售，干了几年活，鬼使神差，又成了采购，接着是转入生产计划，这些跳跃似乎没什么逻辑。但是，**随着岁月和经历的积淀，这些离散的点渐渐会连成了线，最后成了片**。这时候，融会贯通，就如武侠小说上的功夫练成了。有句话说，**任何经历都是可贵的**，因为不知不觉，这些经历都会融入，成为你成功的一部分。所以，不管是学业还是职业，在生涯刚开始的时候，跳跃性

地发展，从一个离散点到另一个，从一个专业进入另一个，其实并不见得差。

不要担心跨度太大，应担心的是在每个点上挖得不深。干一行，学一行，爱一行，精一行。精一行是关键。如果你只是在这些不同的点上飘，没有潜入，那你就成了"艺多不养家"了。其实读大学，真正花在专业课上的也就两年多时间，然后你就算是这个专业出身。工作了，进入一个新行业，潜心学习、钻研、实践，两三年内你完全可以成为专家。**如果都两三年了，你还在那里自我怜悯，说时运不济，学非所用，那表明你还在吃老本，没有静下心来学习新专业，其实很失败。**

经常有人问，一个岗位上做了一两年，感到前途暗淡，想转行，但没法进去，因为自己又没有相关的经验。我一般都会问，在现在的这个岗位上，你是否做成最优秀的几个人了？等做成最好的时候，你自然就会有更多、更好的机会。急着跳槽，容易变得蜻蜓点水，几年过去了，井挖了不少，可一个都没挖出水来，这人就算半报废了。我不赞成死熬，"树挪死，人挪活"，动有动的好处；但是，一点儿挫折也受不了，没有知难而上的劲儿，你其实也失去了很多锻炼的机会。"人是属驴的，不压不长劲儿"，稍微有点压力或不顺心就一走了之，你这劲儿很难长上来。

再就是世事多变，你很难做长远规划，甚至连大方向都没法控制。人的一生其实都是在连线，但你很难知道下一步会连到哪里去。用乔布斯在斯坦福大学毕业典礼上的演讲说，**就是你没法向前连线；你只能向后连线，**所以你得有信心，坚信这些点在未来会连起来⊖。26年前，我刚进大学，专业是工业管理，后来看到建筑行业火热，就转入建筑管理。读本科、硕士，断断续续地工作，在建筑管理领域都10年了，却鬼使神差地转入供应链管理。供应链管理和工业管理是近亲，

⊖ 乔布斯在斯坦福大学2005年毕业典礼上的讲话。讲话原文见链接：http://news.stanford.edu/news/2005/june15/jobs-061505.html。

算是兜了一大圈又回来了。虽说建筑业与高科技差别万千里，但是我在建筑业学到的项目管理、组织协调和供应商管理，仍然可以用在高科技行业。这些点，看上去是如此离散，但鬼使神差，最终还是连起来了。

你没法控制未来，但可以控制现在，那就是每一天都尽力而为。 我不是说尽力而为就是每天只睡三四个小时；我说的是尽心尽力。学习、工作，把每一天都当作最后一天，这样你就不会拖延，该完成的都完成。日有所知，日有所进。时间长了，你就会脱颖而出。等集够10 000个小时后，你就可能成为这个领域的专家。每天8小时，一年就是近3 000小时，三四年你就成了专家。硕士、博士课程都在3～4年，还是有道理的。

实践者说

阅读您的博客马上就快要一年了，这一年里，我都不知道究竟有多少改变发生在我自己的身上。我本身是学习物流工程的。但是，由于非常偏向机械和自动化方向，因此在本科的前三年的时间里都很苦闷，完全不知道物流是什么，直到看到您的博客，才逐渐对物流，对供应链和采购，有了认识，更重要的是开始学会了独立思考，而不是埋怨老师。

其实，去年的这个时候，我还正在努力地准备跨专业考研，考名校的会计，想要进入完全陌生的领域。然而，今天的我却非常幸运地成为香港大学Industrial Engineering and Logistics Management（工业工程和物流管理）研究生。所以，一切确如您所说，都是很难预料的。

今天，看到这篇文章，我非常能够体会这位同学的困惑。因为，曾经的我，包括现在的我，也时常会对前途感到困惑，不知道自己路在何方。但是，这一年的经历教会我的更多是，不要怀疑未来，不要总问路在何方，而是要根据实际的情况，去选择适合自己的道路，最重要的是去尝试，试一试才可能会有结果。风险终究是存在的，道路很可能是曲折的，但是，真的没有什么做过的事情是没有意义的。就像我上半年全心地找工作和实习，结果6月了，都要毕业了才收到了offer（工作录取通知）。然后，才下决心放弃工作，来读书。而正是因为当初没有把一切都寄托在申请上，才得到一个多月的全职工作经历，而这段经历使得今天回到学校后的我，倍加珍惜作为学生的时光。

今天，看到这篇博客，我自己也是有感而发，希望分享我的经历给大家。同时，我希望能够有更多的前辈来分享他们的感受，因为，我想年轻时候的你们也曾经如此这般困惑过，而你们的经历和感受，或许就会影响我们的一生。

四年后的补充： 过了这么多年，我愿意分享一下我现在的经历。毕业之后，我在机缘巧合之下在国际四大会计师事务所之一的德勤公司实习了四个月，从此就接触到审计这个行业，然后进入国内一家内资会计师事务所从事审计工作，一待就是四年，从当初对审计行业一无所知到现在可以独立带队负责IPO、新三板和上市审计项目。

我的另一个朋友，当初和我一样关注刘老师博客的大学同学，他也是先后经历过中国香港的物流工作，深圳的华润超市物流、电商，现在又投身到他更加热爱的大数据行业。其实，我的身边还有很多这样的朋友和同事，都曾经历过那个迷茫和充满着理想的年纪。如今，如果我能够遇到当初的自己，我还是不后悔自己选择的路，但是我想对当时的自己说，**在经历迷茫的时候，更重要的是关注脚下，把当下的每一件事做好，机会和方向自然就会来找你。**（聂晨，大华会计师事务所，高级项目经理）

实践者说

您的博客和文章让我在迷茫之中拨开了迷雾，尤其是这篇更是击中了我的心底，确定了我学习供应链管理的决心。

我现在21岁，在中国一所211大学念书，去美国得克萨斯州一所大学商学院交流了一年，对美国的教育制度深为认同。回国找的工作是在沃尔玛做全球采购，去之前在创维采购部做过。我其实很喜欢采购，但是很多人说供应链管理回国之后无用武之地，过于重视经验而不是学位。我也一直在犹豫，犹豫要不要换专业进入一个我完全不熟悉却据说"有钱途"的专业。

您说得太对了，我才21岁，只要我潜心这个专业，到28岁我完全有可能成为一个专家，无论是在中国还是美国，我努力，我不后悔。就像您说的"你能做的就是认准方向，努力做下去"。（史帅克，沃尔玛，采购经理）

小贴士　耐得住寂寞

硅谷似乎是"快钱"的代名词，一个又一个的公司上市，那么多人一夜之间成为亿万富翁。但是，人们往往忘记了，更多的人、更多的公司其实也是十年磨一剑，耐得住寂寞、经得住磨炼，才有一朝惊天下的壮举。他们放弃了很多"快钱"的机会，才有了今天的成就。

就拿谷歌来说，2000年前后互联网烧钱时代，那么多的公司到处拉风险投资，花费千百万美元打广告、创立品牌时，谷歌硬是"养在深闺人未识"，默默无闻地开发技术。有一次我在硅谷的一次活动上，听谷歌的最初投资人之一，至今仍是董事会成员的 Ram Shriram 做报告。他印证了当时的谷歌确实有机会得到很多风险资金、走上烧钱道路。这位衣着随便的印度人说，正是因为耐得住寂寞，专心致志做事，才造就了今天的谷歌。

再比如说沃尔玛。自2000年以来，沃尔玛在《财富》500强中一直名列前茅。4 800多亿美元的年度营业额（2015年），超过世界上150多个国家的国民生产总值。可有谁知道，沃尔玛的创始人山姆·沃尔顿，曾经守着一片小店，缩居街角几十年如一日。

耐得住寂寞就是信守来之不易，若要回报，一定要投资。正如一位亿万富翁所说，**成功就是选定目标，确定要付的代价，然后分文不少地付清**。人们大都只看到成功者的荣耀，却忽略了其背后几十年如一日的付出。破茧成蝶，瞬间的美丽，其实蕴含着很长时间的艰辛。

耐得住寂寞也是目标专一。**十年磨一剑，而不是十八般武器，讲的就是专一。**一个公司，在发展过程中会遇到很多诱惑。选择实在太多，尤其是在初创时期。几年前听雅虎的首席数据官说起，互联网仍旧是遍地机会，即便资源丰富如雅虎，都去涉足，也会因资源分散而最终一无所获。公司如此，个人也不例外。

目标专一也是知道自己想要什么，例如在 5 年、10 年、20 年后成为什么样的人，达到什么目标。芸芸众生，并不是每个人都认真地想这些；而确定了目标，耐得住寂寞、一分一分地交学费、实现的就少之又少。寂寞难耐，是因为急功近利，急于求成。成功就如致富，套用一句个人理财的话：**发财是一个漫长而无聊的过程。**成功也是。

小贴士　活着（Stayin' Alive）

这是 2014 年新年的第一天，硅谷的阳光灿烂。大早上起床，听着比吉斯乐队（Bee Gees）的《活着》（*Stayin' Alive*）。这首 1977 年的老歌，就如比吉斯乐队三兄弟那触及灵魂的嗓音，从来就没有老去，尽管双胞胎弟弟罗宾和莫里斯先后辞世，只有 67 岁的哥哥巴里还在继续着音乐之旅。有时候，**活着本身就是一种成功**，相信放在失去了两个弟弟的巴里·吉布身上也挺贴切。

有的人活得轰轰烈烈，就如樱花盛开，流星闪过。更多的人则慢工出细活，活着、学着、积累着，不光是结果，更重要的是过程，让世界因你而不同，"哪怕是让只有一个人的生命变得更好，只因为你的存在"（爱默生语）。活着是个过程，积累的过程，得慢慢来，就如德川家康在遗训中说的，"人之一生，如负重远行，不可急于求成。"积累就如复利，而世上最可怕的就是复利：利滚利，时间长了，结果就非常可观。刚开始时挺慢，到了一定时间，积累就有了利滚利的成分，形成惯性，最终厚积薄发。

而这关键是活着，不光是简单地活着（staying alive），更重要的是身在其中（staying in the game）。**忍辱负重，当为了既定的目标而能卑微地活着的时候，这个人也就成熟了。**

直奔结果，无法很快达到期望就丧失信心，很多人就这样半途而废。一些所谓的成功人士在分享经历时，经常有意无意地忽略过程，让人只注视到结果，也是误导。而大众也往往只看到表面的辉煌，而不知道背后"活过"的艰辛。

2008年，中国物流与采购联合会和美国供应管理协会在复旦大学举办年会，我做演讲。一位复旦大学的MBA说："你的幻灯片做得真棒。"他不知道，那些幻灯片中的大多数，我当时已经讲过数十次，花了几十个小时来精心搭配图片和文字，任何细节都不曾放过。其实我在上学的时候，也跟这位MBA差不多，总觉得那些外国人的幻灯片真是精美，却忽略了那是多少心血的结晶，不但是做幻灯片的时间，而且是十年如一日，在一个行业里浸淫，活成专家的结果。

异常聪明的人中，取得大成就的并没有想象的多。可能是聪明人得来全不费工夫，所以就不特别用功，不注重积累，没有真正"活过"。我想这是**"聪明人的诅咒"。很多成就，其实并不需要超常的智力；需要的是积累，在一个领域里"活着"，浸淫足够长的时间。**

有种说法，说要想成为某方面的专家，你得投入10 000个小时的时间。这10 000个小时中，聪明如爱因斯坦者，做出$E=MC^2$式的成果，估计也只需要1小时把它写下来，那其余的9 999小时呢？八成是活在去成功的路上，大海捞针也罢，沙里淘金也罢，跟常人一样熬着。但你没法忽略这9 999小时，因为那是你第五个包子吃饱前，垫底的四只包子。等你成了专家，给人家画道线，人家问你为什么收费10 000元的时候，我想你知道那个著名的答案：画条线本身值1元钱，知道怎么画值9 999元，因为你熬了9 999个小时才知道怎么画。

有一次遇到董衍善博士，他给我讲了个挺有意思的小故事。他曾经空降到一个几百亿元规模的企业做CIO，有个部下向他抱怨，说自己是公司几十年的老员工了，工资才这么点，而你刚到公司，工资就是他的×××倍？董博士给这位老员工解释道，这就如对比茅台酒与二锅头：两者99.9%的都是水和酒精，但茅台卖800元，而二锅头只卖18元，区别就在于那0.1%。但那0.1%的区别，又蕴含着多少实质性的差别呀！

实践者说

这篇文章是我们新年最好的礼物。我看了很多遍，有强烈的共鸣。感觉年轻时太无知了，虚度光阴了。近两年看书多一点，心比以前静了，感觉智慧多了一点。《大学》中说："知止而后有定，定而后能静，静而后能安，安而后能虑，虑而后能得。"以前书看完后，只有几天感觉，过了个把月，就像没看过一样，其实是没把知识转化为智慧，知识终归要忘记的。（童天锐，读者）

小贴士　你是你最好的广告

人有时候只想着让自己的简历更精彩，但却忘了自身就是自己最好的广告。不管何时何地，我们的一言一行，无不折射出我们的个性、修养和潜能。所以，润色简历重要，但更重要的是做好每一件事，善待每一个人，每天提高自己。

做好每一件事。职业上的机会大都来自曾经共事过的人。创业伊始，第一份业务往往来自原来工作过的公司，或是由老同事、老朋友介绍的；找工作，往往是原来同事、上司、熟人的一句话。这些都源自他们对你的信任。取得生人的信任容易，取得熟人的难。为什么？你可以用豪言壮语来打动一个生人，但对同事、上司、朋友来说，相识那么久，共事那么长时间，任何虚假都经不住时间考验。唯一能经住考验的就是做好每一件事。每一件事，不管大小，其实都是在改变或证实同事、上司和朋友对你的看法。做正确的事，做到最好。

善待每一个人。人有贫富、高下之分，但都很重要，一样值得善待。周围的人，认识和不认识的，只要接触，都是你的资源，你的成功就是他们托起来的。职业人的成功就如股价，没法知道哪个因素起了决定作用。但是，你所做的每一件事，你所接触的每一个人，都会折合到你的成功中去。**股价是市场对一个公司的信心，你的成功其实是周围人对你的信心**。善待他们，把每一个人都当作客户、上司，给他们的超出他们的预期。其实，善待一个人并不需要多费点什么，这就如优质产品并不比劣质品多费资源一样。需要的是心态。

每天提高自己。很多人工作一段时间后，简历上就再也没新东西上去了。为什么？每天干的都是一样的活，而且每天干得都是一样的不起眼。不学习，不求上进，时间长了，这个人就贬值了，不但在别人眼里，而且在自己心里。于是这个人就归于平庸，尽管工作还算过得去。相反，即使你干这份工作不很出色，但只要你努力学习，不断改进，别人对你的评价就不一样，对你的看法也不同。就如股价取决于市场对企业未来的预期一样，对于职业人，尤其是初入职场者，人们能否看好你，关键是对你未来的期望；而这未来，很大程度上就是由你现在的学习、提高的态度和行动决定。看看周围的人，成功者与平庸者的一大区别就是前者不断学习，时间长了，就从后者中脱颖而出，尽管当年起点相同。

优秀是一种习惯。做好每一件事、善待每一个人，日有所知、日有所进，其实就是优秀。兢兢业业，把每一天都当作试用期，把每一个人给你的事都当作老板的任务来做，潜移默化，你的贡献、价值自然不同，你的成功也就水到渠成。**你根本用不着去宣传你有多杰出；你就是你最好的广告**。

实践者说

习武之人，当武术修炼到一定境界以后，能够顿悟真正的对手其实就是自己，现实工作和生活也是如此。我们需要做的是：今天超越昨天的自己，明天要比今天做得更好。优秀是一种习惯，学习也是一

种习惯，自我修正、完善和超越更应该成为一种习惯。（徐帮龙，歌尔股份有限公司，采购经理）

追求卓越，拒绝做差不多先生

《差不多先生传》是胡适九十多年前写的文章，拿到今天，还觉得是给我们量身定做的一样。读读看，是不是能看出你和我的影子来？质量做不好，交期不稳定，成本和库存太高，就是很多"差不多"先生的"杰作"。作为供应链职业人士，尤其在职业生涯开始时，失之毫厘，谬以千里，不管是心态还是专业，一定要打好基础，拒绝做差不多先生。胡适《差不多先生传》⊖原文如下。

你知道中国最有名的人是谁？提起此人，人人皆晓，处处闻名。

他姓差，名不多，是各省各县各村人氏。你一定见过他，一定听过别人谈起他。

差不多先生的名字天天挂在大家的口头，因为他是中国全国人的代表。

差不多先生的相貌和你和我都差不多。他有一双眼睛，但看得不很清楚；有两只耳朵，但听得不很分明；有鼻子和嘴，但他对于气味和口味都不很讲究。

他的脑子也不小，但他的记性却不很精明，他的思想也不很细密。

他常常说："凡事只要差不多，就好了。何必太精明呢？"

他小的时候，他妈叫他去买红糖，他买了白糖回来。他妈骂他，他摇摇头说："红糖白糖不是差不多吗？"

他在学堂的时候，先生问他："直隶省的西边是哪一省？"他说是陕西。先生说，"错了。是山西，不是陕西。"他说："陕西同山西，不是差不多吗？"

⊖ 摘自"百度百科"。

后来他在一个钱铺里做伙计；他也会写，也会算，只是总不会精细。

十字常常写成千字，千字常常写成十字。掌柜的生气了，常常骂他。

他只是笑嘻嘻地赔小心道："千字比十字只多一小撇，不是差不多吗？"

有一天，他为了一件要紧的事，要搭火车到上海去。

他从从容容地走到火车站，迟了两分钟，火车已开走了。

他白瞪着眼，望着远远的火车上的煤烟，摇摇头道："只好明天再走了，今天走同明天走，也还差不多。可是火车公司未免太认真了。八点三十分开，同八点三十二分开，不是差不多吗？"他一面说，一面慢慢地走回家，心里总不明白为什么火车不肯等他两分钟。

有一天，他忽然得了急病，赶快叫家人去请东街的汪医生。

那家人急急忙忙地跑去，一时寻不着东街的汪大夫，却把西街牛医王大夫请来了。

差不多先生病在床上，知道寻错了人；但病急了，身上痛苦，心里焦急，等不得了，心里想道："好在王大夫同汪大夫也差不多，让他试试看罢。"

于是这位牛医王大夫走近床前，用医牛的法子给差不多先生治病。不上一点钟，差不多先生就一命呜呼了。

差不多先生差不多要死的时候，一口气断断续续地说道："活人同死人也差……差……差不多，……凡事只要……差……差……不多……就……好了，……何……何……必……太……太认真呢？"他说完了这句话，方才绝气了。

他死后，大家都称赞差不多先生样样事情看得破，想得通；大家都说他一生不肯认真，不肯算账，不肯计较，真是一位有德行的人。

于是大家给他取个死后的法号，叫他圆通大师。

他的名誉越传越远，越久越大。无数无数的人都学他的榜样。于是人人都成了一个差不多先生。

小贴士　"差得多"遇上"差不多"——日本同事的沮丧

看过美国和中国地图的朋友会发现，这两个国家的国土面积差不多，国土形状也非常像，两张地图覆盖到一起，重叠度很高。而这两个国家的国民呢，相似度也远远超过人们的想象。比如做事大而化之，差不多就行，在这两个国家的大众身上，体现得淋漓尽致。而日本人呢，则正好相反，严谨、认真，凡事都要追问个究竟。当这些人在一起的时候，日本人就成了异类，沮丧不堪。

比如我的老东家是个全球公司，总部在硅谷，在日本、中国、新加坡、韩国、德国等各地都有分公司。各个国家的员工，每周一次电话会议，解决全球运营的各种问题。你知道，供应链运营都是些鸡零狗碎的事，比如错过航班啦，货没按时发啦，箱子上的标签贴错啦。虽然与会者是一帮总监和经理，谈的却都是诸如此类的破烂事。美国是总部，支持全球的物料需求，所以大多问题都能跟美国挂上钩。这时候，你就能看到，同样的问题，不同国家的人应对方式大不相同。

美国人跟中国人相似，习惯于从偶然里找原因：货发错了，是员工没注意，纠偏措施是培训，让下次注意——民主国家，连批评都没有，每次都是培训培训再培训；标签贴错了，是一次性失误，纠偏措施也是培训；误了航班，是新员工刚到岗，不熟悉，纠正措施还是培训。

但在日本同事眼里，**这世上没有偶然——所有的偶然，都有深刻的必然**。比如新员工出错，那新员工培训是怎么做的？你不能简单地再培训了事；你得重新审视新员工培训的材料、流程和考核，以防下一次来个新员工，再出现同样的问题。货发错了，那发货指令是怎么说的，仓库里的员工是怎么遵循发货流程的？

美国同事的目标呢，很简单，就是把这一次的问题给糊弄过去。日本同事呢，则是聚焦预防未来的重犯。美国式糊弄遇到日本式较真，每次都有好戏看：美国同事一次又一次地打补丁，每次都不触及根源，差不多就行；问题再次发生后，日本同事一次又一次地揭开补丁，说"差得多"，督促美国同事继续整改。"差不多"和"差得多"在一起，双方就这样来回折腾。日本同事的较真，在美国同事的"差不多"面前，总是显得格格不入，老问题一再发生，就非常沮丧。

我说这些，并不是评判美国不好还是日本不好。我想说的是，差不多心态下，注定没法把事情做好做到位。**一次做不到位，只好分几次做到位，结果代价更高。**作为职业人，特别是职业生涯刚起步的时候，培养认真、严谨、关注细节的习惯，再重要不过了。而你看职业人的沮丧，特别是工作一些年月后，就是一遍又一遍地对付那些老问题，没法杜绝根源，每次都是想尽办法来解释，把问题"偶然"化，尽管我们心中都很清楚，所有的偶然后面，都是深刻的必然。

实践者说

想起一句话：你用什么样的态度对待生活，生活就会用什么样的态度对待你。热爱生活，必有自己看中和想珍惜的东西，比如事业、爱情、自由，抑或像"差不多先生"只希望以不认真的姿态存活。得到你珍惜的看中的东西，必然要舍弃与其相悖的。但是很多人之所以困苦迷惑，往往是看不清自己真正想要的是什么。（Bingxi Li，阿尔卡特-朗讯，寻源）

实践者说

所以您是赞成日本式严谨，对么？可是您也是在美国，也经常会回中国，周围接触的人、事多是"差不多"式。身处差不多的环境中，如果认真坚持自己的做法和观点，经常可以听到周围同事的议论说某某怎么那么较真的；一个人较真的做法也会影响到其他差不多的同事，需要他们付出更多精力应对，这样往往会跟周围的人显得格格不入，融不进群体中，对自己的职业生涯也是有一定的影响吧。如何把握这

个度呢，怎么样去调整自己的心态更好？[张海云，卡尔蔡司（上海）管理有限公司，服务计划]

作者回复

一流的人自定标准。周围的大众是平均水平，不要让平均水平左右你的判断，除非你想成为一个平均水平的人。要知道，掌握舆论的往往是那些"差不多"们，很多是些低于平均水平的失败者。做正确的事。不要被他们绑架。

本章小结

这部分讲的是供应链生涯的起步。找什么样的公司，跟什么样的人，做什么样的事，对一个职业人快速进入供应链领域都挺重要。学什么，怎么学，尽快掌握解决问题的技巧。经历不可替代，学历替代不了经历。要去实践。这是从业务上步入正轨。

学做事，还要学做人。不从众，自己做自己的参照系；认真干，自己是自己最好的广告；耐住寂寞，厚积薄发。宁做钝才，不做歪才；坚持原则，不逐利害；追求卓越，拒做"差不多"先生。问题远没有想象的那么多，见一个消灭一个。所有的坑都填掉了，路自然就平了。

我们还谈了读书、换工作和职业认证。读好书，深度思考。读书代替不了深度思考。尝试不同的工作。所有的点，最后都能连成线。系统学过，学到最好；系统做过，做到最好；系统提高总结过，从形而下到形而上——走专家之路，成为懂外语、懂中文和懂供应链的"三语人才"。

资源 更多供应链管理的文章、案例、培训：

- 我的供应链专栏：www.scm-blog.com，个人专栏，写了十多年了，500 余篇文章。
- 我的畅销专著：《采购与供应链管理：一个实践者的角度》，自 2012 年领跑畅销榜。

  《供应链管理：高成本、高库存、重资产的解决方案》，最新畅销书。
- 我的微信订阅号、新浪微博、LinkedIn，更新、更快，定期发布新文章。

我的微信订阅号

我的新浪微博

第二章

工作了十年八载后，日子不好也不坏

> 大多时候，消耗你能量的都不是工作，而是工作中遇到的人。
>
> ——佚名

这是个"苦其心志"的阶段。

工作了十年八载后，你变成了元老，在你的领域里成了骨干。你知道的足够多，但还没有上升到专家地步；你知道问题该怎么应对，但就是没法系统解决。你逐渐认识到，困扰我们的都是些老问题。**多年经验只是减少了问题的发生，没法实质性地改变、提高**——实质性的改变得上升到系统、流程和组织层面，而这正是你缺少的。

你有了初步的个人成功。你也开始带团队，做项目，但在团队成功上不是得心应手，没法在更多人身上复制自己的个人成功。你熟悉自己的短板，尽力去弥补，不过还是没法改变周围人对你的看法。你沮丧、怀疑自己。**你有了经验，但没了激情**。你开始跳槽，甚至频繁跳槽，但最终无可奈何地发现，天下乌鸦一般黑。

你沮丧，是因为你没有能力改变。你完成了从无知到有知的过渡，从生手变为熟手，但还不是专家和领袖。因为你所知道的，更多的是聚焦特定的行业、特定的公司，是形而下的经验，而非形而上的智慧。从经验到智慧是一关。跨过去，成为专家；跨不过去，归于平庸。

职业生涯开始时，我们专心弥补短板；工作十年八载后，我们更加要发挥个人所长。到了这个阶段，人很少能在同一份工作上变得更好——十年都没能够补齐的短板，再用十年还是补不齐。这是个残酷的现实。**选择重于提高，方向大于努力**。此外，接受现实，不再活在别人的期望里；接受现实，做个真实的自我，也是一种选择。

工作了十年八载后，日子不好也不坏

一转眼，张天望大学毕业已经快 10 年了。初入职场时，他勤奋上进，没几年就精通本行；紧跟着就跳槽，进入管理层，开始管理一个小团队；几年后，他再次跳槽，老本行，但团队更大了，责任更重了，工资也涨了一大截。到新公司后，磨合期下来，工作上了手，不过新鲜期一过，他却陷入了迷茫：干的活儿跟以前都差不多，问题也都是些老问题；公司这么大，有你没你，似乎都无所谓。于是张天望对工作失去了激情。

都说"七年之痒"，这是不是所谓的职场倦怠症？自己 30 岁出头，可不能就这样混下去。张天望仔细权衡，列出几种可能的出路。

其一是读 MBA。张天望是理工科出身，虽说在管理职位上四五年了，但还没机会系统地学习管理，总觉得欠缺点什么。MBA 可能是自己职业拼图的最后一块。一流的 MBA 能提高人的自信心。在美国一流的商学院里，MBA 的待遇明显不同于其他学生。他们有专门的教学场地，别的专业学生一般进不去；他们也有专门的职业管理配套班子，一入学就开始帮你找实习、找工作。当然这与 MBA 的高昂学费有关㊀。

㊀ 对于美国的供应链管理 MBA 课程，可到我的"供应链管理专栏"上（www.scm-blog.com），搜索"美国供应链/物流管理 MBA 排名"一文。对于欧洲的，可搜索"欧洲物流供应链管理 MSC/MBA"一文。

就国内来说，好的MBA学费动辄要几十万元，全脱产去读，工资没了，学费交了，一进一出，成本惊人。而且这几年MBA多了，就显得不值钱，毕业后能否找到现在的工作还很难说。

其二是换个公司，换个工作。这大都是在同一个层次上徘徊。跳过几次槽后，不难发现天下乌鸦一般黑，纵然是知名的跨国公司也如此。度过初入职场的几年后，每次换公司，学习新东西的边际效益在递减。薪酬是在增加，但工作带来的满意度却不见得，成就感也就不高。经常跳槽，张天望的有些朋友甚至跳槽上了瘾，一年半载就换个地方，心里急躁，静不下来，经历上都是些碎片。不管走到哪里，都如一首歌里唱的：日子过得不好不坏。

其三是职业认证。最近几年，在供应链管理领域，好几个境外认证机构进入国内，个个都说自己是国际权威。认证从上课到考试，动辄就要上万元。这倒不光是钱的问题；关键是张天望意识到，职业认证培养的大多是专业技能，附带一些管理能力，自己工作了十年，身处中层经理职位，也知道活儿该怎么干，事情该怎么管，制约发展的似乎不是专业技能或管理能力。

在张天望的身上，能看得出众多职业人的影子：工作了十年八载，**身处中基层经理阶层；有了基本的个人成功，却没法更上层楼**。于是在职业发展上，这些人就陷入**平台期**。这是职业人士的一道坎。有些人，虽然跨不过这道坎，却一直保持积极的心态，快乐地工作，用王建硕的话说，就是"对贡献有激情，对回报有信心"；还有些人，因为跨不过去，就变得消极、懈怠，牢骚不断，得了"职业倦怠症"，成为"不快乐的职业人"。

实践者说

近年国内的MBA职场人士每年都呈上升趋势，且学校的费用越来越高。选什么学校，到哪里去深造，需要结合自己的实际情况，要有合理的期望值，投入了不一定有回报，不投入肯定没机会回报，这个道理对做任何事情都适用。但进去了，努力了，肯定会有收获和变化，只是多与少的问题，这与付出也许会成比例。[陈庆兰，安莉芳（中国）服装有限公司，制造中心总监助理]

实践者问

我现在在第三方物流公司工作，为一家全球顶尖的零售商提供整合物流服务。我有六年的工作经验，现在是亚洲区的操作主管。我比较迷茫的是一方面我希望能到美国读 MBA，供应链管理方面，主要是想丰富自己的知识；另一方面我又不是很舍得当下的工作，也许以后读完书，还找不到更好的工作和平台。能听听您的意见吗？我希望以后能回到中国。（Blue Sky，供应链管理专栏读者，www.scm-blog.com）。

作者答复

这主意很难拿。你想过每种选择的优点与缺点了没有？两相比较，关键是要承担"计算过的风险"。比如你可能在 MBA 毕业后找不到现在的工作，但你觉得去充实一下自己，冒这风险也值，那就是"计算过的风险"。这样你就不后悔。另外就是要找好学校、好专业。在美国，好学校、好 MBA 都对英语有较高要求。凡是不要求托福、GMAT 的 MBA 课程，八成是冲着你的钱来的，要留神。

你不是那个最悲惨的人

工作十年八载后，我们一般已经深入特定的行业，好处是有了较深的行业背景；坏处呢，则是**这个行业外的东西，我们知道的也越来越少**。这限制了我们的视野，容易让我们特殊化我们所处的行业，以及这个行业的问题，让我们总觉得自己的行业、公司最悲惨，而自己也是那个最悲惨的人。**这往往影响我们解决问题的意愿，也成了我们不解决问题的借口。**

举个例子。有一个快速消费品公司，业务的季节性明显，每年过半的业务集中在一个季度，忙季的销量是平均月份的四倍，淡季的销量不到平均的四分之一。作为一个供应链职业人士，你知道，这意味着旺季来临的时候，供应链没法及时响应，普遍面临短缺；好不容易备足产能、雇够人、备齐物料了，紧接着的就是过剩。这是典型的大起大落、大喜大悲，从销售到供应链，大家都深受其苦，不停地与短缺和过剩轮番搏斗。他们觉得自己真悲惨。

我告诉他们，你们不是最悲惨的人：季节性、大小年，这是生活的一部分，没有多少行业能够幸免。零售业有季节性，比如在美国，光圣诞节前后就占全年营收的近20%[一]。中国的"双11"、春节、黄金周也类似。文具业有季节性，需求高峰在秋季开学前后。医用物品也摆脱不了季节性——虽说生病不挑日子，但春节前后，天气冷，生活不规律，大吃大喝，生病上医院的人也就更多。就连挖煤、炼钢铁、生产化肥的行业也摆脱不了周期性，几年好，几年差：这几年讲的供给侧改革，不就是冲着此类行业的产能过剩去的吗？

再拿更复杂的大型设备行业来说，大小年明显，几年一个周期，是普遍现象。比如在我的老东家，硅谷一个几十亿美元的半导体设备企业，两年好来两年差，四年一个周期，雷打不动：生意好起来时，半年就能翻一番；生意差起来，订单一个季度就能减半。遇到经济危机就更糟糕，比如某种设备，正常年份每个季度生产160台左右，在2008年的金融危机下，最差的一个季度就只生产了六台。作为应对，公司不得不裁员20%左右。

这还不算最悲惨的：老东家的供应商更悲惨，因为它更加远离需求源，最终消费市场的需求变动，在牛鞭效应的作用下，传递到它时，

[一] https://www.statista.com/statistics/243452/holiday-sales-as-a-percentage-of-industry-sales-in-the-us/。

放大得更加厉害。就拿我曾经的一个小供应商来说，生意处于顶峰时，总共有50多名员工；生意陷入低谷时，一路裁员到只剩9个。用老板的话讲，那就是连轴转了几个月后，人终于雇齐了，订单却突然不见了：空荡荡的厂房里，只见在阳光里，灰尘一溜儿一溜儿地往下掉。

我说这些，绝不是为证明一个行业比另一个更悲惨；我说这些，是为了**不让这种表面上的"悲惨"掩盖了问题的真相，从而影响我们认识、解决真正的问题**。比如在这个快消品公司，它的悲惨，表面上是来自行业的季节性，其实源于他们的一些基本实践，比如需求预测和销售考核机制。

先说**需求预测**。季节性需求变动剧烈，需求预测准确度低，便是意想之中的事。作为解决方案，该公司要求销售提需求。提需求就是做预测，其基本假定是销售更加接近需求，预测能做得更准。不过你想想，这个公司有几百个销售，对应几百个经销商，每个经销商经销几十个产品，合起来就有成万个预测数据点，预测的颗粒度这么小㊀，预测的准确度自然很低；叠加在一起成为总预测，预测的准确度只能更低。需求预测是供应链的原始推动力，需求预测的质量差，后端供应链的执行难度就可想而知。

看得出，**季节性造成需求预测难做是表面现象，而违背需求预测的基本原则，选择了不合适的颗粒度，由不合适的人来做需求预测，则是更本质的问题**——即使没有季节性，这种预测机制也是问题多多。那解决方案是什么？这里合适的预测颗粒度是总部层面：总部针对所有的经销商做预测，再让对接重点经销商的销售来调整。比如根据历史需求和整体销售变化趋势，某个产品型号的总预测为每月10万箱。其中有两个最大的经销商，分别占总需求的25%和10%，别的经销商都较小，至多占三个百分点。那就把这两个最大的经销商单列出来，

㊀ 预测的颗粒度是指在哪个层面预测。比如预测全国需求（颗粒度大），要比预测一个具体的地区、城市更准确（颗粒度小），因为不同的地区、城市的需求变化可能相互抵消。再比如预测产品线的需求（颗粒度大），要比预测一个具体的型号更准确（颗粒度小），也是同样的原因。

找到相应的销售，让他们调整相应经销商的预测（如果有的话），然后再调整总体预测。总体预测做得更好，总库备足了产品，分销商随用随订，推拉结合，供应链的运作就顺畅多了。

再说销售渠道的**库存积压**。为了激励销售，该公司与众多企业一样，采取逐月考核的做法。比方说，一个销售人员在 11 月的销售目标为 100 万元，他就得在当月完成这个额度，否则即使在 11 月做了 70 万元，留下 30 万元在 12 月补上也不行。企业这样做自然有它的考量，比如问题早发现早处理。但这种做法的副作用呢，就是促使**销售人员采取简单粗暴的做法，向渠道里压货**，以便实现当期的目标。结果呢，渠道库存太高，而产品的货期有限，呆滞和过期库存就成了问题。另外，总库存有限，被压到特定渠道里后，库存无法在渠道之间自由流动，造成有些渠道积压，有些渠道过剩，过剩与短缺共存，让问题更加复杂。

知道了问题的根源，解决方案其实简单，那就是**调整销售的考核机制**，放大考核单元，即由原来的逐月考核，改为季度或者半年考核，这样前一个月没有完成销售任务，后面还有补救的机会。这样做没有从根本上消除销售强行压货的做法，但至少把一个每月的问题改变成每季度、每半年一次，也算是小有进步。我们也可以看出，对于这个快消品公司来说，渠道库存积压表面上跟业务的季节性有关，其实本质上是个绩效考核问题：绩效考核决定员工行为，而有些行为的副作用，则是制定政策者始料不及的。

为什么要谈这些呢？企业人在一个行业、一个公司待久了，长期被那些老问题困扰，会习惯性地把问题归结于某些所谓的行业特殊性。**而这种特殊性，往往掩盖着真正的问题，而且成了不解决问题的理由：**我们的国家特殊，我们的行业特殊，我们的问题特殊，没有一个行业比我们行业更悲惨、更特殊，这就是为什么我们没法解决那些老问题，我们在重复犯同样的错误。很不幸，这成了**借口文化**的一部分。

要知道，太阳底下无新事。很多问题，看上去很有行业性，很特殊，其实有相当的共性，而解决方案也是。我们如果看到的只是独特性，那表明我们还在形而下的层次，没有上升到形而上的层面。再举个例子，看在几个风马牛不相及的行业，貌似独特的问题，是如何找到共同的解决方案的。

2015年，我在深圳，拜访一个营收几十亿元的纺织企业。这家企业的产品是色纺。我们知道，纺织行业的供应链是从纤维到纺纱到织布、染色，再到成衣，差异化是在织布染色阶段。色纺不同。在纺纱阶段，企业就用不同染色的纤维，纺成不同颜色的纱线，这样织成的布色调独特、柔和，质感好。但这样做的结果，就是把纺纱行业从传统的大批量做成了小批量行业，需求的复杂度大增，规模效益大减。比如客户，主要是服装品牌商的设计人员，为了达到"独特"的效果，会选择各种各样的染色纤维，混合在一起纺纱。那么多的颜色，那么多的组合，每种组合都是一个产品，没多久，该企业就有几万个成品料号。而该企业的供应链呢，还是典型的大批量生产——我到车间里去看，成千上万的纺纱机，一行行地整齐排放，一眼望不到头，典型的大批量生产配置。

纺织行业是个独特行业，色纺又是纺织业的独特行业，这看上去很独特，对吗？但根本问题一点都不独特：**差异化的需求对应大批量的供应链，供应难以有效匹配需求，导致成本做不低，速度做不快**，跟我从业多年的半导体设备行业相比，没有任何本质上的两样。在半导体设备行业，一台设备动辄几百万美元，几千个零件，每个客户都有定制化需要，每台设备的配置都可能不同。可以说，需求端的复杂度是无限的，而供应链不管多么灵活，其柔性总有尽头。那怎么办？你得推动标准化、模块化和通用化，降低产品的复杂度，提高可制造性，在好的复杂度上盈利，在坏的复杂度上降本。**你不能简单地归咎于"行业的特殊性"，除了继续扮演受害者，就无所事事**。

这时候你发现，这两个风马牛不相及的行业，面临的问题其实没什么两样。而解决方案其实也很相似：复杂度控制，比如有选择地满足客户的定制化需求。对于该纺织企业来说，如果是重点客户，多复杂的配置，多小的批量都给做；但对于非重点客户，复杂度太高、批量太小，那就得拿钱消灾——对不起客户，您得多付钱。在价格的作用下，客户的定制化行为就变得更加理性。这从一定程度上控制了需求的复杂度，从而提高供应链的规模效益。当然，这个纺织企业还采取了诸多别的措施，有效降低需求的复杂度，同时提高了公司销售额，限于篇幅，这里不予详细讨论㊀。

当然，有人会说，我们的客户需求很多样，我们本身就是个定制化行业，言下之意是需求的复杂度难以控制。瞧，这其实也是在独特化自己的问题。每个公司都面临这样的问题。而且越是这样，越得来控制需求的复杂度。这就如强盗过的是刀口上舔血的日子，风险重重，其实他们对风险控制更重视。

我讲这么多，根本的目的在于，**不要独特化自己面临的问题——很多问题都没看上去那么独特，一旦把通用的问题独特化，你也就给自己找到了不作为的借口，也就是向问题投降了**。我想强调的是，你不是这个世界上最悲惨的那个人。你的问题，不管看上去有多么悲惨、独特，都可能只是假象。**越是能力低下，你看到的问题就越独特**。就如在凡人眼里，众生是千姿百态，而佛看到的呢，则是芸芸众生，没什么两样。太阳底下无新事，透过现象看本质（见图 2-1）。

图 2-1　不要特殊化自己的问题，
对受害者文化说不

你缺的不是经验

进入职业发展的平台期后，没法在当前的职能更上层楼，有些人

㊀ 复杂度是供应链的大敌。在我的畅销书《供应链管理：高成本、高库存、重资产的解决方案》中，有三分之一的篇幅是讲复杂度控制。我的"供应链管理专栏"（www.scm-blog.com）上也有很多复杂度控制的文章，搜索"复杂度"即可找到。

就寻求机会进入其他领域，但苦于没有"相关经验"。比如经常有人来信，说做了十年生产管理，想转入供应商管理；或者做了五六年质量管理，想转入供应链管理，不过担心没有相关经验，进不了这些领域。我想说的是，**你缺的不是经验；你缺的是从形而下到形而上的升华**。

先说"相关经验"。前文说过，供应链管理是个很宽广的领域。简单地说，就是**采购**把东西买进来，**生产**来完成增值环节，**物流**来配送给客户。这是供应链的三个执行职能，都在**计划**的指令下运作。围绕计划和三大执行职能的是一系列的支持部门，比如质量、IT，大家都是跟供应链有关。如果你在这任何一个职能做过，你都有了供应链管理的"相关经验"，因为这些职能从理念上讲都是相通的，在一个岗位上学到的，大都可以移植到另一个岗位上。

举个例子。做采购的需要跨职能协调，协调技术、质量，以达成供应商战略，解决供应商相关的问题。做质量的也是，因为你要协调供应商和公司的技术人员，根治重大的质量问题。采购要讨价还价，得谈判。但做质量的都知道，每一个质量问题的处理，都是个谈判的过程，你得说服关联部门，为什么这个问题跟他们相关，他们得投入资源来解决。这些技能，比如协调与谈判，不管用在采购上，还是质量管理上，其本质都差不多。只要你领会了精髓，超脱形而下，上升到形而上，为什么不能从一个职能转到另一个职能呢？

我们的挑战是，在一个领域多年后，经常钻进去了，却出不来，结果经验变成了形而下的经验，没法上升为形而上的智慧，于是我们的路就越走越窄。我的个人看法是，如果你发现在一个领域很难有质的飞跃，尽早转入相邻职能，找到更合适的领域，或许是个不错的选择。毕竟，**在自己不擅长的领域里，人很少能够变得更好**。比如我天生就不是打篮球的料，不管打多久，练多勤，都变不了多好，达不到NBA的水平。所以如果我选择在篮球领域的话，无疑是走上绝路。

选择比努力更重要。职业生涯刚开始，我们聚焦弥补短板，因为我们本身就没什么特长可言；但工作了十年八载后，继续聚焦短板就可能是误导，**发挥特长才是正道**。这需要选择改变，但不要让"相关经验"成为拦路虎。

从某种意义上讲，人都是从没经验开始的。比如你做了十年的供应链经理了，可以说是相当有经验了，但你会继续应聘供应链经理的职位？当然不会。你应聘的会是供应链总监的职位。但你没做过供应链总监，自然没有供应链总监的经验。那怎么办？你得想法让你的经验变"相关"。

拿我个人为例。十几年前 MBA 毕业，我的第一份工作是到硅谷的一家高科技企业，管理供应商。面试时，这个工作岗位有三个要求，我一个都不具备：①五年或以上的工作经验——加上实习和研究生期间的半工半读，我也就四年；②小批量行业，比如飞机制造行业的经验——我在建筑行业，制造业的经历为零，遑论小批量制造业；③工程技术背景——我的本科学位虽然是工程，但那是建筑工程，你知道，砌砖头与高科技还是有区别的。但最后我还是得到了这份工作。这里的关键呢，就是想办法让有限的经验变"相关"；而要做到这点，我们需要的是从形而下到形而上的总结归纳。

比如说，我当时的确没有五年的工作经验，这是硬伤。但我告诉招聘者，我在国内读研究生时为了谋生，做过多份兼职，比如翻译，为很多公司做事，快速积累了很多经验。这有点像当年太阳微系统的一个创始人：这位印度人在申请斯坦福大学的 MBA 时，人家要他必须有两年的工作经历，他就找了两份工作，一年积累了两年的"经验"。也就是说，**年限没有绝对意义；有意义的是经验**。比如在动荡激烈的行业干一年，学到的东西恐怕比在稳定行业的两年还多。

再比如说，我虽然没有制造业的经验，但我系统学过生产管理、库存控制，得到美国运营管理协会的生产与库存管理认证（CPIM），是个六西格玛黑带。**人都是从经验中学习，要么是自己的经验，要么是别人的经验**——这些课程、认证就是别人的经验。人生苦短，或许我们从来都不会有足够的个人经验，但我们可以从别人的经验里学到很多。只要提高总结，从形而下上升到形而上，这也是宝贵的经验。MBA课程要学那么多的案例，也是这个原因。

人们强调"相关"经验，基本假定是**经验没法替代**。这也是为什么在大学里，不管教授们多努力，也永远教不出工业界即插即用的学生。不过，对于经验，你也要看到另一面。如果一个人在一个岗位上干过十年了，经验不可谓不丰富，现在还在面试同样的岗位，你可得留点心：如果他的经验果真有用的话，为什么同一份工作做了十年？这十年经验，在我看来，更多的是不好也不坏的体现：如果干得很差，应该早都被开掉了；但如果干得很好的话，应该早都晋升了。这也说明，很多貌似"相关"的经验，其实是没那么相关的。

这正好验证了，在同一份工作上，**人很少能变得更好**——你得找到合适的岗位，充分发挥你的特长。作为招聘者，你得理解经验的风险；作为应聘者，你也无须对自己欠缺经验太过伤心：**你缺的不是经验，你缺的是把形而下的经验上升到形而上的智慧，从而让这经验更加具有广义。**

小贴士　从IBM裁老员工说起

2013年IBM裁员，尤其是拿老员工动刀，闹得沸沸扬扬。网上有人发帖子，说是在IBM辛辛苦苦十几年，把整个青春都奉献了，说被砍掉就被砍掉。不胜唏嘘中，IBM无非是给"薄情寡义"的雇主清单又增加了一个公司。而作为职业人，则需要清醒地认识到，**资历老并不是优势，如果不能把这资历在管理上演变为领袖、在专业上上升为专家的话。**

职业人刚起步的时候，是新兵，他的薪酬往往超过他的贡献；几年后，工作上了手，年富力强，独当一面，是精兵，他的贡献就超过他的薪酬；再做些年，工作很上手，但也逐渐失去了新鲜感，锐气越来越少，"不求有功，但求无过"的心态逐渐抬头，精兵就做成了老兵，他的贡献就低于薪酬，成为下一轮裁员的目标。虽说很残酷，但也很必然。

从新兵做成精兵，这是大家的目标；从精兵做成老兵，恐怕没有一个人愿意。那如何避免这种老兵阶段呢？这就需要**在管理上转型为领袖，在专业上上升为专家**，以使自己的贡献与薪酬匹配。领袖和专家两者兼具最好，但至少得有一个。只有这样，才能在更多人身上复制自己的成功，给公司更大的贡献。而要完成这样的转变，离不开学习、观摩和思考，而这正是很多久居职场的人所欠缺的。

先说领袖。都说领导力不能教，但可以学。对提高领导力来说，没有比职场上的观摩、学习、思考更有效的办法了。领袖到处都有，就看你留意到了没有。职场多年，司空见惯，尤其是技术背景的人，容易轻视沟通、激励、领导技巧的价值，却忘了这些正是领导能力的重要组成。我在硅谷十多年了，见到很多老博士，他们打心眼里就瞧不起这些领导技能，认为是花拳绣腿、耍嘴皮子。这些人虽然跟着些非常优秀的领袖，却没有学到多少领导能力，错过了成为领袖的机会。

再说专家。只会干活不能算专家——"知其然，不知其所以然"，顶多算个匠人；能从日常工作中的"形而下"上升到流程、系统、组织层面的"形而上"，才能算是专家。**这离不开实践，更离不开思考**。找准方向，深耕细作，勤思考、善总结，用不了多少年就能成为专家。或许有人会问，那硅谷有些老博士，干了一辈子，钻得不可谓不深，为什么还不是专家？那是因为没有思考、总结，没有从"形而下"的经验上升到"形而上"的智慧。或者说，进是进去了，但出不来，只能继续停留在"匠人"层面。

这就好理解了，为什么有些四五十岁的职业人，在外资企业半辈子，却突然发现自己不尴不尬，处于被淘汰的边缘：他们既没有过渡为领袖，领导团队出成绩；也没有上升为专家，在专业领域影响更多的人。于是他们的价格就高于价值，从此走上下坡路。需要强调的是，这并不是说这些人不是人才。我只是说工作多年，既没有成为领袖，又没有成为专家，一个人的性价比就会下降。就如你买东西，很好的一个东西，100元你买，200元你就不买。这并不是说这东西不好，而是你认为性价比太低（见图2-2）。

图 2-2 老员工的尴尬

对于专家，我有个简单的三段论，本书多次提到，这里再次与大家分享：①**系统学过，而且学到最好**；②**系统做过，而且做到最好**；③**系统提高总结过，从形而下上升到形而上**。系统学过，可以是大学里系统地学，也可以是接受系统的认证、培训。就供应链管理来说，长期以来大学里没有这个专业，但我们可以从系统的认证和培训中来学习。系统做过，主要是在建制完善的公司做过。有些人在管理粗放的公司一直做些低层次的事，那种经历其实价值很有限。经常听人摆老资格，说我走过的桥比你走过的路都长。不过看看他是怎么走的就知道了：早晨从桥东走到桥西，晚上从桥西走到桥东。表面上看有十年的经验，其实是一个经验用了十年。没有系统学过，没有系统做过，自然就谈不上系统提高总结过，这就成了"三无"人员。

而我们的人才问题呢，在我看来，主要是两个"三无"问题：企业里的"三无管理层"和学校里的"三无教授"，他们都是没能成为专家的代表。"三无管理层"没系统学过、没系统做过，当然也没有系统提高总结过，却随着企业的发展晋升到管理层，需要指导员工和团队的时候就抓瞎了。而学校里的"三无教授"呢，没有系统学过，当然也没有系统做过，自然谈不上系统提高总结，培养出的学生我们企业不喜欢招聘，也就不足为奇了。

或许有人会问，为什么企业的"三无员工"和学校的"三无学生"就不是问题？这简单，正因为是"三无"，他们才去做基层员工，或者到学校里做学生。作为企业的管理层和学校的教授，他们的地位不同，人们的期望自然也不同。

实践者说

离开的时候说："在 IBM 辛辛苦苦十几年，把整个青春都奉献了，说被砍掉就被砍掉"这类话，已经证明他社会化的失败了。同时我们也可以认为他是在企业混日子。这样倚老卖老的人，一个没有危机感的人，一个没有时刻自我认识的人，他的命运最终会像花儿一样地凋谢！（He Lei，供应链管理专栏读者，www.scm-blog.com）。

小贴士　谈的都是当年之勇

这几年，我经常面试职业人士，发现一个有趣的现象：那些简历上资历很丰富的人，例如在某个职业或行业做过十年的，如果问起具体的事来，谈的大多是职业生涯刚开始时的事。以后那么多年他们都干什么去了？

人在职业生涯刚开始时，一张白纸，如果投对合适的公司、找对合适的老板，用心学的话，很快会学到很多东西。而这些东西，就如启蒙，会深深映入人的脑海。人的职业价值观和方法论大多是在这个阶段建立的。我自己深有体会：我在北美刚开始工作的时候，三年内换了五个老板，动荡算动荡，但从每一个人身上都学到很多东西。以前有跟师傅的做法，三年出徒，想来还是蛮有道理的，可惜现在这样做的公司挺少，只有学校还系统地用这种方法培训硕士生、博士生。

等工作了几年，经验的边际效益递减，对新东西的敏感度也降低了。有了一定的实践经验，这本来是个很好的积淀、发酵、提升的机会，透过现象（具体的事情）来探究本质（系统、流程和组织），从形而下上升到形而上。但这时候，很多人停止了学习，也停止了思考。于是就不再提高。每天机械地上班、下班，工作的乐趣也就剩领工资单了。换个公司，干的还是老行当，"天下的乌鸦一般黑"，也不会有什么大不同。这人就处于平台期，虽说还是不错的员工，但简历上，除了增加了几年的工作经历外，却没什么质变。

如果说职业初始，重点是做事和学习的话，有些经验后，则应该更多地从系统和流程方面去提高。 初入职场是单兵作战，你自己的绩效就是你的成绩。做得不错，小有成就，就管理一个团队。这时你的成绩体现在团队身上。你怎么把你自己的成绩复制到团队？这要从组织、系统和流程建设来着手，即通过理顺组织关系、培养和激励员工来提高团队绩效，通过改善系统、流程来改进和维持绩效。

现有的系统、流程和组织有问题，但存在总是有存在的理由——**企业的行为是理性的，它们做什么，不做什么，怎么做，都是基于企业现有能力的理性选择**。只有理解了存在的理由，你才更有可能改进。这样的提高是创新，没法简单地复制，因为公司里别人没做过或做得不好。你也很难从别的公司学——市面上的案例分析大都太粗，如果要落地生根，还欠缺很多细节。这里重要的是悟，需要思考。**能学的都学了，该悟的没悟，学而不思则罔，职业人就停止了进步，陷入平台期。**

单兵作战是第一阶段，对象是物和事；系统和流程改进是第二阶段，对象介于事物和人之间；第三阶段是领导力，对象是人，即通过引导和改变人来改变业务流程、系统，以取得期望的业务成果。人在第一阶段都会学到些东西，能够写到简历里去。很多人在第二阶段其实是半空白，他们要么是知其然而不知其所以然，所以没法在流程、系统改进上有所建树；要么甘为系统、流程和政策的受害者，悟不透，无作为。这样，以后的经历也就如上面说的在同一座桥上来回：早晨从桥东到桥西，晚上从桥西到桥东——虽说走过的桥比有些人走过的路还长，却也代表不了什么。

在职业生涯里，大多数人会一直停留在第一阶段；少数能跨入第二阶段，进入管理层；极少数能过渡到第三层次，成为专家或领袖。"千军易得"，指的是第一阶段的人；"一将难求"，指的是第三阶段的人。第二阶段就有点尴尬，进退失据，有些人会处于不安与焦灼之中，另一些人则安于现状，陷入不作为的泥淖。

|实|践|者|说|

经常和人聊天，发觉人很容易陷在现象里，就搞得自己疲惫不堪，进而不时抱怨。当然能一下子看到本质的人，会立马让人耳目一新，但这样的人多半已经是公司的高管了。不知道是因为职位促成了思考问题的深度，还是因为思考问题的深度带来很好的职业发展。但我又开始想高管离下面具体操作还是有距离的，信息滞后。供应链有点类似，最先觉得工作不顺的往往是一线员工，靠多开一些言路会比较好一些。（Hanson Yang，上海交通大学 MBA）。

|实|践|者|问|

三个阶段的言论发人深思。感觉自己正在从第一阶段向第二阶段前进的泥潭里挣扎，对于系统和流程有很多自己的想法，也很希望能够改善优化，但遇到人的问题就无从下手了，可能像一只猎狗面对刺猬的感觉吧。不知道刘老师对于这样的过渡阶段有怎样的建议？（Kevin，供应链管理专栏读者，www.scm-blog.com）。

|作|者|答|复|

太多的人有这样的挑战，这也是为什么我要写这本书。继续读。也可以看一下我的"硅谷客"网站上的文章（www.guiguke.com），那上面有很多领导力方面的内容。

缺能力，还是缺意愿

一位读者来信，大意是说，您的书（指我的前两本书——作者注）写得很好。但是，作为中基层管理人员，她认为自己有意愿，但是没有能力来改变；高层有能力，但没意愿来改变。言下之意是，您这书好是好，但遇到这不开窍的老板，我很难落地。

这是从业多年的职业人常有的感叹。我这里想说的是，真相其实正好相反：**高层是有意愿而没能力，基层是有能力而没意愿改变**。且容我细细道来。

首先，**千万不要低估基层、个体的力量**。不信，天黑了，放一只蚊子到屋子里试试！蚊子虽小，但足以让你一家人睡不着觉。在这个世界上，**最好的东西几乎都是个体产生的**，从文学名著到音乐艺术，再到国家、公司，都是跟个体的名字紧密相连。这些个体大都出身草莽，从基层开始，在做出这些成就前几乎都是默默无闻。

就拿美国来说，对美国最有影响的那些事，几无例外，都是由草根开始。比如种族隔离，如果那个生活在社会底层的黑人妇女，跟众多的黑人一样，心甘情愿地坐在公交车上的黑人专区，就没有种族隔离的结束，以及后来惠泽千百万人的各种社会平等。也正是她，勇敢地站出来，说"我今天就是不到车尾的有色人种专区"，美国的历史就此改变。

再比如环境污染，如果没有自下而上的推动，今天的洛杉矶就不是现在的样子。大家都知道，汽车尾气是空气污染的一大根源。所不同的呢，在美国，一些基层民众几十年如一日，坚持骑自行车上下班；在中国，我们也提倡骑自行车，不过是让别人骑，自己嘛，有车的就是与众不同，当然还是开车上路。这也是美国与中国的一大区别。当然有人说，美国的路上骑自行车安全。作为在美国生活快20年的人，我可以作证，其实根本不是那回事：美国的车速普遍快于国内，以加州为例，一般道路上时速可达80～105千米，居民小区也有40多千米⊖，很多路没有自行车道，骑自行车一点都不安全。而且美国地广人稀，人们离上班地点也不近。

那硅谷的一些老嬉皮士们，为什么还坚持骑车上下班？因为他们

⊖ Speed limits in the United States, https://en.wikipedia.org/wiki/Speed_limits_in_the_United_States.

坚信，**没有个体的改变，就没有群体的改变**。可以说，**美国的改变，根本上是由个体开始，自下而上解决的**。希伯来有一句谚语，**拯救一个人就等于拯救全世界**——我们没法拯救世界，除非我们拯救一个一个的个体。我们没法从解决世界饥荒开始解决世界饥荒；我们得从让一个一个的人吃上饭来解决世界饥荒。谁都没有能力解决世界饥荒，但谁都有能力让寒风中的无家可归者吃一顿热饭。因为我们没法解决世界饥荒，所以我们就不给伸手向我们乞讨的人1元钱——这不是能力问题，这是意愿问题，也正是我们的悲剧之所在。**表面上，我们抱怨自己人微言轻，有意愿而没能力改变；实际上，这正是借口，是自己有能力却不作为的托词。**

这些年来，我培训了成千上万的职业人，他们的平均工龄为10～11年，在公司里大多是中基层经理，有些是总监、副总，或至少是业务骨干。谈到变革，我经常告诫他们，你们远比你们想象的有力量：处于当前的位置，你们至少可以影响自己，影响自己的团队，以及自己周围的人，做出正面的改变。

你永远也没法把所有的条件都具备了，来推动你想看到的改变。谁最具备所有条件呢？公司的老总，但他也做不到——如果能做到的话，为什么不做呢？作为公司的创始人，对自己的公司，老总们当然有意愿来改变；现在没改变，困扰我们的大都是些老问题，根本原因就是缺乏自下而上的支持——老总们有意愿而没能力。

我这里说的，不是你想让老板改变，而老板不愿改变的；我说的是，你看到应该改变，老板也看到了，老板也愿意，但就是改变不了。想想看，这样的老问题在哪个公司都是满地都是。这不是个意愿问题；这是个能力问题。所以，从表面上看，高层是有能力，没意愿；其实呢，他们是有意愿，没能力——君不见那么多的变革，都是因为缺乏基层的支持而死在基层。

可以说，**基层、个体在变革中处于决定性地位**，远不是那些消极悲观者们所想象的。基层、个体的问题，表面上是没能力，其实是没意愿。不管是哪个国家、哪个时代，革命者都熟知这点。他们"发动"群众，其实就是在解决基层、个体的意愿问题。大多数人没有看到问题的真相，那就是**高层有意愿，没能力，能力需要基层来弥补；基层有能力，没意愿，意愿需要自己来培养**。

企业其实像把梭，两头尖，中间钝：一头是企业家，**勇于创新、改变**；另一头是最基层的员工，这些人初入职场，**乐于创新、改变**。问题就出在这中间，那些有相当经验的中基层和业务骨干。这些人曾经尝试过，"反抗过"，但没有成功，时间长了就认命了，变得消极悲观，**应付自上而下的改变，压制自下而上的改变**，成了"煮熟的鹅"。企业看上去是由企业家掌控，其实是由这些中基层和业务骨干**集体把控**，成了他们手里的人质。那些工作了十年八载，日子不好也不坏的人，就是这个集体的主力军。

实践者问

我最近几个月接触的中小企业比较多，发现很多老板没有耐心去改变，比较急功近利；或者还是以中国经济高速增长下您所提到的"高增长、高成本"的模式来进行管理。通常他们的思想比较固执，很难真正让他们意识到改变的迫切性与重要性，始终认为自己的管理模式是正确的——只要花钱不能立马见效的改变都很难批准，尽管你已经多次解释相关的理念，甚至给出何时能收回投入的成本。老板通常对这些不屑一顾，即便你给他看了相关的案例！请问可否指教一下有没有其他高招来让老板改变？（蒋道伟，莺普璐，供应链管理）

作者答复

老板其实是愿意改变的，因为是他的生意，他最有动力来改变——"急功近利"也表明他们愿意改变。作为职业人，我们需要理解，打拼出身的老板们更相信直觉，而不是数据分析。所以把道理讲清楚很重要，让老板真正理解问题，理解这就是资源要投入的地方。

老板对职业经理人的建议不屑一顾，往往是因为我们没有把道理解释透。要知道，在一个公司，凡是跟老板打交道的都在索取资源。而任何公司的资源都是稀缺的，投入到一个地方，就意味着另一个地方可能没有。中小企业更是这样。它们的老板对资源投入很谨慎，因为这是花他自己的钱；但是，一旦把问题解释透，它们又是执行力度最强的企业，很快就能落实到行动上。

小贴士　局外人的残忍

我喜欢篮球，喜欢篮球有关的两个节目，一个是 *Inside the NBA*（《NBA 内幕》），由一些前 NBA 球员做评论员，包括名震江湖的"大鲨鱼"奥尼尔，以及家喻户晓的大嘴巴克利（没错，就是因为低估姚明而亲驴屁股的那位）；另一个是 *NBA Lockdown*（《锁定 NBA》），评论员是些非 NBA 球员，但在 NBA 有过经历的人，比如原太阳队的助理总经理。两个节目都对 NBA 的球队、球员和教练们评头论足，但方式则不尽相同。

《NBA 内幕》的巴克利这帮前 NBA 球员呢，虽然跟典型的老前辈一样，总觉得后来者一代不如一代，但总体上是以戏谑为主，以娱乐为目的。比如奥尼尔有个专门的栏目，叫"NBA 五大囧"，专门剪辑那些 NBA 球员出丑的镜头，比如把球投进己方的篮筐里，把球传给裁判、教练什么的，每集五个，博君一笑。这些人知道在 NBA 打球有多么困难，功成名就，安全感足，心态随和，所以也比较宽容。

《锁定 NBA》节目呢，评论员是一帮职业经理人，其观点有相当的深度，但有时候态度刻薄，让人觉得站着说话不腰疼。这些人从来没有在 NBA 这样的舞台上打过球，不知道在这个全球最顶尖的联盟里打球的艰辛；也没有做过教练、球队老板，虽说跟 NBA 有关，但还是局外人。他们时不时对球员、教练和球队老板极尽挖苦、嘲讽之能事,毫无怜悯,甚至是残忍,姑且叫作"局外人的残忍"。

这让人联想到职业经理人来。职业经理人和企业家是两类人,虽说都在同一个屋檐下,其角色却大不相同:企业家就如NBA的球员,每天承担大量的风险,在商场上冲锋陷阵;职业经理人就如板凳席递毛巾、送饮料的,虽说也在球场,也在忙,但属于协助角色,是局外人。职业经理人对企业家也是评头论足,就如《锁定NBA》的那帮评论员一样,看到的多为企业家的不足之处,这制度不行,那措施有问题,言下之意,自己多么有见识。你看网上那么多的文章,作者当然都是些职业经理人——企业家是没时间写文章、打嘴仗的,总结起来就是三句话:企业家们傻,企业家们呆,职业经理人都被企业家们废了。

我在工业界十几年,戴过职业经理人的帽子;后来有了自己的培训和咨询业务,也算是个小小企业家。过去十多年来,因为业务,又接触到很多企业家,从营收几百万元到几百亿元的都有。对企业家接触越多,越觉得我们职业经理人对企业家片面、不公平,甚至是残忍。**相对于企业家,职业经理人永远是局外人,从来没有以全副身家投入**——只要你能够到别的公司混口饭吃,你就不算全副身家投入。所以很多时候,我们不能设身处地理解企业家的挑战,不能真正理解**企业家的很多做法,不管看上去多么不合理,其实都是基于企业家所处的特定环境的理性选择。**

比如说任人唯亲,这可以说是职业经理人抱怨的重灾区。但在中小企业,或者管理粗放的大中型企业,系统、流程、制度不完善,背叛是家常便饭的情况下,你不任人唯亲的话,通过组织措施来弥补系统和流程的不足,还有什么更好的办法?2016年3月,我到深圳,会见一位企业家。事前他说,因为供应链管理,2015年造成几千万元的库存,我想谈的主题肯定就是供应链管理。谁知谈了没几句,话题就转到采购收受贿赂、工程师跟供应商串通上了。更有甚者,他的首席技术官,作为公司的二把手,竟然同时给竞争对手做事。公司内部士气低落，因为前一年新产品开发失败，公司裁掉了一大半的人；门口有几个民工打地铺常住，据说装修办公室时有人受伤，虽说不是该公司的责任，但你是业主，不找你的麻烦找谁的？这就成了"门口的野蛮人"，整天骚扰，这位企业家连正门都没法开。

这可以说是企业家残酷现实的真实写照。当你理解这些后，你就不再惊奇，也不会冷嘲热讽，为什么这位企业家选择了一位"三无"人员负责采购——这位"三无"虽然没有系统学过、没有系统做过、也没系统提高总结过，专业能力不强，但跟随老板多年，忠心耿耿，忠诚可靠。**职业人是理性的，企业家也是：他们做什么、不做什么、怎么做，都是基于现有能力的理性选择。**当我们理解那些决策的背景后，就不会对企业家们那样苛刻；而我们之所以对他们苛刻，甚至说残忍，根本原因呢，就是我们从没穿过他们的鞋子，没法设身处地从他们的角度思考。

再比如在很多中小企业，或者管理水平低下的企业，计划与执行不分家：销售在做需求计划（"提需求"），工厂在做生产计划，仓库在做库存计划。作为一个供应链职业经理人，你的建议自然是成立独立的计划职能，让一部分人专门想（计划），另一部分专门做（执行）。这是专业分工，是企业发展到一定阶段必经之路，对于那些建制完善的企业出身的职业经理人来说，这是天经地义的。但是，作为一个中小企业，管理粗放，系统、流程都不健全，数据不全、不规范，准确度差，现在有了独立的计划，也没法把计划做得更好——做计划，要么靠数据，要么靠经验，新成立的计划部门既没数据，也没经验，你说能做好吗？摸爬滚打出身的企业家懂这些，尽管讲不出个头头是道来。所以他们往往会否决这个建议。

作为职业经理人，我们抱怨企业家没用；给他们更加稳妥、渐进的方案更有建设意义。这就是**"先改变能力，再改变行为"**，比如规范计划流程，改善信息系统，不管是哪个组织在做计划，大家都按照统一的方式来做（流程），这也为采集结构化的数据提供了条件，把那些本来放在执行者头脑里的信息固化到系统里，谁都可以得到，这样就降低了对执行者经验的依赖——这都是在改变能力。等流程、系统规范了，系统里有足够的数据后，就可以做组织调整，成立独立的计划职能，由他们主要依靠系统里的数据，把计划做得更好——这是通过改变能力来改变行为，最终达到执行者不再做计划，而是专注执行；计划者不再做执行，而是专注计划。

作为职业经理人，尤其是有了多年职业经验后，我们知道特定职能的理想状态，我们能列出一堆不合理、需要改变的东西。企业家不是我们所在职能的专家，但由于长期协调多个职能，更加清楚职能之间的联系，明白有些改变可能改进某些职能，但对整个系统则未必。所以，有些改变对职业经理人来说天经地义，在企业家眼里则未必。我们不能简单地认为企业家傻，企业家呆，企业家不知道他们在干啥，对他们冷嘲热讽，而自己怀才不遇。

再退一步想，作为职业经理人，事情做砸了，我们可以到别的公司去，而企业家呢，则没有这个选择。**职业经理人输得起，因为企业不过是职业人的试验田；企业家则输不起，因为企业是他的身家性命。**这当然会造成双方对风险的不同评估。当我们理解企业家后，我们对他们的评价就会更加公允，对他们就不会那么苛刻。这就如研究那些历史上的反面人物，当我们越了解他们，我们就会越同情他们。**我们之所以残忍，是因为不理解。**

实践者说

讲得真好！现在世道鼓励创业，常听到很多年轻人自叹在企业上班怀才不遇，觉得老板仅是个幸运的傻子，毅然决然离职创业，傲气荡然地想闯出一番天下。等到自己经历过身家性命押在公司的柴米油盐之后，才会恍然大悟原来老板三个口有苦说不出。其实就跟小屁孩永远不懂当父母的用心一样，直到有一天自己的小孩呱呱坠地。
（Ethan，供应链管理专栏读者，www.scm-blog.com）

小贴士　老板是对的——当元老遇到新老板时

十多年前，我在硅谷的一家半导体设备制造商，从事供应链管理，管理供应商。这个行业的周期性很强，生意起伏非常大，订单量在几个月内可以翻倍，也可能减半。环境艰苦，人员变动非常大，三年内换了五个老板。每次换老板，以前做过的都得从头来一遍，因为新老板大都有自己的一套。如果老板是来自别的行业，问题就更大，因为不了解新的行业，很多半导体行业的做法、惯例，好的也罢，差的也罢，都会受到挑战；以前的决策，推倒重来的可能就更大。当时觉得专业人士的痛苦，莫过于外行领导内行、新手管理元老了。

直到遇到了前通用汽车的副总裁杨雪兰女士。那是 2006 年 4 月，美国华裔精英组织百人会在旧金山举办年会，最后一个活动是"导师计划"，即由工业界德高望重的成功人士指导年轻人。我有幸分到杨女士一组，就问她该怎么办。她的回答有点意外：**按老板的办**。她解释道，老板往往会知道一些下属不知道的情况，但不一定时间或方便给下属一一解释清楚；他们的经历也往往比下属更全面、丰富，是过来人，尽管不一定是在下属的专业。想想也是，现在的老板，至少在外资企业，都是工作老板，既有自己的一份分内事，又要管理一帮人，一天工作十几个小时，他们有他们的难处。如果整天面对一个元老，事事都跟自己拧着干，事事都得花上个把小时解释，也确实是个问题。

当然这并不是盲从，尽管杨女士没有进一步解释。我这些年悟出的是，**默认老板的要求是正当的、决策是正确的**。但如果你知道有些风险老板没意识到，那还是得很客观地告诉老板，力求让老板有全面的信息。以支持者的身份进言，往往比以反对者的身份更容易说服老板。这不但适用于对老板，也适用于对所有的人。毕竟人的天性是喜欢被肯定。在我的经历中，告诉老板利弊，让他自己做决策，结果往往是老板改变主意。如果老是护着以前的决策，往往会影响就事论事，演变成新领导与老员工的对抗。性质从"事"变成了"人"，沟通就更困难，要解决就更不容易了。

所以，对元老们来说，与其把新老板看作负担，不如把他看作机会、资源。视为负担八成让情况恶化，对公司及双方都没好处；相反，视作机会，努力让新老板成功，也会让自己成功。毕竟，**与其拧着干，不如顺着来**。这就是以不变应万变。

跨出一步

供应链管理不但要看公司本身，而且得兼顾供应商和客户。也就是说，突破职能、公司的四壁，向前、向后各跨一步。对供应链职业人来说，这意味着不但要理解自己公司，而且要理解供应商和客户。其实，向前、向后延伸一步的概念，放在任何职能、职位上都适用。**人的成功往往取决于这一步是否能跨出去、跨成功**。

首先是个心态问题。职责分明并不意味着没有交叉地带、任何事情都有严格界线。相反，很多事儿都介于三不管地带，你跨过去一步，他跨过来一步，其实都差不多。如果都抱着等别人跨一步的心态，这些事儿永远就做不了。越过雷池，超越自己的一亩三分地，耕种那三不管地带，体现的也是领导力。

这也是做好本职工作的需要。多年来，我见到很多成功的职业人士，他们的共性就是好奇心，对本职以外的事务感兴趣，尽可能地了解别的行业、职业、部门的东西。相反，有些一直在同一个职位上多年的人，则往往没有这样的好奇心。例如有些人都做采购员十年了，还不理解计划部门的供料计划是怎么做的。同理，一些计划员，干了半辈子物料计划，还是不理解他的计划如何转化成采购员的指令，成为供应商的供料计划。干过这两行的人都知道，任何 ERP 系统都有很多例外，需要采购员或计划员来调整、管理。没有对上下游职能的充分理解，很难把这两份工作中任何一个做好。

跨出一步也意味着去理解、去关心。**职业人的堕落，往往从漠不关心开始**。刚开始时对别的部门、人，而后是对自己部门、自己的事也漠不关心。人就这样一日日变得没品、没用。这样，纵使你学富五车，不奉献出来，你的价值也得不到体现。相反，如果试着去了解别的部门、别人，大多数矛盾都用不着升级，在操作层面能够圆满解决。

去理解也意味着主动跨出一步，超越自己的安全区。这有风险，需要勇气。如果想有建树，这样的风险一定要承担，这样的勇气一定要有。领导力其实也是这样培养起来的。

实践者说

功夫在戏外。注意学习、了解其他和自己职位相关的工作，会对自己的工作有帮助。这是一个站在什么高度看问题的事情：如果你永远只关注你自己的那么点事，就不明白自己做这些是为了什么，在组织中（或者在自己的部门中）有什么作用；关心周围其他同事、其他部门、其他公司的业务，慢慢地就会站在一个比较高的、比较全局的位置看问题，能更好地理解自己在这个大流程中的地位和作用，更能明白相互配合的作用。

而且常常站在周围其他同事、部门的角度考虑问题，会对相互配合与支持有很大帮助：因为你已经很了解他们的立场、关注的问题、面临的困难。在工作中能赢得同事的理解和尊重对于做好自己的工作非常重要，而前提是你自己首先要理解、尊重别人。说得简单点，只有经常站在老板的位置思考问题，某一天你自己做到那个位置的时候才能应付自如。只有在做好自己本职工作以后，还能给其他人支持和帮助，能做些"额外"的贡献，老板才会觉得你这个人很"超值"，你就有机会了。（Gary Jia，供应链管理专栏读者，www.scm-blog.com）

实践者说

深有感触。刚毕业的时候，做计划员，那个上司就对我说：在工作中要向前跨一步，要把自己当工厂的厂长来做计划。如是，要了解品质，了解工程，了解采购，了解仓库，了解销售，了解制造等。例如发生了品质问题，计划员必须承担起解决品质问题小组的协调组长。事后才知道：只有理解了别人如何操作，你才知道如何与别人沟通。（Johnson，供应链管理专栏读者，www.scm-blog.com）

实践者说

我毕业后也是从做生产计划和物料控制开始。一个计划员如果抱着打工的心态去做的话，最多只能把事做对；只有抱着主人翁的心态，才能做好，而且更能开拓自己的胸怀和视野。能把计划员的位置做透的话，哪怕去运营一个工厂也不是不可能的，而且会更清楚工厂的每个细节都发生了什么。（Jerry Zhao，供应链管理专栏读者，www.scm-blog.com）

实践者说

我在一家零售企业做供应链管理，进公司后做了两年半的总裁办公室的助理，后转到营销做营销总裁的助理，协助管理公司的进销存业务。由于在高层身边待的时间较长，培养了充分的主人翁意识和战略思维的惯性。自己负责业务管理后，才逐步发现原来大家没有真正做好的核心原因，如果每个人都把自己定位成一个操作人员，事不关己高高挂起，那工作永远没有突破、没有进步，也根本无法带动和推动集团的管理提升和经营绩效的改善。（赵娟，广州娇兰佳人，供应链经理）

实践者说

理论上讲是对的，但我也写一下我的经历。我在一家大型跨国钢铁公司上海办事处工作。2008年金融危机刚开始时，CEO（我们总部在英国伦敦）给每个人都发了封邮件，说因为经济不好，希望大家献计献策，共同渡过难关。我确实想为公司出些力，于是回了邮件说我们的全球采购,尤其是从中国采购发展得还不够。事实也确实如此,我提议多从中国采购备件和设备,可以降低成本,当然我们要保证质量。

CEO就把这个邮件转发给了负责采购的一个领导。结果不久就听说这个领导在询问我们的工作如何,目的竟然是如果我们的工作量不多,就考虑取消这个部门。现在只好夹着尾巴做人,啥都不说了。可见多迈这一步的时机、方向也很重要。另外在这家英国公司做了近五年,感觉很多英国人还是躺在过去的荣誉上睡大觉,不是很进取,不知其他在英国公司上班的朋友有没有这个感觉?(Billy Yang,供应链管理专栏读者,www.scm-bog.com)

作者回复

说到在过去的荣誉上睡大觉,这并不是英国公司所特有。这是欧美公司的普遍问题,尤其是欧洲公司。总体感觉是这些公司丧失了饥饿感,失去了狼性,于是就没了进取心。当然,他们可能感到中国企业乃至亚洲企业又太富于侵略性。

三代必出纨绔,而且富不过三代。这些公司就在纨绔期。被市场淘汰不过是时间问题(当然,任何公司最后都会被淘汰,就跟任何人都会死一样)。我们不能以它们的标准为标准。它们不代表最佳实践,它们也不是模范公司,它们的领导更不是模范领袖。做正确的事。

不作为也是风险

2006年,我拜访一个美国煤炭能源公司。公司很大,几十亿美元的年营收,近万号人,也比较稳定。公司的员工大都从出校门就待在该公司,待了二三十年的比比皆是。人都是很和善的人,但除了煤炭,就什么都不知道了。说起近些年来供应链管理的新发展,如同谈天书。然而公司又处于转型阶段,供应市场动荡异常,整个供应链管理部门束手无策。为什么？员工知识老化，思维僵化，没法适应新的市场要求。部门的新老总又铁心变革，逼着一帮总监满天下招人。于是大家到处找简历，四处打电话，忙成一团糟。

相信这是个偶然现象，但后面有其必然性。离开校门久了，在一个行业、公司工作久了，朝九晚五的日子久了，有了家庭、孩子久了，人就对新事物、新概念越来越陌生了。温水煮青蛙中，人们越来越不愿意承担作为的风险。**表面上看，风险最小莫过于不作为，因为不作为意味着犯错误的可能性最小；其实风险最大也莫过于不作为，因为长期不作为，一旦平衡被打破，就意味着巨变和更大的风险**，就像上面提到的煤炭公司一样。

风险从来就如小马过河：老牛说河水很浅，松鼠说河水很深。保守心理下，人们习惯于把自己向松鼠看齐。在没做好准备的情况下，这未尝不是好事，因为与冒未知的险相比，生存当然更重要。但是，对于深思熟虑、做好准备的人来说，过分谨慎未必让收益最大化。因为放手一搏，往往会发现河水既没有老牛说的那么浅，也不像松鼠说的那么深。

人的倾向，或者说很多人的倾向，是不但低估自己，而且低估别人。低估自己不过是影响了自己，低估别人则是害了别人，尽管是出自好意。一个方案，不管多好，总会有种种不足。善进忠言的不作为者们忘了，如果没有更好的替代方案，现有方案就是最佳方案。一棍子打死现有方案，消除了作为的风险，但同时带来了不作为的风险。其实很多时候，**最大风险莫过于不作为，因为原地踏步，表面上是没变更好，实质上是变得更差**。

有些不作为者是完美主义者，总觉得条件不够成熟。不过想想看，我们有多少事是在具备所有的条件时做成的？这些人太保守，议而不决，说了就等于做了。有些跨国公司招人，会注明要求是行动偏见的（action biased），就是为排除这种不作为的"完美主义者"。

还有些不作为主义者是既得利益者，他们工作过一些年月，吃过一些苦，受过一些罪，在公司、社会有一定的地位。没有不作为的危机感，这些人就日趋中庸，淡出变革的舞台。他们貌似精英，动辄扼腕叹息，抱怨别人的觉悟低，其实他们自己才是真正的问题所在。

没做过调查，但个人感觉是，学历越高，不作为者的比例也越高。书生无用，八成是因为**只知鸣笛，不知驱雾**；注重作为的风险，忽视不作为的风险。秀才造反，十年不成。"大成"就是一次又一次承担风险的结果，这自然不是不作为者的特点。成不了大事不要紧，大不了就是没贡献；但借助自己的知识、地位宣扬不作为，让其成为社会标准，那就贻害无穷。

其实这世上的大事，大都出自那些"刘项原来不读书"者；知识分子、小资产阶级呢，大都充其量也是鼓鼓噪，敲锣打鼓抬轿子，瞻前顾后做跟班。

实践者说

个人发展是这样，公司的转型更是如此。很多成功的公司被自己的过去给拖累了，不愿意放弃既得利益，管理人员不作为，有所作为就会有风险，不作为反而是零风险，如此失去的却是对市场的潮流和机遇的把握。

不过我觉得这就是人性，能突破人性弱点的一定是佼佼者，但也是少数，大部分人还是年轻的时候有干劲和激情，慢慢地就平庸了，就像你说的那个能源公司里的人。人当然都是好人。代际更替也就是这样的驱动吧，就像公司招人都愿意找年轻人一样。（施维，IBM，采购经理）

实践者说

知识分子中的不作为主义者比例更高。我非常同意。前些日子，我还和一个读了博士的朋友说起这些：似乎读书越多的人，考虑问题越谨慎，反而没有了应当有的魄力。变得想要面面俱到，但最终也许错过了最佳时机。（乌拉，供应链管理专栏读者，www.scm-blog.com）

小贴士　鸣笛与驱雾

十几年前考 GRE（美国研究生入学考试），学了很多稀奇古怪的单词和句子，绝大多数都已原封不动地还给了老师。唯有一个句子，却不时从脑海里泛起，因为生活中有太多的例子，时时提醒这句话是多么经典。

这句子说的是知识分子。其大意是，早晨看到海港大雾连天，**知识分子就是那些只知鸣笛，告诫来往船只注意，却不做任何实质性工作，以驱散大雾的人**。这顶帽子可谓为一些知识分子量身定制：随便往那些人头上一戴，都觉得挺合适（本人自诩识文断字，是个知识分子，自然也包括在内了）。老实说，原来心目中老美只会吃汉堡、喝可乐的形象，竟因他们能说出这么精辟的话来而彻底改变了。

这世上，从来就不缺少大声疾呼的人；缺的是脚踏实地，能够干点实事的实干家。登高疾呼者自然不可少，因为要解决问题必须先知道问题的存在；但光靠敲锣鸣钟，海上的雾还是散不了。谈得多了，就成了清谈误国，倒不如实实在在地干点力所能及的事。

对于职业人来说，干了十年八载活以后，也曾经跟命运抗争过，但都输多赢少，也就投降了，认命了；看到问题，抱怨几句，说了等于做了，成了典型的"鸣笛帮"，这人也就彻底废了。国有企业是这些人的温床。其实所有制并不是决定性因素。欧美日的大型贵族企业，本土的大型民营企业，三线、四线、五线城市的乡镇企业，到处都能看到这些人的影子。

我在硅谷的老东家，之所以产品、运营都成为行业标杆，关键是形成一种多驱雾、少鸣笛的实干传统。当然林子大了，什么鸟都有：光鸣笛不驱雾的人也多得是。这种人在会议上张口战略，闭口长远，唯独对眼前的问题绝口不提。群众的眼睛是雪亮的，谁鸣笛谁驱雾大家心知肚明。经济不景气时,"鸣笛帮"首当其冲成为被裁对象。其代表人物,一位老博士,被裁后几年时间也找不到新东家,看来没有什么公司喜欢"鸣笛帮"。

对于职业人来说,特别是工作了十年八载后,千万不要做"鸣笛帮"。每每回邮件也罢,会议发言也罢,第一个问题不妨总是留给自己:这是在鸣笛还是驱雾?如果是鸣笛,除非万不得已,还是忍了,不光少制造了很多垃圾邮件,少说了很多废话,而且也省了不少别人的时间。

维德必危:不做人人都喜欢的人

纵观历史,大都是野蛮人征服了文明人。秦灭六国,但在文明上秦比六国落后。匈奴为患几百年、蛮族攻入罗马、蒙古横扫欧洲,都是同样的例子。与蛮族为伍,光靠德治行不通,否则就成了宋襄公之仁。需要的是胡服骑射,即摒弃文明的绫罗长衫,穿上野蛮人的短打扮,跟他们一样骑马、射箭。看上去是倒退,其实是生存所必需的。

企业竞争也同理。**你不能堕落到成为有些竞争对手那样,不择手段,因为无德必亡;但你也不能一点狼性都没有,否则是维德必危。**企业不是慈善机构、养老院。怀菩萨心肠,行霹雳手段。给员工点压力,保持点狼性,生于忧患,对公司和员工来说都不是坏事。

供应链管理也是。供应链思维提倡协作互助,但这并不意味着世界大同了,降低对供应链伙伴的要求。供应链思维注重长期合作关系,并不是说你给供应商长期承诺,而不需要供应商报以实质性的承诺。**放弃的,一定要有回报。**理论界宣传供应链管理,多看到它温情脉脉的一面,没注意到这种协作、合作和长期合作伙伴关系是需要供应商争取的,是需要付出、牺牲的。**没有牺牲的信仰称不上信仰。**同理,**不劳而获的活供应商也不珍惜。**

服务过欧美客户的人可能有同感：欧美客户的"德治"往往被视为无能，供应商没有压力就没有动力，失去了提高的机会；供应商的竞争力下降，客户的竞争力就下降，这些客户的市场份额逐年下降，给供应商的生意也越来越少。一些表面上双赢的做法，其实最终导致双输。相反，一些亚洲公司非常苛刻，从技术到价格到服务，都在不断给供应商保持压力，反倒做到一流。在他们的压力下，供应商变得更有竞争力，更容易争取别的公司的生意。这就如给苹果公司做代工，如果你连苹果的要求都能满足，那无疑是有了打入别的公司的通行证。

作为职业人，随着工作经历的增加，人的锐气却在日益消失。以前看不惯的，现在也看惯了；以前不能容忍的，现在也可以容忍了。也就是说，棱角渐渐给磨平了，人变得随和，但也变得平庸。随和对团队协作有帮助——棱角分明的愣头青，恐怕谁都不喜欢；但平庸却更多意味着灾难。

我去过一些全球企业，都是鼎鼎有名的美欧日企业，说出名字来火星人都知道。见到很多员工，工作十年八载后，大都变得随和有余，锐气不足，缺乏基本的上进心。北美企业对这类人的应对措施就是绩效考核。但不管怎么考核，就如学生时代的考试，如果被考核者失去了内在的驱动力，你怎么考核也是功效甚微。而考核指标呢，经过重重谈判、妥协，也变成了人人都可实现，没有多少挑战性而言，成了形式。

于是，与企业一道，职业人就日益衰落，在里面待得越久，就越没有勇气走出来——要知道，全球企业也是体制，是安全网。所以，你见到从这些企业跳出的职业人，不要忘了，那是很需要勇气的。就凭这点，这些人也值得尊敬。

无德必亡，维德必危。两个极端，都不能走。避免无德必亡的大坏人好理解，避免维德必危的大好人不容易理解。其实不管是公司还是政府，**好人大多一事无成**。成绩大都是那些一半是天使、一半是魔

鬼的人做出的。对于职业人来说，如果人人都认为你是个好人，人人都喜欢你的时候，不见得是件好事。那表明，你或许已经平庸化了。一个有抱负、有理想的人是有棱角的，是很难被每一个人都认可的。人的天性是希望获得别人的认可，但人人都认可的，往往是没有任何追求，对大家都没有威胁的人。你不想成为这样的人。

实践者说

很多欧美企业除非是技术领先，否则就是被慢慢地蚕食市场份额。根本原因是欧美的环境太安逸了，导致竞争力不足，不只是供应商，公司内部的管理层也是。[赵越，阿斯利康投资（中国）有限公司，品类采购副经理]

不但要放枪，而且要瞄准

看《民国的角落》一书，作者张鸣写道，淮军接受了洋枪队的全部装备，也接受了洋操的训练，连英语的口令都听得惯熟，唯独对于瞄准射击不甚了了：只知放枪，不会瞄准，其战斗力就可想而知。进入民国，士兵脑袋后面的辫子剪了，服装基本跟德国普鲁士军人差不多了，建制也是军师旅团营连排，可不瞄准、光放枪的习惯却依然如故。例如"辫帅"张勋复辟后，段祺瑞的军队围攻张勋的公馆，用《泰晤士报》一位记者的话说，枪声密集地"没有一只飞鸟能够安全越过北京上空"，但张公馆前面的墙上却找不着一个枪眼儿——敢情这枪都是冲天放了。这里八成有调侃民国的成分。但光放枪，不瞄准，却成了"忙是很忙，不过是瞎忙"者的真实写照。

也别光笑话这些军阀们。在我们的今天，只知放枪、不知瞄准的也多得是，尤其是干了十年八载活儿后，知道怎么做事，但又不知道真正把事情做到位的情况下。

比如有一位库存计划经理，上任伊始就整出十套左右的报表来，把库存哪里短缺，哪里过剩，都搞得一清二楚，支使一帮计划员做这做那，忙得不可开交。这老兄唯独不提一件事：**库存水位该怎么设，才能避免短缺和过剩**。这帮计划员大都在岗位上干了十年左右，虽说啥事儿都经历过，但啥都做得不差也不好：如果太差，早就被开掉了；如果太好，也不至于同一份工作原地踏步一二十年。他们的根本问题还是只会放枪，不会瞄准：催料的本领一流，逼得一帮采购鸡飞狗跳，但库存水位设定的水平却实在不敢恭维——有些人连 Excel 都用不来，哪搞得懂概率统计，恰如其分地设定库存水位？这经理的一堆报表，张张都是告诉计划员们"放枪"没命中目标，却忘了他们最需要的是有人教如何"瞄准"。

类似的例子在采购上也比比皆是。下单、跟单、催单、验货、退次品、做报表，很多采购忙的都是些"放枪"的事。至于更重要的"瞄准"，例如需求管理和供应商选择，则有一搭没一搭，主业做成副业。需求管理滞后，需求一落地就是急单，从根子上就注定"放枪"的事儿忙不完；供应商选择不到位、供应商绩效管理跟不上，就注定为订单层的执行问题埋下了祸根。整个采购部门，从上到下，整天忙于"放枪"，无暇从组织、流程、系统的角度解决"瞄准"问题，就做成了典型的"小采购"：被动反应、忙得要命，重复的都是些低级错误；虽说忙坏了，可一点也没有长进——今天灭的火跟昨天灭的没啥区别，问题都是些老问题。结果，这样的采购内部客户看不起，供应商不尊敬，估计连自己都看不起自己。

在很多公司，员工习惯性地处于盲动状态，只有放枪，没有瞄准。也就是说，只有执行，没有计划，或者说计划缺失。这是很多本土企业的通病。本土企业中，企业家不缺，这放在整个华人世界都是如此：华人天生就有创业的基因，这从遍布全球各地的华人企业可看得出。**我们缺的是职业经理人**。企业家的强项是点子多，但不善于系统地计划、实施，而且多变；职业经理人们很少能产生杀手级的点子来，但他们的强项是围绕企业家的点子，制定翔实可行的计划，并领导基层来执行。本土企业做得最差的就是计划。职业经理人整体不强，就没法很好地起到承上启下的作用，把企业家的指令很好地落实到计划，"翻译"给基层。基层人员多、惯性大，改变较慢，在急性子的企业家"中央指示不过夜"的推动下，不动不行，动则陷入盲动，为开枪而开枪。

对本土企业来说，随着规模越来越大，就得更加重视"瞄准"，有计划、有目标地行动。要避免盲动，进三步、退两步，粗放经营，低效运作。

当然，本土企业的"开枪"文化，在我看来比光瞄准、不开枪要好一点。"开枪"文化，往往是对市场、竞争对手的被动反应，好歹是在做些什么，尤其是在企业规模小、处于弱势地位的时候。在有些企业，特别是一些大型国企和欧美的巨无霸"恐龙"企业，光瞄准、不开枪的文化蔓延，文山会海，议而不决，说了就等于做了，则是走了另一个极端，只能说更糟糕。

可以说，**一流的企业既瞄准（计划），也开枪（执行）；二流的企业不瞄准，光开枪；三流的企业则是光瞄准，不开枪**。想想看，你是在哪一种企业做事？

作为职业人，特别是有了一定工作经历，处于职业平台期的职业人，我们缺乏的，往往是"瞄准"而非"放枪"的能力。本土企业强于执行而弱于计划。在这样的大环境下，职业人必须得强于执行才可能生存，尤其是在以执行见长的本土企业。所以大家都练就了一身"放枪"的本领。但是，职业发展到一定阶段，"放枪"重要，"瞄准"更重要。**不但要做到，而且要想到**。很多时候，没做到是因为没想到，没击中是因为没瞄准。瞄准的能力也就成了很多职业人的短板。

应对两难，避免单向思维和单一指标

硅谷是个非常多元化的地方，例如在我住了十几年的城市，总人口不过区区 25 万人，却来自 100 多个国家。跟不同背景的人来往，我发现一个有趣的现象：**与美国本土长大的人相比，来自集权国家的人单向思维比较明显，或许一方面是因为很多人是工程师背景，职业习惯使然**；另一方面，这些人从小就生活在非黑即白的体制里，容易形成非对即错的单向思维。但现实世界不是线性的，很多问题没有黑白分明的答案——**它们是两难问题，没有唯一解；不能取舍，只能平衡兼顾**。

日常生活中充满了两难问题。比如工作中要竞争，同时要合作；机会面前人人平等，但同时给最好的员工最好的回报；客户要求最好的质量，不过价格也要最低；既要标准化，又要具体问题具体分析。基因科技（现罗氏制药）的副总裁杨育民博士说，**两难问题要避免工程师的唯一解心态，也没法通过权衡取舍来解决**。例如不管是为了质量而牺牲成本，还是为了成本而牺牲质量，你的产品都卖不掉。同样，不管是你放弃家庭还是工作，你都走不远。两难就如一枚硬币的正反面，你没法舍弃任何一面。**只有平衡兼顾才可能取得最佳效果**，不管是工作还是生活。

2003 年，我刚到硅谷，上班第二周就被公司派去培训，培训内容是双赢谈判，培训地点在风景秀丽的太皓（Tahoe）湖畔，五星级的度假村，光学费就好几千美元。整周培训结束时，七十多岁的老先生说，"几年后，你注定会把我教的统统忘光，但我只要你记着一点：任何事情都如这硬币的两面，需要兼顾双赢"（见图 2-3）。说完，他拿出刻有艾森豪威尔头像的 1 美元大硬币，每个学员发了一枚，挥手再见。

十年过去了，当年培训的内容大都还给了老先生，但那枚硬币一直保留着，放在我的皮夹子里，片刻不离，随时提醒这个世界面临的多为两难问题。这两个方面永远是平行存在，都有其合理性，需要兼顾，不能取舍。**单向思维、非黑即白、唯一指标驱动的解决方案看上去是解决了问题，其实制造的问题可能会更多**。这也能够解释，为什么华为坚决反对"没有全局效益提升的局部优化"，也反对"没有全局观的人主持变革"。没有全局观的人，往往出于部门利益，在单一指标驱动下，做出有损全局优化的决策。

图 2-3　任何事物都跟硬币一样，有两个面

优秀的领袖大都是解决两难问题的高手，因为他们理解人有不同的诉求，每个人的诉求都有合理之处。在一个民主社会，不管是商界精英还是政界领袖，也只有肯包容、能妥协，兼顾多方利益，才能被接受，被追随。而在企业里，很多员工的挣扎，其实也是源自难以平衡不同部门的需求。

两难问题难以解决，并不是技术方案有多难，而是缺乏兼顾全局的心态。因为很多事，稍懂常识的人都知道孰对孰错；但在部门利益的驱动下，聪明人就做出有损全局的傻事来。美国学习日本的供应链管理已经三十多年了，不管是 JIT 还是精益生产，都已经达到很高的水平。但是，在北美市场，美国车在质量、成本上还是没法跟日本车竞争，根本原因就是没有学到日本文化的兼顾全局的共赢心态。北美三巨头习惯于单一指标驱动的局部优化，比如一味地采购降价，那在链对链的竞争中，败给日本车厂就不足为奇了。本土企业也是。看上去他们需要供应链管理的技巧，实质上他们更需要供应链的协作、合作心态，把每一个供应链问题都当作那枚硬币，兼顾供应链伙伴的不同需求。

而供应链中的悲剧，鲜有例外，背后都有单一指标的影子。比如采购的价格至上，就害了质量；没有约束的设计创新，就成了供应链的梦魇；销售极端强势，后面自然是大堆的库存和富裕产能。这些在企业高速发展，盈利尚可时，一俊遮百丑；一旦企业转入低增长、不增长，成本由于惯性持续上升，企业进入微利或者不盈利时代，单一指标驱动的问题就如石头浮出水面。

那么，解决方案是什么？两者兼顾，即设立一对或多个表面矛盾，实则统一的指标来规范员工行为：**任何一份工作，都得由两个或多个相互矛盾的指标来规范**。比如既要价格低，又要质量保证；既要开发个好产品，又要满足目标成本；既要满足客户需要，又要满足库存周转率和产能利用率的要求。**这些指标表面上是矛盾的，其实是对立统一的，解决方案上也是一致的。**

比如产品质量好，返工、浪费就少，次品也少，维护成本低，所以总成本也低。再比如说，表面上要提高按时交付率（客户需要），就得多放库存（库存周转率变低）。但实际上，如果企业的计划水平高，知道计划客户要的产品，按时交货率自然就高；知道不计划客户不要的产品，库存水平自然就低，库存周转率也就高。这就不难理解了，在运营水平高超的公司，客户满意度和资产周转率都很高，因为他们知道计划什么，不计划什么；在运营水平低下的公司，客户满意度和资产周转率都很低，因为他们不知道计划什么，不计划什么。

或许有人会问，相互矛盾的指标是两难，给员工造成混淆怎么办？其实，**人天生就是处理两难的高手**：我们生来都有爸爸、妈妈两个老板，爸爸、妈妈的意见往往相左，但小孩子生下来就知道怎么对付，而且游刃有余。在全球企业里，矩阵式结构比比皆是，员工一条线汇报给事业部，另一条线汇报给职能。相对而言，事业部往往以客户为导向，追求更高的客户满意度；职能更多地考虑公司效益，追求更低的运营成本和更高的资产周转率。这是两个貌似相反的目标，但优秀的员工总能同时两者都满足。

为什么要讲这么多呢？工作了十年八载后，职业人长期植根特定领域，多年被一些根深蒂固的老问题残害，加上部门之间的相互倾轧，对其他职能的成见也往往更深。这影响了兼顾兄弟职能利益，追求全局优化的意愿。职能导向，单一指标，容易成为这个阶段职业人的标签——**聪明人干傻事，后面总能找到单一指标的影子**。这些人很多已经远离一线，没法直接接触客户和市场；他们也没有到达高层，没法从更高层看待全局问题，就"成了一群烤熟的鹅"，"没有什么神经"[⊖]。这个阶段的职业人很难改变。他们一方面是职能墙的受害者，另一方面恰恰也是职能墙的坚强拥趸，是变革的大阻力。

经济增长的拐点，职业人士的良机

这十几年我在国外，每次回国，都感觉到国内变化巨大，日新月异的城市建设是表象，更高层次的是本土企业的崛起。尤其是最近五六年，本土企业从量变到质变，纷纷崛起，不但在传统的大批量行业，而且在历来欧美主导的小批量行业。这从中国取代日本，成为全球500强企业第二多的国家就可见一斑。当然有人会说，那些企业很多是国有垄断型企业。但不可否认的是，以华为等为代表的本土民营企业，已经展现出强大的竞争力。不过，这些企业，尤其是制造企业，在二三十年的粗放经营、快速发展后，却面临着拐点转型的挑战。而这拐点，却给在创业浪潮中一直不得志的职业人带来良机。

在规模导向战略的驱动下，本土企业普遍采取粗放经营下的高增长、高成本战略[⊜]。但是，企业不能无限增长，就如人不能永远长个儿一样。当规模达到一定水平时，营收就开始放缓增长，甚至负增长，拐点就出现了。但由于惯性，成本继续增长，逐步蚕食掉仅有的盈利后，公司就陷入低增长、高成本无以为继的"增长陷阱"（见图2-4）。

⊖ 管理学大师张瑞敏的烧鹅困境，新浪财经，http://finance.sina.com.cn/。

⊜ 高成本指的是绝对成本，是制造一件产品需要投入的生产要素的量。比如造把椅子，因为管理粗放，我们消耗的木料、人工、能源等不会比美日欧的竞争对手低，因而绝对成本更高。

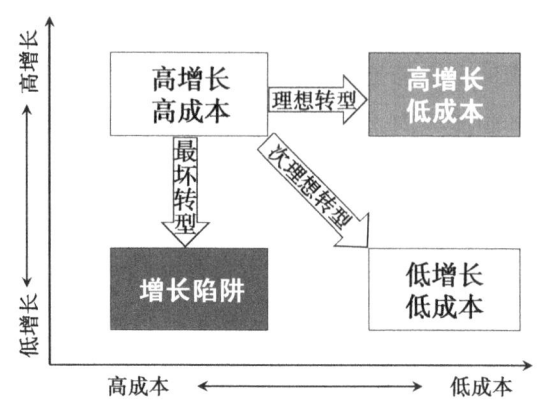

图 2-4 多年高成本下的高增长后，企业普遍面临"增长陷阱"的威胁

表面上看，"增长陷阱"的问题是营收增速放缓或不再增长；实质上，解决方案还得从供应链运营上找，即通过优化供应链，以更低的成本、更高的质量和更快的速度来满足客户的多样化需求。毕竟，供应链花最多的钱（采购），雇最多的人（生产），再加上厂房、设备和库存等资产，是企业总成本的主要来源。营收增速放缓，只有成比例地降低产品和供应链成本，才能维持企业的盈利水平。

对于"增长陷阱"，我在畅销书《供应链管理：高成本、高库存、重资产的解决方案》中有详细的阐述，并讲到系统的解决方案，比如**前端防杂**，降低复杂度，推动设计优化来提高规模效益；**后端减重**，加强供应商的选择和管理能力，通过市场获取资源，走轻资产之路；**中间治乱**，提高计划水平，有效对接需求和供应，以降低库存和提高资产周转率。

这里想说的是，以前在原始淘金阶段，有魄力、有眼光就可以成功，凭借街头智慧，没多少文化也能成为优秀的企业家，以至于"造原子弹的不如卖茶叶蛋的"；拐点到来后要求精耕细作，以降低成本，提高投资回报率，这离不开系统建设、流程改进和员工培养。而这些呢，老粗企业家玩不转，需要受过良好教育、有理论、懂实践的职业人来操盘，这给职业人带来了绝佳的机会。

不管是中国还是美国，**学历越高，街头智慧就越少，创业就越难成功**。作为知识人的你，错过了创业机会也用不着自怨自艾，因为当前的学校教不出创业家，各种各样的培训班也是：他们培养的目标是职业人，是专家。但在经济发展出现拐点，企业必须向精细化运作过渡的时候，需要的是专家背景的职业人，无论是技术还是管理。企业家可以制定政策，三令五申地要求员工做什么、不做什么，但在改进流程和系统方面，往往心有余而力不足。比如实施新的 ERP 系统、改进物料库存计划、集成销售与运营等，这都不是企业家的强项；他们不得不依赖专业人士来做。这也是职业人大显身手的好机会，如果错过了，那就真的没救了。

那么，怎么才能抓住这个机会呢？**我们得成为专家，成为系统学过、系统做过、系统提高总结过的专家**。系统学过，这八成能满足；做过，你八成也干过很多年活；关键的是你是否思考过、总结过，能上升到更高的层次，从而能指导系统、流程的改进。**学而不思则罔，做而不思也是**。有些人，学过、干过，都十年二十年的经历了，但由于一直停留在低水平上，没法上升到形而上的高度，所以还是没法发挥更大的作用，增加更大的价值。

我们的挑战呢，就是在管理上没法成为领袖，在专业上没法成为专家。一到四五十岁，职业人就处于一个非常尴尬的境地㊀：因为没法成为专家或领袖，所以没法在职业上更进一步；继续在中基层做，却发现倍受后来者的挑战——他们更年轻、干劲更足，而且对公司成本更低。这在外企里更加明显。这时候想着去创业，但机会成本太高，而且年龄大了——这其实都是借口；真正的原因是大公司稳定惯了，多年的大公司生涯把自己养成一只呼呼大睡的肥猫，企业家精神踪影全无。而且创业不是逃避者的避风港。为逃避而创业，成功的概率能有多高？

㊀ 这是个全球问题，叫中年危机。比如在美国，五十岁上下的人中，很多人失业、婚变、上有老下有小：上一辈进入老年，需要照顾；下一辈还在上大学，财务压力大；丢了工作，没了老婆，真是危机重重，人生的一大难关。

那怎么办？总结、提高，努力向专家层次过渡。首先，**我们得习惯于思考、总结**。经验重要，但你永远也没法把所有的事儿都做过，所以你永远也做不了彻头彻尾的经验主义者——那是些老工人的角色，比如做了三十年焊工，天底下的钢材、铝材都焊过，什么样的焊接环境都熟悉，传艺、授徒，全凭经验。职业人，你虽说有十来年的工作经历，但还没达到那一步，或许永远也达不到。你一定得思考、总结，在有限的经历上基础上努力拓展。

或许有人说，我只在某个或某几个领域做过，面比较窄，怎么能拓宽呢？其实你也用不着把所有的领域都做过。很多东西都是相通的。康德据说一辈子没走出过出生的那个小镇，不照样能够联想宇宙万物，成为一代哲学家吗？只要勤于思考，琢磨，有限的经验也可以产生巨大的价值。十年八载的经历已经相当丰富了。我的工业界导师，一位前首席采购官，写他的专著时，刚好是工作十年出头，而且全在霍尼韦尔和航空业。我出版第一本供应链畅销书的时候，也是工作十年左右，其中占整个篇幅三分之二的采购与供应商管理，我其实只做了三年。说这些，不是好汉好提当年勇⊖，而是想说明，我们其实用不了太多的经验就可以成为专家，只要我们勤于思考总结。

其次，**我们也得借助外力**，比如：①与行家交谈，不但是本行的，而且是相邻行业的；②读好书，尤其是能从基本面上帮助你理解专业和管理的，而不是市面上肤浅的成功速成法；③接受培训，尤其是那些能从形而下上升到形而上的培训，无论是专业培训还是管理培训。我们得投入，二次学习。花个两三年，投入个两三千个小时，相信你会更上层楼。

职业人工作一些年后，容易对外在事物失去兴趣，不愿意学习，不愿意跟同行交流，不愿意接受持续培训。**自己不勤于思考，失去了**

⊖ 当然啦，好汉尽提当年勇。忘了是莫言还是谁说过一句话，大意是每个人写的，都是在讲自己的故事。人没法脱离自我，所以也用不着刻意来掩饰自我——分享自己的经历，也是对后来者的帮助。这跟森林里老猴子的"言传身教"差不多。

内在提高的机会；不愿借助外力，失去了外在提高的机会。这就不可避免地陷入职业发展平台期。表面上看，这是因为晋升机会有限等外在因素；实际上，这是个人选择问题——**你没法唤醒一个装睡的人**。企业规模越大，建制越完善，知名度越高，这种人就越多。我培训过一些这样的企业，不管是国企还是外企，见到过很多这样的职业人，其共性呢，就是目光里透出的漠不关心。哀莫大于心死。从这些人身上，你既看不出创业家的气概，也看不出专家的影子。你知道，这个世上只是多了些碌碌无为的自怨自艾者。

在官本位盛行几千年的国度，轻视专家的思想深深植根于官方文化。但是，民间文化的心底是尊重专家，尊重人才的，尤其在非国有经济。这几年我服务过几十家民营企业，深切感受到他们对专家人才的渴求，特别是处于增长拐点，企业运营问题成堆的情况下。

相对而言，对于受过多年教育的职业人来说，成为企业家的概率很低，因为那不是学校能教的；但成为专家的概率就高多了，尤其是在外企和大型企业工作多年的人，工作环境进一步固化了学校教育的成果的情况下。所以，重新定位，发挥自己的优势，向专家型角色过渡，是种成本更低、风险更小的选择。我坚信，**在经济出现拐点时，更多的机会是给专家的，而不是企业家**。

实践者说

其实中国制造业需要转型，在中国制造业就业的职场人也要转型。（何庆华，供应链管理专栏读者，www.scm-blog.com）

实践者说

我一直在问自己现在在三资企业干，但是三资早晚要走的，在三资企业学的这一套东西，到了国内企业会有用吗？真的能给国内企业家带来实惠吗？其实有这样的困惑，就像刘老师说的自己还是不够

深入，没达到专家级别才有如此困惑。（陈建玉，美资 500 强，OEM/ODM Sourcing Leader）

从外企到民企，如何

那个岛上的野蛮人都不穿鞋子，自然有不穿鞋子的原因，而不能简单地归咎于没有鞋子穿。

对于职业经理人来说，在外企做了些年后，转战民企，或许是一种选择，特别是这些年来外企光环不再，民企蒸蒸日上的情况下。

有一个民企，经过超十年的高速成长，成为细分行业的领头羊。行业日趋饱和，营收增长放缓，而成本却因惯性继续上升，供应链部门面临的压力就大增。为什么？对于企业来说，如果挣不来更多的钱，那就得省更多的钱——花得少就等于挣得多嘛。这不，供应链就首当其冲，成了应对增速放缓的解决方案。

要知道，供应链管理表面上是管理，其实做细了都是技术活：要改进生产流程，得懂生产技术；要降低库存，得懂库存计划；要做好预测，得懂基本的数理统计。技术活需要专家。**专家在哪里？在外企，尤其是规模大、建制完善的外企。**此类外企分工明确，职能划分清楚，员工普遍走的是专家路线。是专家就很难是通才。**但民企的需求呢，却是两者合一的通才加专才。**

这个企业的供应链副总说，一开始招聘这样的专才，就遇到两个问题：其一，他需要招聘总监层次的管理者，要求管理几十成百号人，能够操大盘，但外企的员工很少有操过这样的大盘的，如果有的话，级别也已经挺高，不再对总监层次的职位感兴趣；其二，这样的职位需要在制定战略上发挥作用，但外企的员工，因为总部不在中国，普遍担任的是执行角色，而且只负责很小的一块儿，很少能具备产品、职能层面的大局观。简言之，**能找到专才，但找不到通才。**

打个比方。王麦克是个外企的寻源经理,负责的是塑料件在亚太区的新产品寻源。他要到民企去,自然不是去应聘寻源经理,而是供应链总监的职位。作为外企寻源经理的王麦克,专职是开发新的供应商,习惯于跨职能协作:质量问题找质量部门,技术问题找研发帮忙,订单处理有采购员,需求预测有计划部门,物流仓储自然有物流部门来打理。即便是寻源,他也只负责塑料件;钣金件、元器件、委外加工呢,自然有专人负责,虽然是在同一个部门,大致知道他们做什么,但总体上是老死不相往来,对细节知之甚少。

而成了民企供应链总监的王二狗呢,面对的盘子却大多了:采购、计划、物流、质量、客服都归他管。光采购来说,上至投资3亿元的新建工厂,下至30元钱一只的扫把,公司几千人的吃喝拉撒,所有该花钱的事都该他管。这好歹还是他的"本行"——你知道,他的本行是塑料件的新产品寻源,采购的一个子职能。对于计划、物流、质量,他可就抓瞎了。在老东家,有问题找相关部门;在新东家,他就是相关部门。而他的那帮兵呢,鲜有例外,都是野路子出身,谈不上半点专业,放在老东家,都是被淘汰的主。

你现在知道,从外企的王麦克到民企的王二狗,可不是简单地摇身一变,把英文名换个中文名而已。**角色更多,职责更广,专家加通才的期望,都让王二狗的新工作挑战重重**。作为民企的老总,你的选择也很有限:虽然不很理想,但这王麦克好歹是系统学过、系统做过、见过世面的专业人士,也只有将就着的份,假以时日,让他熟悉了企业的文化、产品和组织流程后,成为更加符合要求的专家加通才。作为曾经的王麦克、如今的王二狗,你最清楚你不符合所有的要求,但不要气馁,要知道,说你行你就行——你能得到这样的职位,至少也说明你是矬子中的将军,现在需要的是放下身段,脚踏实地,边工作边学习,成功的概率还是很高的。

当然,你的标杆绝不能是你的外企老东家:外企和民企是两种不同的企业,虽然在过去的二三十年里差别在缩小,但外企不能变为民企，民企也不能变为外企。这是空降兵们容易犯的一个错误：老是拿老东家做对比。你知道，老东家是"为官三代，始知穿衣吃饭"，但同时也成了纨绔。不然的话，你也不会离开。到了民企，我们不能动不动就"白头宫女在，闲坐说玄宗"，拿老东家做法说事。我们到民企来，是帮助民企成为更好的民企，而不是成为老东家那样的贵族企业。

很多民企的供应链管理异常粗放，缺乏最基本的供应商管理、需求预测和库存计划等，就如从没有吃过药的原始人，只要给点药，都会起作用。所以，你想做出点成绩，其实也并不难。当然，你还是要理解，那个岛上的野蛮人都不穿鞋子，自然有不穿鞋子的原因，而不能简单地归咎于没有鞋子穿。**企业行为是理性的。他们做什么，不做什么，怎么做，其实都是对于所处环境的理性应对，也是现有能力下的理性选择——你得理解现有能力，通过改变能力来改变行为**㊀。只要你愿意去试着理解，找到合适的根源，做出相应的改进并不难。

关键是你得潜下心来干活——在这点上，民企与外企大有不同，尤其是大型外企。这些年，我去过很多大型外企，北美的、欧洲的、日本的都有，觉得这些外企越来越人浮于事，事浮于人，效率低下，责任不清。而浸淫其中十年八载后，职业人也往往被同化了，这些地方就成了养老的好去处。**你说民企是什么都可以，但就是不是养老的地方**。如果你想养老，那外企是个风险较小的去处，除非大面积裁员，一般也没多少人会跟你过不去。

再说文化的匹配。民企和外企文化不同，我们也没有期望它们相同。但不可否认，文化适应是个挑战。空降兵不能软着陆，企业文化是个大原因。在网上看到很多这样的例子，说的都是外企员工在民企铩羽而归，根本原因很多，但归结起来，却是一面倒：企业文化和管

㊀ 这点很重要。很多空降兵死得惨，一个原因就是没有意识到那些行为，不管看上去有多傻多糟糕，后面都有能力问题——他们聚焦的是行为改变，而忘了行为改变的前提是能力改变。我们后面还有专文谈这点。

理风格不适应。我想，民企与外企相比，管理理念上的差别的确很大，让外企来的员工感觉不舒服（注意，我们这里说的是**差别**，不是差距——提到差距，就有了好坏之分，我不认为两种管理方式有什么本质的优劣，也不认为这种评判有什么价值）。另外呢，这些文章大都是外企员工写的，他们掌握着舆论，要知道，一年四季忙到头的民企老板是没时间写文章、发帖子、打嘴仗的，这不，出现舆论的一边倒也就不足为奇了。

我说这些，并不是为民企辩护。有些民企的文化确实值得商榷。但是，也有文化非常不错的民企，企业文化相对更和谐，部门之间、员工之间的政治斗争也相对缓和。比如我在广州有个客户，几十亿元的规模，主要生产液晶电视机的显示主控板卡，员工待遇极好，就拿免费午餐来说，至少能秒杀谷歌几条街。看得出，该企业对员工的期望也很高，工作压力也相当大，但工作环境相当宽松，从称呼上可以看得出来：主管供应链的是他们的创始人之一，员工都称"于姐"，你能感受到，是发自内心的称呼。**人很少能干活累死；人更多的是被压力累死，而人际关系复杂是压力的一大源头**。比如我接触的很多企业中，国企和日企的员工花白头发相对较多，或许就跟这些企业错综复杂的关系有关。

当然，不管是哪类民企，人们总能举出很多失败的例子来，就像微信朋友圈里不时看到的。我想，**乐观其败的人挺多，特别是主导舆论的闲人，以及不愿改变的职业人**。所以看到此类案例，闲人们就大书特书，帮闲们就四处转发传播。**作为职业人，我们也得客观地看待职业人自身的问题**。有些人很难摆脱外企的身份。我一般是从说话来判断：如果时不时冒出个英语单词来，你就知道，这个人八成还没有真正本地化，很难跟土生土长的中国人打成一片。我理解这些人的职业生涯在外企，很多词汇最早接触的也是英语。但我不认为身在中国，我们就改不了讲话离不开外语的习惯。满口外语的背后，其实是优越感，是对别人的欠尊重，至少给别人听来如此。我们常说民企不懂尊重外企的职业人,那外企的职业人懂得尊重民企没有?

最后,也不要拿那些失败的案例太当回事。**外企不是和璧隋珠,民企也不是洪水猛兽。特别是经过二三十年的同化后,外企越来越本地化,民企也越来越规范的情况下。**或许有人会问,那为什么还有那么多的失败案例呢?我想,一方面,相对而言,民企的人员流动率本身就高,不是国企化的大型外企能比;另一方面,你要理解,这些事情之所以成为新闻,往往是因为不常见,而不是相反。有人为了证明空降兵的高失败率,就给我微信了一篇文章,讲的是亚马逊的一位副总到乐视,5个月就离职的故事。我没说什么,只是回复:狗咬人,不算新闻;人咬狗,就成了新闻。言下之意呢,从媒体的小题大做,也表明此类失败不是主流。否则的话,还有什么报道的意义呢?

实践者说

站在企业的角度来讲,"通才"和"专才"都是需要的,因为不同类型的人搭配在一起,能够达到最佳的人力资源配置。不过具体到某个职位,就会出现不同的要求:比如基层岗位我还是倾向于优先考虑"专才",因为专才可能一直在某个领域发展,无论是专业知识、职业的稳定性,还是工作的效率方面可能都更有优势,适应工作更快。管理岗位则会优先考虑"通才"(专业+管理)。不管是专才还是通才,其实招聘时首先应该重视的是人的基本素质,如语言表达能力、适应能力、应对变革的能力、沟通交流的能力、学习能力以及是否正直等。最终我认为还是脚踏实地地从底层干起,一步步积累经验的人,将来的职业发展可能更好。(王民飞,扬州完美日用品有限公司,原辅料采购主任)

实践者说

脚踏实地地从基层干起是不错。目前很多外企一个萝卜一个坑,只给你永远做"专才",而不能提供给你突破成为"通才"的机会,除非你换岗位或者公司。就拿上面这位读者来说,某些岗位,你为什么不用"通才"呢?供应链领域这么大,很多岗位基层人员不是没有想法,不是没有能力,而是很多领导,不给你机会,拼命压制,排挤基层有能力的员工,让你一辈子"专才",从而失去竞争力。(在路上,LG Display)

作者回复

其实也很难全归因于别人,比如领导。

举个例子。美国公司大多有绩效管理和发展流程,其中的个人发展部分是由员工自己负责。如果你想横向或纵向扩展你的能力,那你可以在发展计划上提出来。领导支持与否是他的事,你提没提是你的事。如果你不提,别人很难帮你设计你的发展计划。不管是哪里,你自己得先动起来。

再就是"通才"和"专才"的关系。在我看来,先成为专才,然后成为通才的可能性会更高。职业发展上往往是两点之间曲线最短:如果直奔通才而去,往往最后成为一个万金油,因为没有打好基础,结果在哪个方向也发展不好。

我们也不应该把所有的人都培养成通才。因材施教还是有道理的。绝大多数的人其实都是在专才的方向上取得最大的成就。例如技术专家、医生、律师、工程师,都是专才的代表。"艺多不养家"说的是样样都会一点的人并不一定能取得多大成就。这就如挖井,只有坚持朝着一个方向深挖,才能挖到水。

乔布斯:不要被一份工作害了

乔布斯去世两周年之际,我重温他在斯坦福大学毕业典礼上的演讲,听了一遍又一遍。就如精致的 iPhone 和 iPad 一样,这个 15 分钟不到的演说，没有一句废话，注定是励志演讲中的精品。相信几十年、几百年后人们听起来，还会是热血沸腾。

乔布斯讲到自己当年被苹果开掉的经历。在众目睽睽下以这样的方式离开自己创立的公司，当时乔布斯的压力很大。他觉得硅谷创业的火炬在他手上掉棒了。他向创业前辈比如惠普的帕卡德、英特尔的诺伊斯等道歉，甚至一度想离开硅谷。但是后来他想开了，正如他在斯坦福大学说的：

我当时没意识到，但事实证明，被苹果开掉是我这辈子最好不过的事。**成功带来的重负没了，取而代之的是重新出发一身轻**。我解放了，得以进入我生命中最具创造力的阶段之一。

在接下来的五年里，我创建了一个叫 NeXT 的公司，还有皮克斯，并且爱上一个迷人的女人，她最终成了我的爱人。皮克斯开发了《玩具总动员》——世界上第一个计算机动画片，成为全世界最为成功的动画片工厂。（世事难料）经过一系列非凡的运作后，苹果买了 NeXT，我重回苹果，而我们在 NeXT 开发的技术，则成了苹果复兴的根本。劳伦娜和我也组建了一个美好的家庭。

如果没被苹果开掉的话，这一切八成都不会发生。这剂药难吃极了，但我想病人需要它。**有时候，生活会对你迎头一砖，（但）不要丧失信心**。我坚信，我能不停地前进，唯一的原因就是我在做喜欢的事。你一定得找到你的真爱，不但是你的爱人，而且是你的工作。**工作将占据你生命中的一大块。只有做得真正出色，你才会真正满意；而只有你喜欢的事，你才能真正做好**。如果你还没找到喜欢做的事，那就继续找，不要委曲求全。当你找到的时候，你的心声会告诉你找到了……所以，继续找，直到找到。**不要委曲求全**。

作为职业人，工作十年八载后，我们都做得不错，在现有的岗位上和职业上都挺成功。这时候，就如乔布斯所说，**成功带来了重负**。我们害怕失败，害怕失去已经得到的，就变得瞻前顾后，明明做着不喜欢的事，却没有勇气改变，变成了温水煮青蛙。其实，所有的失去，都是从得到开始，我们还眷恋什么曾经的成功呢？

安逸是职业生涯的最大的杀手。想想看，你在 IBM、惠普、摩托罗拉这样的大公司待上十年八载，安逸惯了，既没成为领袖，也没成为专家，以后还能做点什么？领袖是在变革中锻炼出来的，专家也是在不断变化中学习的。这些公司四平八稳，你能得到的锻炼机会也实在有限。结果是变成了一只大肥猫。说白了，是给一份工作害了。

十几年前，我的一位 MBA 同学决定回国发展。这可不是一般的回国。他从义乌来，回到义乌去，白手起家，从小商品、小买卖做起。我很佩服他的勇气，能够拿得起、放得下的勇气。用乔布斯的话讲，就是没有将就，而在继续寻找自己的真爱。回想起来，**从毕业后找到工作的那一天起，大多数人其实已经"死了"：一份稳定的工作、稳定的收入，虽说好，代价却是出卖追寻梦想的灵魂。**从那一天起，我们中的大多数已经被驯化了。而且受教育越高，追求梦想勇气就越少，其实也就越没出息。

在美国，这种人的典型有三种：医学博士、法学博士和 MBA。这三种人接受了最好、最昂贵的职业教育，做的却是最小、最没出息的事：医学博士开个小诊所；法学博士开个小律师事务所；MBA 虽说大多到了大公司，却多是因循守旧，很少听到能做出点什么来——你听说过几个 MBA 成了管理学泰斗？全球那么多的公司，有几个是 MBA 创立的呢？

我不是说这些人没价值——医生看病，律师打官司，MBA 管理公司，都不可少；我想说的是，这些人受到这么好的教育，经济基础也不错，完全有能力超越"有份好工作，能赚不少钱"的境界，做出远比自己大的事情，解决更大的问题。要知道，**一个人的出类拔萃不是个人资产，而是社会财富**：当你属于那最优秀的 1% 的人时，你就不能只驻足于个人的成功，有份好工作，能赚不少钱而已。

对于我们众人来说，我们工作超过十年后，大多成了另一种意义上的医学博士、法学博士和MBA——我们都从经验大学拿到这样的高学位了。生活有了保障，公司和社会的地位也不错，是继续被一份自己不喜欢的工作残害呢，还是如同大前研一所说，"**凡事心有所想，必定身体力行**"，重启心中的梦想，永不满足呢？

实践者说

想起我刚毕业的时候，那个时候基本是什么也不懂，又穷得叮当响，债务压身，那个时候，给我一份工，我就做。我学的是信息管理，却做起了售后技术支持，搞起了安装调试工作。后来一不小心，应聘上了中兴通讯，还跑到海外（印度），做起了完全不懂的工程商务，搞起了工程概算。虽然不太喜欢那份工，也很迷茫，但一直坚持了两年半多。回到国内，虽然钱还是不多，但是经济条件确实得以改善，找到现在这份工，虽然工资不高，也有烦恼，然而我对现在的岗位能学到的东西，很感兴趣和欣慰，也很想在供应管理领域继续发展，总之有了个方向。（James Hsu，供应链管理专栏读者，www.scm-blog.com）

小贴士　死亡是人生抉择的试金石

不要向现实妥协，更重要的是，不要向自己妥协。

乔布斯逝世两周年之际，我重听他在斯坦福大学毕业典礼上的演讲，一遍又一遍。感触很深的是对死亡的阐述，即如何让它成为人生选择的试金石。现代职业人，压力山大，活在当下，活在别人的期望里。长此以往，理想缺失，没有成就感，是个大问题。

在网上找这个演讲的中译本，看到很多版本，翻译质量参差不齐，特别是对待死亡的那部分。我在这儿重新翻译，与大家共飨。如有翻译不到位之处，请不吝赐教。

17岁的时候，我读到一句格言，大意是"如果你把每一天都当作

生命中的最后一天,总有一天你会发现自己做对了"。这句话对我影响深远。在过去的33年里,每天早晨我都对着镜子问自己:"如果今天是我生命中的最后一天,我还会做我今天计划要做的吗?"如果一连多日答案都是"不",我知道我需要改变了。

记住你会很快死去。在人生的重大抉择上,这句话对我意义非凡。**几乎所有的东西——所有外界的期望、所有的自尊、所有对尴尬和失败的恐惧,在死亡面前都会消失殆尽,剩下的才是真正重要的**。记住你要死去,这是让你避免患得患失、瞻前顾后的利器。**你本来就一无所有,还有什么理由不去追逐心中的梦**。

一年多前,我得了癌症。早晨 7:30 我做了扫描,清楚地看到胰腺上有个肿瘤。那时候我连胰腺是什么都不知道。医生告诉我,基本上可以肯定这是绝症,存活期不会超过 6 个月。医生建议我回家料理后事。这在医学上叫临终准备,意味着原来你有几十年时间跟孩子讲的话,现在却不得不在几个月里说完;所有的事情都安排得井井有条,好让家人到时候不至于手忙脚乱。这也意味着说再见。

那个诊断让我整天心神不宁。傍晚的时候我做了个切片检验。他们把一个内窥镜从我的喉咙穿过胃,插入小肠,透过小肠把一个针头刺入胰腺,取下肿瘤的几个细胞。我打了麻药(沉沉睡去)。我太太在现场,告诉我当医生在显微镜下看过细胞后,他们(不由自主地)叫了起来:这是一种非常罕见的胰腺癌,可以手术治疗。我做了手术,现在没事了。

这是我面临死亡最近的一次,希望在未来的几十年里不会更近。经历了这些后,死亡对我不再是单纯的理论。我可以更加肯定地对你说:

没有人愿意去死。即使是上天堂,人们也想活着去。然而死亡是我们的共同归宿,从来没人能够逃脱。它本来就应该是这样。(但是,)**死亡很可能是生命的最好创造**。它是生命的催生剂,让老的逝去,给新的让路。现在你们是新的,但在不远的将来,你们会慢慢变老,从世上消失。抱歉这有点耸人听闻，但事实就是这样。

生命有限，所以不要浪费在活别人的生活上。不要局限于教条，按照别人的想法生活。不要让别人的噪声盖过你的内在心声。最重要的是鼓起勇气，追随理想与直觉——它们早已知道你真正想成为什么。其余的一切都是次要的。

听完了乔布斯在斯坦福的演讲，我想说的是在职场十年八载后，要说生死或许有点太早，但基本生活有保障了，是该让心中的梦想复苏的时候了。"记住你要死去，这是让你避免患得患失、瞻前顾后的利器。你本来就一无所有，还有什么理由不去追逐心中的梦？"

让我们重温罗曼•罗兰在《约翰•克利斯朵夫》里的一段话："大半的人在二十岁或者三十岁上就死了：一过这个年龄，他们只改变了自己的影子，以后的生命不过是用来模仿自己，一天天地重复……"**不要向现实妥协，更重要的是，不要向自己妥协。**用大前研一的话讲，就是"心有所想，必定身体力行"。要知道，**命运不是天意；命运是个人选择。**

从哈佛大思想说比你大的事

天赋难得。你的天赋不是你的私人财产，得做点比你大的事。

苹果的 iTunes U 上有很多免费的课程，我在听 Harvard Thinks Big（哈佛大思想）系列。有几年时间，该系列每年找 10 个教授，每人 10 分钟左右，介绍一个大思想。说大，如果拿经济社会的标准来说，其实也不大，例如讲母乳、讲统计学、讲社交网络，都是些细微而具体的话题。全球变暖这样的大话题有，但不多。

这里我不想多评价教授们讲的内容，因为对很多话题来说，我是外行；我想说的是，在我听过的几个教授中，每一个都是异常的沉静、自信，虽为一介布衣，却悲悯天下，充满着人文关怀。**他们有这种素**

养，是因为他们的研究不是让自己赚多少钱、有多成功，而是让社会变更好、让别人更幸福。一句话，**他们在做比自己大的事**。这也是为什么他们能耐得住寂寞，几十年如一日地辛勤钻研。从他们的平静、自信中，你能看得出，他们挺幸福。

可这跟我们有什么关系呢？我们都是芸芸众生，就如李宗盛在《凡人歌》里唱的，"你我皆凡人，生在人世间，终日奔波苦，一刻不得闲。"大家工作、生活压力大，谋生不易，无论社会地位高低、财富多寡，大多时候都在卑微地讨生活，能做什么比自己大的事？其实未必，借用诗人顾城的话，就是"人可生如蚁而美如神"，"**伟大的诗人都不是现存功利的获取者，他们在生活中一败涂地，而他们的声音，他们展示的生命世界，则与人类共存**。"

你可以说这很理想。理想是个奢侈品。名牌也是奢侈品，但人们愿为名牌付出很多，或许那正是社会的悲剧所在，也是我们不快乐的根源。对大多数人来说，经济在迅速发展，收入也一年比一年高，但幸福感却一年不如一年。**不能怪物价、房价——那些都是外在的；根源其实是理想的缺失、成功标准的逆变**，因为我们没有做到爱默生所说的"让世界变得更好一点，不管是生一个健康的孩子，育一块美丽的花园……哪怕是让只有一个人的生命变得更好，只因为你的存在"。

君子坦荡荡，就是因为他们在做比自己大、利他的事。我们痛苦，特别是工作十年八载后，有了基本的经济保障，快乐度却不见得提高，我想是因为我们对自己太在意。**利他的人不会不快乐**。经济发展飞快，整个社会急功近利，很多利他的事都被忽视了。只要静下心来，做些别人不愿意做或者没想到的事，就能做出不错的成绩来。

资源、特长、专业，当用来利他的时候，人的快乐度自然就会上升。这几年，我多次到深圳，每次来都对深圳的志愿者活动印象深刻。这个曾经的经济改革排头兵，如今成了利他文明的先行者。志愿者中，很多是外来的务工者，教育、经济背景都并非最好。他们能做到，我们为什么不能？

每个人，不管身处何时何地，都能做些什么。就我自己来说，我从 2005 年开始写"供应链管理专栏"（www.scm-blog.com），转眼十多年了。刚开始写，是因为我看到很多职业人在挣扎。他们挣扎的，其实正是我挣扎过的，或者我看到别人挣扎过的。我在分享个人经历，读者也是：他们积极留言，条条都是经验之谈，共同营建了一个和谐、互助、信赖的社区。十多年来，这个网站帮助了大量的人，例如到海外攻读供应链、物流学位的人中，估计大半都参考过这个网站，我隔三岔五就收到他们的 E-mail。

如今，我继续写这个专栏，更多的是因为看到很多本土企业在挣扎。经济快速发展 30 年后，很多本土企业规模大增，到了不能再靠规模、粗放经营而发展的拐点，需要从提高公司运作和供应链效益来挖潜。本土企业挣扎的，其实也是美日企业几十年前挣扎过的。而"供应链管理专栏"的重点也从个人成功转向企业成功，即通过分享北美企业的发展经验，帮助本土企业从人员、系统、流程出发，全面提高公司的供应链管理水平。

对于广大读者来说，这也是让他们从提高个人技能到提高领导力。**唯有领导力能改变规则**，在公司的运作上做出实质改变。领导力本身是利他的，通过让别人成功来取得自己的成功，也是做比自己大的事。希望经济在转型的过程中，我们也能产生众多的利他领袖。

小贴士　没有理想的一代

风云激荡的六七十年代已经成了上世纪。**理想、追求可以传染**。不管是日本的赤军，还是美国的反战运动，发生的时间是惊人的一致。做了不少狂热的事，但至少那一代的人还有理想，精神中还有利他的一面。

然后世界又归于平庸。生活更加富足，世界更加平静。身边的朋友一个个都步入小康，不管是在国内还是国外，但是精神上不见得更丰富。总感到我们是没有理想的一代。物质的丰富，没法替代精神上的匮乏。**离开了理想和利他，精神上注定是荒漠居多。**

以前想不通，当年格瓦拉为什么放着古巴的部长不做，非要到中美洲的丛林里去打游击，即便奉献生命也在所不惜。以前也不理解，作为拉丁美洲的五国之父，玻利瓦尔为什么会一个接一个，把拉丁美洲国家从殖民者手上解放，即便最后没有一个国家愿意收留他。现在慢慢地理解了：他们都是有追求、有理想的人。他们追求过，幸福过。幸福是个过程而不是结果。他们都算是在这世上来过，因为他们"曾经让哪怕是只有一个人生活得更好"。

几年前，我在硅谷遇到一位斯坦福大学的博士研究生。她想投入创业。或许她太年轻，还没有太多的经验，会经历挫折和失败。但至少她是值得羡慕的，因为她有理想。在这个没有理想的年代，理想就是奢侈品。不要失去理想，万一实现了呢？有些人把这当口头禅。不过想想，要想失去，你得先拥有才行啊。

小贴士　问你可以为别人做什么

美国供应管理协会（ISM）有一个奖项，叫 J. Shipman Gold Medal Award，专门授予那些为采购与供应管理行业发展做出杰出贡献的人。这个奖项设立于 1931 年，每年授予一个人，是供应管理协会的最高奖项。这些人大都以志愿者的身份，为行业的发展几十年如一日地奉献。

例如 2006 年获奖者戴维·尼尔森，历任三个《财富》500 强公司的首席采购官，还投入很多精力到 ISM 的各种活动，并且担任过 ISM 的主席。现在退休了，还经常在 ISM 的年会上做讲演，参加各种活动。2010 年的获奖者为安东尼·尼维斯，时任希尔顿主管供应管理的高级副总裁，在建立和推广 ISM 的非生产采购经理人指数上，可谓功不可没。2016 年的获得者为 Tim Fiore，蒂森克虏伯（北美）的首席采购官，他先后服务 ISM 十五年，还指导过几百名职业人和学生。

基层类似的人物就更多。ISM 在美国有 100 多个分支机构，大都由志愿人员负责运营。他们为行业协会志愿服务多年，兢兢业业，没有功劳也有苦劳。ISM 的各种活动，更离不开志愿者。2003 年，我作为志愿者参加 ISM 的年会，了解到举办一个这样的年会，志愿者就至少得几十上百个。在过去十年里，仅从 ISM 和 APICS，我就见过几十个这样的志愿者，深为他们不计辛劳的精神所折服。

美国前总统肯尼迪有句名言：**不要问你的祖国能给你做什么——问你能给你的祖国做什么**。欲取先予，这也不是肯尼迪的首创。你可以不相信乌托邦的大公无私，但不能不承认，正是基于众多个体的无私奉献，很多伟大的事情才有可能。例如 Linux、维基、百度百科，离开了不计其数的志愿者的努力，根本就不可能有今天这一步。

对于职业人来说，工作了十年八载，越来越多关注的，其实都是自己的一亩三分地，总觉得人家对不起我们。于是，我们成了受害者文化的忠实信徒，从根本上忘了，我们更大的任务是给别人做点什么。给予者快乐。或许这也是为什么妈妈们都过得很充实。

实践者说

我们有时候太功利了，眼里只有自己的目标，却忽略了达成目标的路径。用中国的老话讲，"功夫在诗外"，有时候只有真正地从目标里面跳出来才能看清楚相关的途径，反而会做得更好些。就像打球一样，如果不把心思和精力都放在动作本身而只盯着记分牌的话，估计就离被干掉不远了。（安俊龙，贺利氏公司，采购经理）

小贴士 远见、自律和激情

在《高效能人士的第八个习惯》一书中，柯维提到成功的三个要素：**远见、自律和激情**。

如果只想着一份工作，只想着那张工资单的话，那不是远见。**远见**是不但知道现在要什么，而且知道将来要什么。更贴切地说，是**理想**。我们生活在一个没有理想的社会。人无远虑，必有近忧。生活条件尽管更优越，人却并不见得比以前快乐，就是这个原因。

这年头一谈到理想，势必会遭到不少白眼。国内的人急功近利者多，而且几十年来被"远大理想"害得不轻，听到理想二字，就像听说还有人写诗一样，怪怪的。国外的人安于现状者多，那么多的优秀青年，当年哪一个不是名校出身，千里挑一，到了美国深造，毕业了，工作了，生活就归于平淡，理想就成了奢侈品。

再说**自律**。定下目标，剩下的就是一步步地去做。**所谓成功过程，就是确定代价，然后一分分来付清**。生活这么多年，到过不少地方，见过不少人，最大的感触呢，就是没有什么可以唾手可得，否则就是来得容易，去得也快。如果要评个天下最大的童话的话，那就是不劳而获，走捷径。**所谓的成功学，就是成功后总结的幸运，以及多年如一日的努力**。套用《读者》上对京剧四大名旦尚小云的评论，"人家的那家财可是一招一式挣来的"。这"一招一式"后面，蕴藏着多少自律与辛勤？

最后是**激情**。用一个从微软辞职创业的人的话，激情就是早晨不用闹钟，就能老早爬起来去干活。激情是从做自己喜欢的事而来。如果不喜欢的话，很难持久，不管愿景多大，自律多强。**对工作没激情的人，生活上往往也是个失败者**。当然说这话得冒着被人拍砖头的危险。总觉得王健硕的一句话说得好：对贡献有激情。没有激情就不大容易去贡献，个人价值、社会价值就不容易体现。

当然，人有选择的自由。如果你的选择就是拿一张工资单过日子，那也没错。但也不要动不动就发牢骚，怨天尤人，显得很不得志，好像都是人家在阻挡着你成功似的。要不，朋友看着不顺眼，同事看着恶心。

对贡献有激情，对回报有信心⊖

一般的生意人，都在反复评估，自己的贡献和回报的关系。如果贡献大于回报，就说是吃亏了。贡献小于回报，就说占了便宜。

而我看到的伟大的公司，或者成功的生意人，发现他们有一种惊人的相似之处，总结出来，就是：对贡献有激情，对回报有信心。

贡献和回报

打个比方，一个作家，可以关注自己写的稿子的质量（就是自己的贡献），也可以关注自己的稿酬。

只对自己的稿酬感兴趣，却不关心如何提高自己写的文章质量的，他会是一个越来越失败的作家。相反的，如果把所有激情投入到提高自己的文章质量，而不关心稿酬的话，他才可能成为伟大的作家。

有"理想"的公司，都是对贡献真诚地感兴趣的公司。微软的任何产品，都在看怎样提高生产率；谷歌的两个创始人关心的是如何更好地组织世界的信息；皮埃尔关心让世界的任何人都有可能在互联网上实现交易；而爱迪生关心的是给人类光明……

回报和坚持

如果一件事情是为了回报，这件事情很难持久。这和一个人的毅力无关。

当一个人还没有真正意识到自己做这件事情的意义的时候，常常会为了显而易见的回报来坚持做一些事情。但很少有事情可以让你立刻看到回报，于是会选择放弃。**放弃，多半不是因为无法坚持而放弃，**

⊖ 这是王建硕的文章，发表在他的博客（http://home.wangjianshuo.com/cn/）上，版权归王先生所有。多谢王先生同意采用。这几年来，我经常访问王建硕的博客，受益匪浅。他的文章中，你我看到的是智慧，与年纪不相符的智慧。2007年，他访问美国，我们在斯坦福大学附近的星巴克见面，我看到的是个腼腆而又自信的年轻人，儒雅、睿智，不失风趣。你很难想象他在领导一个公司（百姓网），同时也成为我们这一代中少有的思想者。

而是因为感觉到自己做这件事失去了意义,所以放弃。

写博客就是这样。如果只是很希望别人来看,来评论,就会一天访问十次自己的博客,看一看有没有人回复。不久就会筋疲力尽,而且会发现,自己的努力并不会直接换来多少人回复(像我每天一篇写了第四个年头了,也不会有多少回复的)。这时,就会怀疑自己做这件事情的意义,于是就不写了。不用埋怨自己的毅力,这件事本来和毅力毫无关系。

而凡是能坚持的博主,要么是把博客写给自己的,意识到每天的记录是帮助自己来整理思路,为了自己生活得更好;要么是为了兴趣,写博客仅仅是为了帮助别人,只关心分享,而不关心评论或者浏览量的。无论什么样的动机,只要能看到自己的努力是为了贡献,而不是回报,就会坚持。

只有对贡献有激情,不在乎回报的时候,你才能坚持做一件事情,就像伟大的公司因为有一个贡献的理念,才可以持久地保持激情,在取得巨大的成功以后,接着日复一日地寻找更大的贡献(见图 2-5)。

- 回报是贡献的影子。
- 当一个人奔向太阳的时候,影子会跟着你。
- 当他追随影子的时候,他将远离太阳,远离光明,最终失去影子。

——王建硕,百姓网CEO
wangjianshuo.com博客作者

图 2-5　回报是贡献的影子

需要说明回报,绝不仅仅是钱,它可以是各种你追求的东西,甚至仅仅是一个指标。比如,锻炼身体,身体健康就是回报。如果不享受锻炼的过程,而是苦巴巴地咬着牙,说只要我坚持,就一定会身体好……八成，这种坚持不会超过一个月。这就是为了回报而坚持的例子。减肥不成功，不用怀疑自己的毅力。当你对一种新的生活方式本身没有兴趣而只是为了这种方式带来的回报来勒紧裤腰带不吃东西，又怎能让你长期坚持？

网站的贡献和回报

网站如何提供给用户更多的价值，这就是贡献；如何提高访问量，这是回报。

我个人的体会是，回报这个东西，就像一个电闸。当你把手摸上去时，就像摸到了高压电一样，瞬间就会感觉到迷茫、压力，并看到投机取巧的办法看起来很有吸引力，就会像一个商人一样买卖流量。但如果把手抽回来，不去碰那个电闸，感觉立刻好了很多，开始思考比如如何帮助用户，如何给予更多，贡献更多。世界于是又回到了鸟语花香、海阔天空的状态。

彻底想明白自己努力到底是为了贡献，还是为了回报，是是否可以持久地、优秀地做好一件事情的关键。

对贡献有激情的时候，还要对回报有信心

和对贡献的激情同等重要的是，对回报的信心，而不是置之不理。历史上成功的企业和个人，不但做出了巨大的贡献，也取得了与之相应的巨额的报酬，以及电影明星般的盛名。并不是每一个对贡献有激情的人都做得到这一点。

比如历史上有一个伟大的发明家（或许是最伟大的发明家之一），却鲜为人知。他就是尼古拉·特斯拉（Nikola Tesla）。他发现或者开发了一系列伟大创新的基础技术，从无线电信号传输，到交流电，从特斯拉变压器到 X 光，荧光灯直到现代电网。他和爱迪生一起工作，相比之下，却回报寥寥。不但老年穷困潦倒，也很少有人听说过他。1943 年，这位为人类迎来电力时代的天才去世的时候，身边只有几只

他捡来的病鸽子。

这是一个对贡献有激情却没有回报的例子。约翰·巴特利（John Battelle）在最近一本新书《搜索》（*The Search*）里面就提到，谷歌的创始人佩奇就是一个深受这个故事感染的年轻人。佩奇说："尼古拉是个伟大的发明家，但他没有取得他应该取得的成就。我喜欢发明，但同时也希望改变世界。我希望能把我的发明带到人们的手里，这样他们就可以使用我的发明，因为只有这才是真正重要的。"在发明了PageRank算法以后，到底是按照学术传统分享自己的成果，还是像商业公司一样保护自己的知识产权，是两个创办者在1997年夏天最大的问题。

当然，结果证明了，他们可以在像特斯拉一样贡献的同时，用一种方式，来保证自己的回报。这种把贡献转换为回报的方法给了他们信心，使他们可以更专注于贡献部分。

回报是贡献的影子

回报是贡献的影子。我是说，如果安排得得当的话。

当一个人奔向太阳的时候，影子会跟着他。

当他追随影子的时候，他将远离太阳，远离光明，最终失去影子。

实践者说

你的努力别怕别人看不到，

也千万别怕自己吃亏，

你的吃亏，别人也看得到。

别计较太多，别抱怨太多，

你的计较和抱怨，别人同样看得到，

你的优点，也许一天两天，

别人看不出来，也感受不到，

但是路遥知马力，

一年两年，只要你坚持，别放弃你最初的执着，

你身边的人一定能感受得到，

这个过程，也许，就是积累机会的过程吧！

上班很无聊吧，

再无聊，也别放弃你的执着，一定一定。

（Allison Gong，供应链管理专栏读者，www.scm-blog.com）

学点新东西

几年前，我去旧金山，参加 IE Group 举办的高科技企业计划和预测峰会。一天时间，听业界的同行分享他们的实践经验，加上自己已经有一段时间的实践，感觉茅塞顿开，很多东西都理清了，例如"由事实出发、由判断结束"的决策流程，预测的三原则，预测与计划的关系等，都是在那次峰会后整理出来的。本来纷繁复杂的预测与计划，在参加这次峰会后，变得有条理多了。

这些都算不上创新，但算得上是从"术"向"道"的提升。而职业人士，尤其是有一段工作经历后，一大挑战就是完成这一提升。你可以在工作中总结、学习，通过原始积累的方式来完成；借助外力，例如高水平的峰会和培训，无疑会加速这一转变。

这些年在硅谷，遇到一些很优秀的职业经理人。他们大都在35~45岁，就升迁到副总裁的职位，负责一个大部门。他们的工作经历大致都在15年左右。15年，说短不短，说长也不长，尤其在复杂度很高的领域，例如多种少量行业，做过四五个职位，每个三四年，正常人也就是在术的层次做精。那这些精英们是怎么上升到道的层次，担负领袖的角色呢？**借助外力、不断学习别的公司、别的行业的好做法是一大原因。**

在同一个行业、同一个公司待久了，一般人对这个行业、这个公司的独特性理解得很深，这是好事；但也容易一叶障目，不见泰山，

把共性的东西给丢了，对别的行业、公司的做法较为抵触，总认为不适合本公司的"国情"。用英特尔提醒自己的员工的话讲，就是要避免 NIH（not invented here，不是在这里发明的）——既然"不是在本公司发明的"，就不能用在本公司。结果就是越来越封闭，坐井观天，职业发展受限制。

精英职业人相反。他们更愿意学习别的行业的做法，参加高端峰会、培训，获取新的知识。**都说知识没法替代经历，但在有了一定经历的时候，知识就更容易内化，成为类似经历的积淀，帮助一个人从形而下向形而上转变，也就是从术向道的转变。**时间有限，你没法光靠自己的经历来学习。这些外来的知识，或者说别人的经验，可以帮助一个人通用化自己的经验，就如打通武林高手最后一道关的独门秘籍。当一个人完成从术向道的转变后，横向就能在不同的职能、公司流动，纵向就能胜任更高的领导职位。

实践者说

刘老师说的我有体会：多学习别的公司、别的行业一些东西，开阔眼界，的确是能让人进步很多。因为工作的关系，我从 2015 年开始不仅仅局限于自己手头的那点活，而是开始有意识地寻找一些供应链相关的知识进行了解和学习，包括定期浏览刘老师的"供应链管理专栏"，也是从 2015 年才开始的。一段时间过去以后，发现自己在看待和分析问题方面，头脑会更加清晰，有些事情也能想得更加明白，这是一个内在潜移默化的过程。回过头来，总是感叹自己这种学习开始得太晚。（Yolanda Yang，TCL-罗格朗，需求计划主任）

小贴士　你不能不知道什么是好的

那是我半年内第二次见到刘君，仍然是在我的培训中。他不久前转入采购，负责一个大型央企北京分公司的采购部。刘君虽说入行不久，但他勤于琢磨，屡屡能一语中的。

那次培训是系统的供应商管理，从供应商分类、评估、选择，到绩效管理和供应商集成。这套管理流程在北美企业中颇为典型，但对央企则有挑战。例如法律要求公开招投标，定下了供应商关系一标一议的基调，长期战略合作就很难做。培训中，你能感觉到有些学员的疑惑：这做法是好，也的确有道理，但这我们没法做。言下之意是这还用得着学吗？

课间休息时，刘君说了一句话，大意是有些事你可以（因为做不到而）不做，但不能不知道哪些是好的，是应该做的。这话可以说是醍醐灌顶。

第一，由于诸多限制，很多好的想法、做法没法实施，很多人就停止探索，不去学习新的东西，从原来的**有知而无助**（知道怎么做更好，但没法推行），最终变成了**无知且无助**。这人仍然可以是个好员工，但继续提升的潜力则很有限。大公司待久了，长期受制于条条框框，良性变革难以推行，人容易从力求突破到牢骚满腹，再到对新事物漠不关心，最后是麻木不仁。哀莫大于心死。作为职业人，你是否愿意就这样沉沦？

第二，**任何改变都经过两次创造：先是心理的，再是物理的**。前者是在心理上认可，后者是具体做出来。如果我们不知道什么是好的，应该做的，哪能有心理创造？没了心理创造，谈何物理创造？人，不管身处多高的位置，都会受限制，而且职位越高，限制其实越多。你不能不管不顾，一遍遍地把头撞在现实的墙上；但知难而退，因不能实施而不学习，则是彻底投降。作为职业人士，你是否愿意年纪轻轻就这样放弃？

第三，我们之所以被称为职业人士，是因为我们的技能可以用于多个行业，即可移植。而为达到可移植，你得了解好的、通用的做法。身在本土企业，在各种条条框框的约束下，职业人不得不削足适履、踮着脚尖走路，在不求有功、但求无过的大氛围里，职业上得不到锻炼。故步自封，不愿学习外面的新知识、新实践，将来如果离开的话，这些人该如何适应市场的需求呢？

实践者说

企业管理实践过程中，经常会遇到常识与现实的冲突。对于管理规范化还在路上的国内中小企业更是如此。对于管理人员而言，时刻提醒自己不要陷入"好是好，但这我们没法做"或"这个我们已经做了，但是也没有什么效果啊（没有深入、循环改善）"这样的旋涡爬不出来。如果那样，说大了，民营企业管理水平提高遥遥无期；说小了，对自己的职业生涯就是慢性自杀。（陈任展，MFL，体系主管）

小贴士 3+3+1

培训中，我经常给学员说，用不了多久，你会把我讲的大多数东西都忘得一干二净，我也不期望你们都记住——知识就是用来忘记的，如果没法上升到智慧的话。但我希望你们能做到3+3+1，那就算不虚此行了：**学习三样新东西，认识三个新朋友，做出一项好改变**（见图 2-6）。

3+3+1

学习三样新东西
认识三个新朋友
做出一项好改变

图 2-6 参加培训、峰会、交流要力求做到3+3+1

先说**学习三样新东西**。有的学员说，我大老远从山东赶到上海，而且是周末，一两天就学习三样新东西，不是太少了吗？其实不少。想想看，一个行业、一个职业，重要的其实没有几个"三"。比如企业是干什么的？企业就做三件事：**研发**整出一个好产品，**营销**卖个好价钱，**供应链**以合适的成本与速度生产出来、配送给客户。你这么解释，连你的孩子都知道什么是企业了：原来妈妈做的是供应链啊。

再比如说，供应链是什么？很简单，也是三件事：**采购**把东西买进来，**生产**来加工增值，**物流**来配送给客户，这是供应链的三个执行职能，大家都按照计划的指令行事。你这么解释，街道上卖菜的老太太都懂了：原来我做的也是供应链管理啊。那么，供应链管理究竟管什么啊？还是三件事：**产品流、信息流和资金流**。产品流从供应商的供应商到客户的客户，是供应链的基础；资金流从客户的客户到供应商的供应商，是供应链的血液；信息流双向流通，是供应链的神经，驱动产品流和资金流。任何供应链的改进，都得从这三条流的改进做起。

在参加培训的过程中，我鼓励学员随时在脑子里整理：到现在为止，我学到了哪三样新东西，或者对我有帮助的东西？并不断地更新这个清单，这样一两天的培训结束后，留下的那三样，就是真正学到手的。贪多往往嚼不烂。每年参加两三次高质量的会议、培训，每次学到三样新东西，没几年你就成了这个领域的专家。

三是个奇妙的数字。德国谚语中有"好事成三"，中国有"三足鼎立"，历史上有"三顾茅庐"。你跟老总申请预算，讲一个、两个理由太少，三个正好。如果是四个、五个的话，老总就把前三个忘了。这也是我在培训中做案例讨论时，总是鼓励学员发言时要么讲一点、两点，要么讲三点，但绝对不能讲四点、五点，因为那时大家把前面的三点都忘了。

人能同时有效应对的就是三个。麦肯锡有个顾问，写了本《麦肯锡方法》㊀，其中说到，麦肯锡的顾问在向客户汇报时，一页幻灯片只会放三条。多于三条怎么办？那就分层，先是三大条，每条再细分。这是有效沟通的关键。为什么要讲这些呢？读这本书的人大都是做管理的（并不一定非得是管理层），相当一部分时间是在做沟通，而重点突出的沟通技巧至关重要。

㊀ 英文名为 *The McKinsey Way*。中文版由张薇薇译，机械工业出版社，2010年出版。

再说**认识三个新朋友**。这是在培训的过程中，认识三个来自不同行业或者公司的人，跟他们交谈，了解他们的行业、公司和职业。为什么要这样做呢？我们大都在特定的行业、职业、公司深耕多年，钻进去了，但对外界的了解越来越少，眼界也就越来越窄。跟不同行业、不同公司、不同职业的人交流，有助于我们开阔视野，认识到很多看上去很独特的问题，其实并没那么独特，在别的公司、别的行业同样存在；而别的公司、别的行业的解决方案，也往往适用于我们所在的公司、行业。这样，我们就更容易超越行业、公司、职业的限制，把形而下的经验转换成形而上的智慧，成为真正的专家。

最后说**做出一项好改变**。培训的目的是改变。这是在培训完第二天上班时，你跟你的职能做出一样好改变来。为什么是我们自己改变呢？这是因为在那些根深蒂固的老问题里，大家都是问题的一部分，所以都应该成为解决方案的一部分。老问题之所以成为老问题，一大原因是我们习惯性地归咎于别的职能，寄希望于别的职能改变。而别的职能也是同样心态，这就形成了死循环。所以，改变要从自我做起。试想想，一个公司，几百几千人，每人都做出一点好的改变，效果就可想而知了。这点前面已经详细讲过，在此不再赘述。

会干活，不会表现，怎么办

母校的一位 MBA 打电话来，谈找工作的事。她说，相对于国际学生，美国同学能说会道，不少机会给他们抢走了。我告诉她，但就 MBA 毕业时的平均起薪来说，国际学生却高于美国学生，至少在我毕业的那几年。为什么呢？美国学生有不错的表达能力，强在表面，即会表现，而工作能力、个人素质往往并不突出；很多国际学生不一定善于表达，但个人素质高、做事能力强、经验丰富，即实干能力强，强在内质。想想看，能到美国顶尖的商学院求学，哪一个国际学生不是百里挑一的？大公司的招聘经理，大多阅历丰富，哪种人能说会道，哪种人更加实干，自然心中有杆秤。国际学生的平均起薪普遍高，也就不足为奇了。

表现是外功，实干是内功。两者兼备自然最好，但一个人往往只具其一。从某种意义上讲，人生来都是平等的。有的能说，但能说的不一定能干；有的能干，但能干的往往不能说。有的有钱，但有钱的不一定有能力；有的有能力，却有能力的往往没钱。表现能力和实干能力也是一样，很难在一个人身上兼具——兼具的情况也有，不过那些人很快就脱颖而出，上升到公司阶梯的高层去了。与其悲叹自己不具备的，不如全力发挥已经具备的。尤其是职业发展到一定地步，比如说工作十年八载后，更要扬长避短，有所侧重。

如果是基本能力，水桶理论成立，即一个人的成就受制于最短的那块板，我们得聚焦弥补短板；在具备基本能力后，一个人的成就其实更取决于最长的那块板，我们得想办法扬长避短。比如乔布斯，用北美大公司的人力资源的标准来说，很难说是个优秀的经理：吹毛求疵，严苛，对部下的工作不够赏识，与同事难以相处（否则的话怎么会被从苹果赶走呢）。但别忘了，乔布斯的长板不是作为一个管理者，带着几个兵数豆子；而是他的愿景、激情和创造力，即领导力，导入良性变革、做出与众不同的事情的能力。对着自己不如人意的经理能力，乔布斯完全有理由自怨自艾，如果那样的话，这世上恐怕永远就没有乔布斯了。

对职业人来说，这是个选择问题。**到了一定年纪，你得知道你能干什么，不能干什么；想干什么，不想干什么；未来会集中力量发展什么，回避什么。**比如你的特长是实干，那你就可选择成为一个专家式的人物，不管在哪个公司、哪个岗位，就靠一把活立足，将力气换钱，辛劳一日，得一夜安眠。

你不能一边干活，一边抱怨那些靠嘴皮过活的人，把你本来很快乐的生活变得辛酸，也让周围同样的干活人觉得辛酸。否则，你不但把自己做成了一个失败者，对周围的人也是在灌输负能量。如果你决定了靠两只手谋生，而不是靠一张嘴过活的话，那就承认这是你的选择，将一把活儿做到尽善尽美，同时意识到，这成绩有可能被有些耍嘴皮的人据为己有。这是做个干活人的风险之一。你既然决定做个干活人，这就是你"经过计算的风险"。真的发生了，那就发生了，没必要为此伤心。

如果你决定靠一张嘴为生，那你也该认识到，一张嘴给你的工作保障，往往并没有两只手更可靠。经济不景气，或者公司运营不佳，大公司裁员，往往是从那些靠嘴谋生的人开始——如果把那些干活的人砍掉的话，产品就出不了门，公司也就得关门。而且这些耍嘴皮的人被砍掉后，能找到同样的工作的机会就更小。如果你决定靠一张嘴谋生的话，这就是你"经过计算的风险"。如果发生了，自然也就用不着寻死觅活。

这里的关键是**选择**。人有选择的权利。**一旦选择了，就应该认可结果**。有一次跟老东家的部门老总聊天。他一路从仓库搬运工做到副总裁，在几十亿美元的硅谷企业负责一个部门。他说，职位每升一级，他的体重就增加 10 磅㊀。他的口气非常诙谐。你能看出，他理解这是晋升的代价，他选择了晋升，就承受了这结果，没有丝毫抱怨的成分。当时他正好刚换了公司，从副总裁降到执行总监。当时我想开一句玩笑：您现在降了一级，是否该减轻 10 磅呢？想想还是忍住了。

还有一位集团副总裁、首席运营官，原来是既定接 CEO 的班，为了证明自己，就拼命地干活。成果大小暂且不说，腰围却是一日大过一日，走路都气喘吁吁。后来不知怎么回事，这接班的事黄了，这老兄受了挫，也就不再每天工作 16 小时，结果体重也就一步步降了下来。我想，这也是他做对了选择，或许会让他多活 10 年。

扯得有点远，言归正传。还有很多人既没有表现能力，也没有实干能力，那也不要对自己要求太高，尤其是职业发展到一定阶段后。管理

㊀ 1 磅约为 0.45 千克。

层的位子就那么些，技术领域的资深人士也就那些（尽管"专家"很多）。适当努力后，达不到，也不要太苛求自己：这不意味着你做得不成功。毕竟，不管在哪个国家，这世上大多数的人都是当了一辈子小兵。

在北美，我见过很多人，几十年来一直就是客服，或者采购员，或者财务分析员。你用不着多少智慧就能看出，他们的职业生涯也就那样了。但这又有什么呢？他们仍旧生活得很开心：业务上或许永远做不到最好，但可以足够好；钱或许永远赚得不多，但精打细算也够花。我们都是小人物，小人物也能活出小人物的美来，就如诗人顾城说的，**人可生如蚁而美如神**。套用《高效能人士的七个习惯》一书的作者柯维的话说，**如果你把工作做到尽善尽美，你的重要性就不逊任何人**。

听从你自己的建议

有一次跟以前的老板吃午饭，谈到职业发展，他给了很多建议，临末说了句，人应该听从自己的建议。这话其实是说给他自己听的。

就职业发展来说，不论职位高下，面临的问题其实都差不多。作为一个小兵，你苦恼没法再进一步，其实你的老板八成也在为同样的事苦恼，老板的老板也是如此，而且更甚，因为在金字塔的上端，他们面临的选择更少。就如给我建议的这位老上司，高级总监的头衔一直戴了十年，期间一度被升为执行总监，都在部门全员大会上宣布了，但大老板走了，部门换了个头，他的这次升迁也就煮熟的鸭子飞了。没到手倒也罢了，到手的又没了，这种痛苦，我等没有亲身经历过的人恐怕很难感受到。

我在这位高级总监的部门先后做过一年多。当时刚到硅谷，在美国的第一份工作，又是初入高科技行业，要适应的太多，学习曲线之陡，过来后才觉后怕。接下来的一些年来，工作顺利，职业发展也好，安逸的时间长了，竟然有点像那肥猫，动起来的勇气慢慢少了。好处是沉静下来，深挖细作，逐渐成为一个专家；缺点是对别的行业接触日渐减少，失去了"杂交"提高的机会，尽管我能从广泛接触业界人士来补强。其实很多人都这样：在一个公司待久了，闯劲就慢慢消退了，尽管有时候很有心思想动，但说多练少，就这么一天天拖下去。如果是给别人出主意，八成是"树挪死，人挪活"，建议人家动一动。但到了自己，则很难听从自己的建议。这倒有点医生不自医的味道。

再说这位高级总监。责任越做越大，事儿越做越多，但总没法晋升到首席采购官。他先是看着一个同事成为公司的首席采购官，然后又是另一个，现在是第三个。一次又一次地在同事手下当差，我想他肯定想过动，可是诸多因素，就这么拖下来了。不过没晋升倒也好：该公司的首席采购官中，很少有人能做过两年，有的半年就丢了饭碗，几年过去了还没找到新工作。或许他可以聊以自慰吧。不过当他说起人应该听从自己的建议时，我想他是在提醒自己。这不，最近见到他，他说他在跟一些别的公司的高管联系，估计是想动一动了。

此外，**以前的老板往往是对你最忠诚的人**，如果他雇了你，或者半途接手但对你的表现很满意的话。尽管现在不给他们干了，这并不影响他们帮助你，特别是给你职业发展建议。你在他们手下干过，他们挺了解你的优势、劣势，往往能给你很好的建议。有些话，上下级的时候没法讲，没了工作关系后则完全可以讲。**曾经帮助过你的人，而不是你曾经帮助过的人，更有可能再次帮助你**。人的天性是好为人师，当老板的也不例外。如果你向他们求教，不愿施教的恐怕很少，不管这人的职位高低。

实践者说

当初从外人羡慕的单位离开，真是觉得自己不能再那么死等了。尤其是跟 A 公司合作过后，知道自己落后得太多，需要学习的更多，更加清楚明白自己想要的是什么。（吕倩倩，太极计算机股份有限公司，商务执行）

退一步海阔天空

十几年前，我在亚利桑那州立大学，攻读供应链管理的博士课程。亚利桑那多为沙漠，是美国最热的地方之一，刚进入四月就三十多摄氏度，盛夏动辄四五十摄氏度的高温，连门都出不去。关在一个四五平方米的小隔间，一个人，整天埋首其中，不见天日，累了就在桌子底下睡一会儿。读的是商学博士课程，但从没在工业界干过，要理论没理论，要实践没实践，每天为写论文而写论文。研究嘛，就如一位读了六年才毕业的师姐一样，翻来覆去，证明的就是诸如采购方帮助供应商，会提高供应商的绩效。这不是大白话吗？不喜欢，但一时又没有别的选择，说是苦熬，真是苦熬。

直到有一天，实在熬不下去了，决定放弃。幸运的是，顺利转入MBA课程，结果是如鱼得水：博士的课程都读了，再读MBA，不就如读完中学读小学嘛。轻轻松松一年后就毕业了。那是我这一生最轻松惬意的一段日子。回头想来，真是退一步海阔天空。相比之下，同读博士的韩国姑娘就没这么幸运了：熬了六七年，终于拿到学位，到美国中部一个四流大学做助理教授。又熬了两三年，还是没熬过中期评审[一]，于是回了韩国。在自己的祖国，相信她终于也有解脱了的感觉吧。

而我这十几年来，尽管头衔上没有博士两字，不能证明"如果采购方帮助供应商的话，供应商的绩效会提高"这样类似于1+1=2的难题，但却没什么遗憾。不是老师，却通过各种方式影响成千上万的人；不用著书立说，却已经写了两本书，都成为供应链管理领域的畅销书（您看到的这是我的第三本书）。生活没有亏待我，每一天都过得充实，每一晚都睡得很踏实。

[一] 一般情况下，美国的大学教授，刚开始是助理教授。助理教授一般是六年时间，在第三年结束时，有个中期评估，会淘汰一批人；第六年结束时，会有综合评估，晋升副教授。一到副教授就是终身教授，学校不得轻易开除，除非是老师的个人职业操守和能力有明显的问题。

人都说贵在坚持。**其实到了一定阶段，学会放弃更重要。**经济腾飞，机会太多，**决定做什么容易，决定不做什么难。**加法做到一定地步，就得善做减法。退一步，看似放弃，其实未必。此外，职业发展不同于上学，也不同于打妖怪升级，不是所有的人都能一级级地升。到了一定阶段，要知道哪些可为，哪些不可为。或者说，哪些应该去做，哪些不应该去做。这需要心态上的调整。看上去是停止了前进，但只要是深思熟虑后的决定，还是可以的。这并不是说你不做个好员工。你仍旧可以兢兢业业，把每一件事都做好。

小贴士　善待自己

朋友从国内过来，带来一套《儿童情感丛书》，其中有一本是《我很善良》，由新西兰的特雷西·莫罗尼著，儿童文学作家和儿童心理研究者萧萍博士译。图是精美的图，文是简洁的文，堪称儿童书籍中的精品。

读给女儿听。讲的是善待别人，也善待自己。书中写道：

我也愿意，用同样善良的心对待自己。

善待自己就是——

为自己的能干而骄傲！

当然啦，即使自己不能干，也不必烦恼。

即使自己不能干，也不必苦恼。算是讲到点子上。苦恼、自责没什么用，就如忧虑——忧虑不解决任何问题。解决问题的是知耻而后勇，做点什么。关键是做，只要努力做了，尽力而为，做到哪一步就算哪一步，坦然地面对结果。这是善待自己，是种积极的心态。

"善待自己，也要——照顾好自己的身体，吃健康和干净的食品，每天做一些运动，还要睡多多的觉！"

这其实跟柯维的《高效能人士的第八个习惯》如出一辙：**营养、运动和减压。**繁忙的生活，给我们太多的理由不来善待自己。其实细究下来，都是借口。比如应酬太多，少吃少喝总是由你；再忙，一天总能抽出半个小时来运动,要不在办公室里少打电话多走动,也是补充;压力大,其实都是自我感知,心底无私,尽力而为,压力自然会小很多。

我知道一位总经理,管理百余号人的一个公司。麻雀虽小五脏俱全,公司里大大小小的事可想而知。他坚持不应酬,交给手下。公司的业务,如果他一个人应酬的话,估计三天两头没法跟家里人一起吃饭。如果分配给手下,几个人应付,那每个人的任务量就小多了。客户都知道这点后也习惯了,理解。他这是善待自己,也善待家人。

我在大公司全职工作的那些年,经常有人问我,你每天工作超过十小时,还写这么多文章,那一定没怎么睡觉吧。其实不是。我每天睡八个半小时,有时候甚至九个。早睡早起,在孩子们还睡觉的时候写作,每天两个小时左右。然后上班,或者等女儿起床后带她玩。这样一年就六七百个小时。再加上周末、节假日每天多加几个小时,一年就差不多又增加了二三百小时。这样一年就近 1 000 个小时,差不多是一个人半年的工作时间,可以干多少事!上班虽忙,每一两天还是抽得出 1 个小时,到附近的健身房运动。这样精力反倒充沛,工作效率更高,进入良性循环。

说这些的意思是,**善待自己,并不意味着要牺牲什么**。关键是要有这个心态,要计划好,要有能做到面面俱到的决心。这样,你会觉得自己很能干,为自己骄傲。即使是做得不好,也不要苦恼,因为你在尽力而为。

实践者说

人活着其实只有三天,昨天、今天、明天。善待自己,把握今天,才最真实。(David,供应链管理专栏读者,www.scm-blog.com)

小贴士　家庭成功

任何成功都不能抵消家庭的失败。

修身、齐家、平天下。这是个顺序，前一个是后一个的必要条件。修身是个人成功，齐家是家庭成功，平天下是社会成功。传统文化宣扬个人成功和社会成功，但是家庭成功往往被忽视。比如大禹治水三过家门而不入，典型的牺牲家庭成功，却被视作善举，世代颂扬。其实，离开了家庭的成功，个人、社会成功往往显得苍白无力，意义顿减。

齐家先从组建一个和谐的家庭开始。忙于学业，忙于事业，都不能成为组建和谐家庭的借口。学业、事业、家庭互不排斥。组建家庭不成功的人，往往在学业、事业上也乏善可陈。不成功的原因往往不是没能力，而是没有积极地规划、实施。

很多人组建成家庭后，忙于工作和社会交际，忽视双方沟通，结果是两人渐行渐远，最后以分手收场。国内这么高的离婚率，朋友中就有那么多家庭破裂，真是触目惊心。值得注意的是，这些人大都看上去挺成功，社会、经济地位挺高。或许这也是经济发展的代价之一。相反，离婚率在50%左右的美国人，倒是越来越重视家庭价值。如果想推辞某件事，没有什么比家庭理由更正当了，比如下班后孩子在比赛，他得现场去看，所以不能晚上一起吃饭。越来越多的美国人认识到，离开了家庭成功，赚多少钱、做到再高的位置都是白搭。

再就是子女教育。大多数家庭矛盾源于两个方面：经济和子女教育。经济问题会随着个人成功和社会成功逐渐淡化，花多少钱，花到哪里，往往不再是家庭的主要议题。于是，孩子就成为家庭关系紧张的主要根源。其实孩子本身不是问题，问题是父母对待孩子教育、发展的态度。抱怨孩子、抱怨配偶的很多，但很少有人认识到自己就是这些问题的解决者。扪心自问，子女教育和成长中，自己有没有尽力，例如与孩子交流、辅导孩子的功课、帮助他们建立世界观？如果没有，那自己就是问题。对子女、配偶、社会的批评，往往是在掩盖自己的失职和不作为。

解决的方法其实很简单：加大自己的投入力度，做自己应该做的。

例如在教育孩子上，人们往往看到别人的孩子多成功，但却忽视背后别人家长付出的艰辛。我的女儿在美国出生。在她出生的医院里，看到墙上有这么一句话：**一个人的责任中，没有什么比为人父母更重要。**这么重要的事，你不能指望别人来完成，不管你付多少钱——社会成功的人往往试图多花钱，来弥补对孩子的不足，但花钱再多，也没法弥补父爱不足、与孩子在一起的时间不足等问题，而且往往带来更多的负面效应。

钱不能解决所有问题，配偶也不能解决你的问题。家庭是两个人的，孩子是两个人的，所以得两个人都尽职尽责。父爱不能代替母爱，母爱同样不能代替父爱。否则要两个父母干什么？每一个人都得尽自己的责。

是否尽责的标准其实挺简单：你回到家后，孩子、家庭是不是第一要务？如果你在家里查公司的邮件，做公司的公事，扎到电视里拔不出来，那家庭第一、孩子第一只能说是一句空话。我在美国的第一任上司是个法国人。他当时是总监，早晨7点就到办公室，晚上7点左右才离开，但回到家就不再查公司的邮件，也不回公司的电话。有多少职业经理人能做到这样公私分明？

微信、网络和电视也没帮什么忙，很难想象晚饭后那么黄金的时间都花在这些上。关掉电视，不上网，不看微信。一家人说说话，做做游戏，读读书，孩子小的话给孩子讲故事、洗澡，往往会收到事半功倍的效果。你会从微信、网络和电视上失去什么呢？

小贴士　成功的含义

如果时光倒流，让你能够重新来过，你还会走原来的路，做同样的事，你是成功的。

2007年，到密歇根大学的朋友处小住，朋友送我一本密歇根大学工学院的校历，扉页上印着爱默生关于成功的一首诗，特摘录翻译出来，与诸君共享㊀。

笑口常开

获得智者的尊敬和孩子的爱

给人坦诚的评价并获得受评者的感谢

忍受不真诚的朋友的背叛

感受美丽

感受别人最好的一面

让世界变得更好一点，不管是生一个健康的孩子，育一块美丽的花园，还是改善社会

哪怕是让只有一个人的生命变得更好，只因为你的存在

这就是成功的含义

这首诗有多个版本，在美国广为流传。感触最深的，就是"让世界变得更好一点，不管是生一个健康的孩子，育一块美丽的花园"。我们从来不缺少胸怀大志、济世救民的英雄；我们向来都缺少愿扫一屋、拯救一个人就等于拯救全世界的实干者。不是每一棵树都能长成参天巨木。到了一定阶段，你也该调整心态，聚焦自己力所能及的。这并不是简单的放弃，也意味着成熟，意味着从追求外在成功转向追求内在成功。

大多成功，不管看上去有多辉煌，其实并不是那么成功。因为那是外在的成功，是别人眼里的成功。外在的成功标准无非两个：①赚了很多钱；②有很高的知名度或地位。但问问那些两者都有的人，有多少能从心底认为自己是成功的呢？这也是为什么，钢铁大王安德鲁·卡内基到了晚年，真正的欣慰来自"让全美每一个教堂都安上一架风琴"，而不是赚了多少钱，获得多少荣誉㊁。

㊀ 爱默生是美国思想家、文学家、诗人。美国前总统林肯称他为"美国的孔子""美国文明之父"（见百度百科"拉尔夫·沃尔多·爱默生"词条）。本书多次引用到他的这首诗，这里就完整翻译出来。

㊁ 安德鲁·卡内基一生用尽手段，成为美国的钢铁大王；晚年顿悟，立志还财富给社会，包括筹建有名的卡内基梅隆大学。

外在成功是基于比较的：相对于别人，我赚了多少钱，我获得什么样的成就。比较文化是人类社会的毒瘤。柯维在《高效能人士的第八个习惯》中提到，人类社会有五大情感癌症，比较就位列其中。柯维不是不赞成比较，而是不赞成与别人的比较。好坏成败，应该与自己心中的标准对比。这样，成功是内在的，能带给人更持久的满足。这样的人一般显得更加平静，生活更有成就感。

比较文化下看上去有标准，其实没有。为什么？因为标准一直在变，或者是标准太多，相当于没有。标准出了问题，目标就出了问题；目标出了问题，执行就有问题。于是就成了一窝蜂，一拥而上，追求的往往不是自己想要的，而是因为别人想要或已经拥有的。听上去有点傻，但有谁敢说这里面看不到自己的影子？

大道无形。**真正的成功者不是基于外在标准的。** 外在标准也不会成为持久的动力。问问那些真正的创业家，哪一个不是在内在成就感、内在追求的驱动下经年奋战？问问那些从小学到大学都是第一名的人，看看有几个是为了获得第一而获得第一？他们成绩好，只因为那是种习惯，因为他们想做到最好。相反，那些处心积虑与别人比较的人，八成终生不过是个二流角色。

不悔过去，不畏将来。不后悔过去，不光是因为过去的已经过去了——如果你每天都在尽力，力所能及地让自己充实、快乐，也让别人快乐，那你有什么可后悔的呢？不畏将来，也是同样的原因。这是内在的成功，是大成功。这样，**如果时光倒流，让你能够重新来过，你还会走原来的路，做同样的事，你就是成功的。**

本章小结

这一章讲的是职业人苦其心志的过程。工作了十年八载，对职业人来说，是个不尴不尬的平台期。他们知道如何做事，也在带团队、做项目，但在导入良性变革，带来更大变化上，总觉得心有余而力不足。**他们缺的不是经验，而是智慧和领导力，以及求变的意愿和动力。**

这一章还讲到职业发展的几种出路，比如读 MBA，接受职业认证，从外企转入民企等，并分析了各种选择的利弊。对于平台期的职业人，要保持积极上进的心态，不断学习新东西，对贡献有激情，对回报有信心。要么成为领袖，要么成为专家，都是从个人成功上升到团体成功，在更多人身上复制自己的成功。

当然，大多数人注定既成不了领袖，也成不了专家。这也没关系，我们需要的是调整心态，把工作做到尽善尽美，同时善待自己，平衡工作与生活，争取家庭成功。毕竟，成功的定义很广泛，成功的形式很多。正如诗人顾城所说，**人可生如蚁而美如神**。退一步海阔天空。

资源　更多供应链管理的文章、案例、培训：

- 我的供应链专栏：www.scm-blog.com，个人专栏，写了十多年了，500 余篇文章。
- 我的畅销专著：《采购与供应链管理：一个实践者的角度》，自 2012 年领跑畅销榜。
  《供应链管理：高成本、高库存、重资产的解决方案》，最新畅销书。
- 我的微信订阅号、新浪微博、LinkedIn，更新、更快，定期发布新文章。

我的微信订阅号

我的新浪微博

Supply Chain Management as a Profession　第三章

成为专家：
实现范式转移，从有知到有知

> 你所知道的，都是错的。

到现在为止，我们谈了在职业初始，如何尽快上手，从无知到有知，学会解决问题，解决"能不能够"的问题；在职业进入平台期后，如何调整心态，提高领导能力，解决"愿不愿意"的问题。这两个阶段是从新手到工匠，从无知到有知，但还没有上升到专家。

在这一部分，我们会透过现象看本质，突破已有观念，实现范式转移。你会发现，**我们知道的，其实很多是错的**。之所以老问题一再重复，是因为在我们的错误认识下，解决问题的思路是错的，所以老问题一直得不到根治。作为专家，你能突破旧有的约束，抓住本质，改变做法，找到新的解决方案，为团队指出正确的方向。

这是从形而下的经验上升到形而上的智慧的过程，也是从表面的"有知"上升到真正的"有知"。形而下局限于特定环境，只有特定含义；形而上则否。在你"劳其筋骨"，知道事情该怎么做；"苦其心志"，知道如何对付"不愿意"后，对这些问题本质的认识，相信会让你顿感"蓦然回首,那人却在灯火阑珊处",从而找到真正的解决方案(见图3-1)。

图3-1 从"有知"到"有知"

资料来源:https://www.linkedin.com/pulse/you-ready-agile-paradigm-shift-native-jay-stanton-goldstein。

在企业里,**中基层员工往往最不愿意改变。他们之所以抵制改变,一大原因是管理层不能真正理解问题,一次又一次地拿一个没用的解决方案替代另一个没用的解决方案**。中基层虽然也不理解问题的真正根源所在,但他们有足够的直觉,一眼就能看得出你的解决方案不会真正地解决问题。

于是你看到,管理层是什么新潮用什么,把希望一次次地寄托在最新、最流行的管理手段上;中基层是以不变应万变,不合作,不反对,消极抵抗,让你的解决方案自然消亡。作为一个实践者,当你认识到问题的本质,知道如何采取系统、流程、组织措施来提高**能力**时,才能通过**改变能力来改变行为**,取得更全面、更持久的结果。

这部分就是探讨供应链管理中的一系列根本问题,比如竞争与协作关系,长期与短期关系,不确定性与风险等,理解它们的本质和解决方案。这让你在认识上达到新的高度,从而举重若轻,完成从个人成功向团队成功的过渡。这时候你就成了一个专家,一个真正的专家。

供应链的根本问题,其实并没有那么不同

一位读者在欧洲读研究生,专业是供应链管理。他打电话来,说

计划毕业后到国内工作，希望找些国内的公司做研究，好解决它们的问题。他手头研究的都是些欧洲公司的案例，担心跟国内企业差距太大，没法落地。

我给他的答复是不管在哪里，企业面临的问题都差不多。**从供应链的角度来看，就是成本做不下来，速度做不上去，库存太高**。不管是哪个行业、哪个国家，不管是大公司还是小公司，也不管是成熟企业还是初创企业，表面上看区别很大，但在供应链的根本问题上大同小异。这就如白人、黑人、亚洲人、非洲人，表面上看非常不同，但都是饿了就得吃饭、渴了就得喝水、困了就得睡觉一样，基本面的问题都差不多。或者说相同是主要的，差异是次要的，所以解决方案有很大的共性。**过分强调差异，反倒忽视了本质上的相同之处，难免有舍本逐末之嫌**。

这位研究生不是很理解，就举了个例子，说他正在读英国石油与物流公司 DHL 深度协作的案例，表明欧洲公司之间的协作程度已经挺高，而本土企业之间的互信度太低，谈不上这种深度的合作。言下之意呢，就是从欧洲公司学到的，并不能应用到本土公司。我不否认本土企业之间互信度低的问题，但也不认为欧美公司已经解决了互信问题，实现了供应链上的协作。想想看，果真如此的话，那为什么还要对英国石油与 DHL 的案例大书特书呢？这其实正好反映了欧美企业间协作的稀缺。这就如狗咬人，司空见惯，所以就不会成为新闻；而人咬狗呢，很少见，一旦发生就上了头条。

我在海外学习、工作、生活十多年，深刻体会到，**互信和协作是欧美企业的老大难**。总体来说，供应链管理是个东方概念，严格地说，日本概念。其核心是协作，力求通过协作，以供应链的全局优化替代单一公司、单一职能的局部优化，从而把成本做下来，把速度做上去。不管是欧美还是本土企业，在协作方面还有很长的路要走。不同之处呢，欧美企业已经摸索了很久，有很多经验教训；本土企业尚处于原始积累阶段，要走的路更长罢了。**学习欧美企业的经验，本土企业可**

以更快地跟进，形成所谓的后发优势。从这点讲，研究欧美公司的历史和当前问题，对本土企业来说，往往更具前瞻性，能够更好地指导它们的下一步发展。

在**制造业**，供应链管理发展得最早，也较完善，但面临的问题还是成本做不下来、速度做不上去，表现为设计的标准化程度低、规模效益不高、交货周期长、库存高等。**房地产业**看上去与制造业差别很大，但仔细探究其供应链问题，其实与制造业没有两样：设计复杂、标准化程度低，成本就下不来、速度就上不去；速度做不快，在建项目太多，库存就降不下来，资金就积压严重；项目没法及时竣工，错过了黄金销售期，本来一万元一平方米的，结果只能卖 8 000 元，跟制造业的新产品导入没有多大区别。痛定思痛，一些房地产公司就开始向制造业取经，比如跟海尔学习标准化设计，跟丰田学习精益生产，跟通用电气学习精益六西格玛。你说房地产跟家电、汽车行业完全一样吗？当然不。但是这些房地产公司更多地看到了相同之处，求同存异。

别的行业也一样。我先后服务过餐饮、电商、服装、纺织、互联网等行业的多个公司，给他们做专题培训，尽管我在这些行业没有一天的从业经历。但这没关系。根本原因呢，就是这些行业跟制造业有诸多相似之处，很多好的实践可以从制造业移植到这些行业。这也是为什么有个一万多人的连锁餐饮公司，从董事长到基层员工，几次来参加我的培训，指明要学习制造业的供应链实践。而该公司主管供应链的副总呢，本身就是从零售业转入餐饮业，把零售业、制造业的供应链实践导入餐饮业。

仔细观察，连锁餐饮和连锁零售在模式上非常像：连锁零售有总库和门店，连锁餐饮有中央厨房和店面。由于店面一般地处黄金地段，面积有限，越来越多的加工业务是在中央厨房完成，留给店面的主要是有限的后加工。跟连锁零售一样，连锁餐饮的这种供应链模式，根本目的也是降低供应链的总成本、提高供应链的响应速度。资产利用率、库存周转率、服务水平同样也是餐饮业供应链的焦点。

再说电商。跟零售业一样，电商得控制 SKU 泛滥，不是啥都能卖；跟制造业一样，电商得选择和管理供应商；跟任何多阶段库存系统一样，电商得决定哪些产品要备货、备在哪一级的仓库、备多少，而要解决这个问题，又得回到需求预测和库存计划，跟众多别的行业没有本质区别。熟悉电商环境的朋友都知道，电商是典型的两头难：**前端的需求纷杂，可预见性差；后端的供应不稳，可靠性差**。不过话又说回来，制造业、零售业、服装业不也面临同样的难题吗？

有段时间，好几个电商联系我，问如何解决电商的供应链问题。在他们看来，这些问题似乎是电商特有，所以期望独特的解决方案。我的答复想必让他们很失望：**太阳底下无新事，这些问题没有一个是全新的，你必须回到基本面，继续跟那些供应链的根本问题打交道，**比如需求预测、安全库存设定、供应商选择与绩效管理等。

那为什么有些人还是如此拘泥于行业、公司的差异，执迷于寻找为他们行业、公司定制的供应链解决方案呢？**他们没有真正理解供应链的本质问题，所以看到的尽是表象，纷繁复杂的表象**。不管是研究者还是实践者，**这也表明他们还没有真正入门，没有从形而下（行业、公司具体的实践）上升到形而上（供应链的本质问题），自然就没法真正解决问题**。对于研究者，读一些供应链领域很老但很根本的文章，有些甚至连供应链管理的字眼都没有，其实就是打好形而上的基础；对于实践者，学习制造业的供应链管理，特别是汽车行业的实践，其实也是从根本上掌握供应链管理。

求新、求快、求具体，过早专注特定行业的供应链管理，注定是欲速则不达，一直在表面上飘。即便你很"幸运"，找到专写某个特定行业的书和文章，看名字是为你定制的，其实结果无非有二：要么是以某个具体行业为幌子，谈的还是供应链的普遍话题，这还算好；要么是由飘在表面的"三无"人员写就，充斥着虚大空的术语，误导往往大过指导㊀。

小贴士　车联网、电商和传统制造业的供应链

车联网、电商和传统制造业，看上去是那么不同，但在供应链管理上，面临的根本问题却非常一致。电商的"两头难"、车联网企业的从 1 到 N、传统制造业的采购增值，解决方案都可在供应链管理上找到答案。

2015 年，我培训一个新兴企业，车联网的领军者。这个企业的创始人很有特点，人称"车联网的乔布斯"，号称"比所有的互联网者都理解汽车、比所有的汽车从业者都理解互联网"。当然啦，跟乔布斯一样，这位也没有大学毕业。他们先是成功打入一个大型本土车厂，成功地实现从 0 到 1 的转变；现在要把产品供给 N 个车厂时，遇到了很多新兴公司都遇到过的麻烦：业务量大了，规模效益理应更高，反倒成本做不下来、速度做不上去，库存也是居高不下。

从 0 到 1，考验的是设计；从 1 到 N，考验的是供应链。解决方案呢，**前端需要推动标准化**，控制产品的复杂度，因为复杂度是成本的驱动器；**后端需要选好、管好供应商**，整合供应商，确保供应商绩效；**中间需要提高供应链计划**，因为计划是供应链的引擎，**很多问题貌似没做到（执行），其实是没想到（计划）**。这就是三管齐下提高供应链运营。我有成套的方法论，贯穿在我的最新畅销书《供应链管理：高成本、高库存、重资产的解决方案》里，这里不予赘述。

2015 年后半年，我拜访一个全球五百强在中国的采购中心（IPO）。这个 IPO 的挑战是，在寻源找供应商外，如何才能给总部增加更多的价值？这也是很多跨国企业 IPO 的共同挑战：经过多年的中

㊀ "三无"的概念前面解释过，就是没有系统学过，没有系统做过，也没有系统提高总结过。在学校里就是"三无教授"，在工业界就是"三无管理层"。他们为特定行业贴身定制的供应链"小棉袄"，其实也反映了他们对本质问题的理解有限，哗众取宠，舍本逐末，害人害己。有些"三无"人员貌似以提高供应链管理为己任，其实是供应链管理在低水平徘徊的帮凶。

国寻源，大多零部件都已转厂到中国供应商，IPO 的寻源业务在减少，资源利用率下降，需要从本部找更多的活儿做。另外，更低成本区的压力在增加。中国的 IPO 要跟越南等国竞争，也只能走增加更多价值之路。

这更多的价值，其实就是**从采购扩展到供应链，从管理供应商延伸到管理供应链**。寻源处理主要是关系层面的问题，比如找供应商、评估、选择、谈判、签订合同，以商务问题居多；供应链管理则更多地介入运营层面，落实到执行细节，比如产品流、信息流和资金流的管理，而且需要更深入地介入计划，因为产品流、信息流和资金流是由计划驱动的。这时候，首当其冲的就是员工的能力问题：寻源人员的强项不是计划，他们在管理供应链的产品流、信息流和资金流上也不是专家。加强员工在这些供应链领域的能力，就成了这个全球公司 IPO 关注的重点。

这两年，我还见过好几家电商的管理人员，比如北京的品悦阳光、上海的美丽说、广州的酷漫居。**对这些电商来说，虽说商业模式上有创新，但运营上面临的还是供应链的老挑战**，简单地说就是"两头难"：**前端难在需求的复杂度高**，比如单品动辄就几千几万种，放在哪个库里、库存水位设多少，确保一定的有货率，同时维持一定的库存周转率，是个典型而艰巨的计划问题；**后端难在执行**，即选择合适的供应商、把供应商绩效管理好——除非是厂家自产自销，电商走的是轻资产之路，生产增值活动依赖供应商，供应商太多、太杂，导致规模效益丧失，把自己做成了小客户，成本注定做不低，速度注定做不快。

电商是个新兴行业，员工普遍很年轻，强于业务模式创新，但弱于供应链运营——不管是前端的计划，还是后端的供应商管理，都做得不是尽善尽美。而它们的风险呢，还是**库存**。这几年我培训、咨询过一些电商，从根本的方法论上，供应链的需求预测、库存计划、采购执行仍然适用于他们；而我的供应商管理五步流程呢，同样可以帮助电商选好、管好供应商[一]。万变不离其宗。有些电商,特别是新兴的电商,喜欢向知名电商学习供应链管理;其实要说真正的方法论,还是离不开那些在制造业、零售业经过多年验证的基本实践。

我不认为向同行学习能解决我们的根本问题。一方面,顶尖的同行不会把会生金蛋的好点子给我们(有谁见过苹果在分享它的最佳实践?);另一方面,同行面临的问题和挑战其实都差不多,我们没解决的,八成他们也没解决——所谓同行,讲得好点就是做得一样好,说得差一点就是做得一样烂。否则,我们怎么是同行呢?

为什么要说这些?行业众多,其实问题都很类似,解决方案也是。而真正的解决方案,其实不在你的同行那里;否则他们会甩你们几条街道,跟你们已经不是同行了。真正的解决方案,往往在最佳实践的最早发源地。在供应链领域,就是大批量制造业的汽车、计算机、家电等行业。

小贴士　电商的根本是个库存计划问题

电商普遍强于业务模式创新,但弱于供应链运营。

电商可以说是"速度经济"的代表:消费者不但期望批量经济下的价格、大规模定制下的选择,而且希望鼠标一点,几个小时后就能送货上门。虽说不要店面,但电商的种种成本,远超一般人的想象。很多传统公司跨入电商,例如美特斯邦威、红星美凯龙、飞虎乐购,都是兴冲冲而来,没多久就仓皇撤退,一大原因就是对电商的成本和复杂度估计不足。

而诸多成本中,一大块就是库存成本。**从本质上看,电商是个库存系统**。从总库到一级库、二级库,哪些商品该备货、备在哪一级的库、备多少,是个典型的多阶段库存计划问题。库存计划不到位,短

[一] 关于供应商管理的五步流程,详情可参见我的畅销书《采购与供应链管理:一个实践者的角度》(第 2 版),机械工业出版社,2015 年。

缺与积压并存，结果是要的没有，不要的却有一大堆。有些电商缺货率动辄百分之二三十，同时呆滞库存比例高达百分之三四十，由此而来的业务损失、库存贬值、削价清仓，成本惊人。

这些问题的解决方案呢，则离不开需求预测和库存计划，与零售业和售后备件服务等行业并无两样。

在需求预测方面，电商容易犯两个错误。其一是过度依赖销售。虽说销售最熟悉市场，但他们的预测往往是拍脑袋居多，准确率不高。一流的预测从数据开始、由判断结束：基于历史销售数据，通过简单的数学模型制定基准预测，然后加入主观判断，例如节日促销、季节调整等，做出人工调整。销售强于判断，弱于分析——由销售主导电商的预测，做到最好的不过是高库存下的高有货率，虽说保障了销售，却是以高库存为代价；更多的是高库存下的低有货率，消费者要的没有，消费者不要的一大堆。

其二是缺乏预测准确性的闭环反馈，预测质量得不到持续提高。虽说所有的预测都是错的，但错多错少还是大有区别。电商产品众多，加上业务的快节奏、季节性、周期性等因素，公司习惯性地处于救火状态，没多少精力来钻研预测的准确度问题。有些预测模型明知不是最佳，也没时间，或没兴趣寻找更好的模型。再加上需求预测的责任体系不明确，结果是预测一直在低水平徘徊，只有教训，没有经验，不断重复低水平错误，也注定整体运营水平没法提高。

库存计划的核心任务是设立合理的安全库存，以应对需求和供应的不确定因素。基于潜在的销售盈利和库存成本，从概率统计角度可设定合适的库存水位，让盈利的期望值最大化。这种概念放在单个商品上很抽象，也可能很不准确；但成千上万个产品放在一起，总体结果的可预测性还是相当高。这就如赌场，它可能在一个赌徒身上输掉很多，但在众多赌徒身上，赌场的赢面总是更大。电商就如赌场，而赢面的大小取决于安全库存的设置。

在库存水位计划上，电商的问题是虽然身为赌场，用的却是赌徒的方式，即凭经验，拍脑袋，不借助系统的数据分析和数理统计工具。你知道，有些赌徒会赢，但众多的赌徒和赌场对赌，赌场总是会赢：**从大样本角度来说，没有人能斗得过数理统计**。这就是我给电商的一贯建议：要做赌场，而不是赌徒。

在管理粗放的电商，安全库存的设置要么是单凭经验，要么是方法单一，对于毛利率不同、销售特征不同的商品不能区别对待。有些电商没有概率统计的概念，以确定性的方法应对充满不确定性的商业环境，库存计划的水平就可想而知，短缺、积压就成了家常便饭。预测准确度低、安全库存设置不合理，很多电商输就输在计划上，虽说其执行一年强过一年，公司的运作水平却不见提高，年终一结算，扣除呆滞库存，亏多赢少，原因就在这里⊖。

我为什么不谈供应链的发展趋势

> 成功人士……遵循的是基本原则，而非秘籍。
> ——彼得·蒂尔，《从0到1》的作者

时不时有人问，供应链发展的趋势是什么？有些问得更直接：供应链管理方面，哪些东西最热、最流行？坦率地说，**我看到的不是什么热点、趋势；我看到的大都是些老问题，即不管在什么地方、什么时候、什么行业，企业挣扎的都是那些根本问题**。

先说企业运营。企业要盈利，就得做好三件主要的事：①**设计**开发出好产品；②**营销**卖个好价钱；③**供应链**以合适的成本做出来。只有这三件事都做好，企业才能生存、盈利和发展。不管是哪里的企

⊖ 对于需求预测、库存计划以及供应链执行，有很多细节，我计划写一本书来全面阐述。请拭目以待。

业，一律如此，没什么趋势可言。这就如人要活着，就得吃饭、喝水，你能说现在的"趋势"是吃饭，以后的"热点"是喝水？而且从运营的角度看，**企业的问题一直是老问题，即客户要的东西手头没有、手头有的东西客户不要；成本做不下来，速度做不上去**。从一把石斧换两只山羊的时候起，人类社会就在挣扎这些问题，有什么趋势可谈？

再说供应链管理。经常看到一些文章，讲供应链的热点、趋势。其实不管是造原子弹的还是卖茶叶蛋的，供应链管理的对象就是产品流、信息流和资金流。三条流优化了，成本自然就能降下来、速度也就做上去了。而要优化三条流，则要在商业层面理顺供应链伙伴之间的**关系**，在运营层面加强供应链伙伴之间的**连接**。这样，人为壁垒削平了，流程中的浪费消除了，供应链的运作自然更高效。这些都是本质的东西，是个企业都得做，并不是说现在是供应链了，这些问题就突然出现了，成了趋势。当然了，在手段上可能有些趋势可言。比如以前沟通主要靠鸡毛信，后来是传真，现在用 E-mail 了。传真是用得越来越少，E-mail 是用得越来越多，这是个趋势，但要解决的核心问题还是没变。

当你透过现象看本质的时候，你会发现世界的变化并不大。这样你就可以过滤掉很多杂音，从而能够专注核心问题。比如作为市场经济的一对双胞胎，**贪婪**和**恐惧**仍旧驱动大多经济活动。经济欣欣向荣时贪婪占上风，过度生产、过度扩张，明知产能会过剩，泡沫会破灭，但总觉得自己聪明，天上下冰雹，砸坏的只会是别人的庄稼。看看国内这几年产能过剩的行业，当年大建产能时，哪个不是这样想的呢？一旦被市场当头一棒，恐惧就成了主旋律，降价、减产、裁员，**失去理性的恐惧，必然导致失去理性的决策**，于是就沉没如泰坦尼克号。看上去，现在的资本主义温存多了；实际上，资本主义还是资本主义，而且因为经济更全球化、经济模式更同化，经济危机的负面影响就更广泛、更深远。

"过去还没有死,甚至还根本就没有过去"[一]。发生过的注定还会发生,过去的也是未来的。曲线式前进、螺旋式上升的模式不会变。之所以还是半部《论语》治天下、一本《圣经》读到老,是因为与两千年前相比,今天的人并没有更加有智慧,也没有更聪明多少。不信,你也写本《圣经》《论语》那样水平的书给我看看。正因为智慧上没有提高,人类社会面临的问题都是老问题,以前犯的错误现在照样犯,以后还会犯。我们总是在同一个地方一再绊倒,否则这世上早就满地圣贤了。对于职业人来说,深入研究发生过的,以及供应链的基本面问题,以不变应万变,远比舍本逐末地跟风、跟趋势强。

还有,**趋势不代表最高水平**。一个人、一个公司做什么事不是趋势;很多人、很多公司做的时候就成了趋势。大家都做,**趋势充其量只能算大众水平、平均水平**。而以平均水平为目标,你不可能达到一流水平。**大家都跟着趋势走的时候,结果其实是低于平均水平**。

如果说迷信"趋势"是个认识问题,那么提倡"趋势"则往往是**别有用心**。就如这几年,大型央企、国企盛行集中采购,领导一言九鼎,啥都得集中。于是有些帮闲就到处宣传,说集中采购是趋势,越集中越好。有些公司甚至依此定下目标,说集中采购要达到80%、90%什么的。这高度集中,不就是以前的计划经济嘛。人的记忆很短,好了伤疤忘了痛。或许这些鼓吹高度集中的帮闲都太年轻,就根本没经历过计划经济。

其实集中采购从来就不是什么趋势。美国高级采购研究中心做过专门研究,全球那么多大企业,看不出越来越多的公司是走集中采购的路,还是分散采购。有些公司在集中采购,是因为经济不景气、行业成熟、成本压力大等;同时另一些公司却在向分散采购过渡,因为行业发展迅速,要快速开发新产品、全球扩张、技术更新换

[一] 诺贝尔文学奖获得者威廉·福克纳语。原文为"The past is never dead; it isn't even past",出自福克纳的长篇小说《修女安魂曲》(*Requiem for a Nun*)。

代等㊀。外部条件变了，公司自然就得调整业务方式。这也如你在床上睡觉，热了就挪到凉处，凉了就挪到热处，哪有什么"趋势"可言？（见图 3-2）

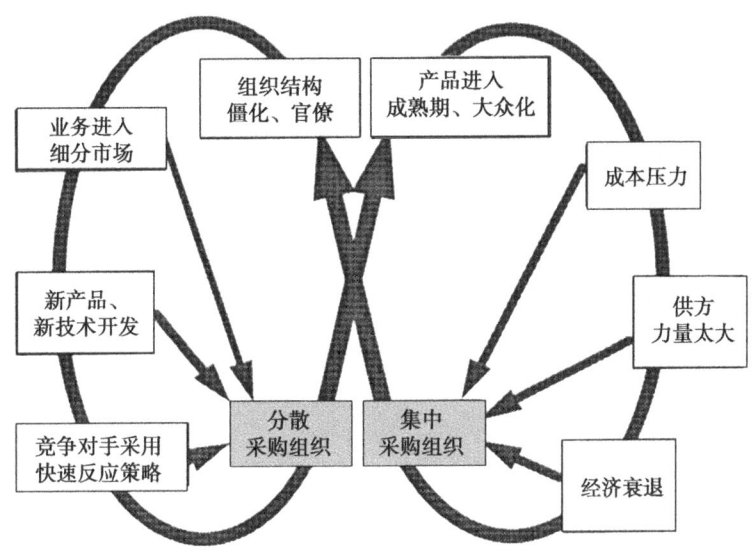

图 3-2　采购的集中、分散没有趋势可言

所谓的"大势所趋"，往往是苍白的虚张声势，是"专家"们耸人听闻的惯用伎俩。供应链管理本质上是靠力气吃饭，需要把一件件的事做好。张口趋势闭口趋势，"瞎子算命两头堵"，其实还不如做点实事，解决一些老问题。而作为大众，我们不要随波逐流，不要为"趋势"所蛊惑，也不要为各种"趋势"摇旗呐喊，成为"趋势"的帮凶。这需要独立思考的能力、独立思考的意识，还要有独立思考的习惯。

小贴士　博大、博新

"貌似辉煌宏大的作品很多。它们面具相似，以晦涩复杂，修饰

㊀　Major Structural Changes in Supply Management Organization, CAPS Research 2000.

内容的虚浮投机；以主题博大，覆盖思想的贫瘠平庸。"这是"思维的乐趣"一段时间的篇头语，道出了一些人虚张声势、哗众取宠的面目。

供应链管理这些年挺热门，于是就被戴在各种各样的话题头上。例如某重点大学的一位教授要自己的学生研究"供应链环境下的项目管理"。项目管理就是项目管理，即控制项目的成本、进度、质量，管理合同，协调不同组织来实现项目目标。它的研究对象本身就是多组织、多部门，与供应链管理的环境相似。给项目管理戴上供应链管理的帽子，除了博大、博新外，也反映了当事人学术思想上的贫瘠。如果"供应链环境下的项目管理"有理，那"五讲四美环境下的项目管理""八荣八耻环境下的项目管理"不都是很好的题目嘛，我们再培养1 000万个博士都写不完呀。

前不久，一位读者在微信上问，供应链的库存控制怎么做？他在读在职研究生，导师让他写库存控制，而且非要是供应链的库存。库存是企业运营的一个核心话题，分为周转库存、安全库存和多余库存，分别来自周转周期、不确定性和人的组织行为。这不管是企业还是供应链，都一样。比如生产周期是四周，生产线上注定有四个星期的周转库存；需求和供应的不确定性大，人们的自然反应就是加安全库存；计划职能薄弱，预测做不好，库存水位设置不合理，自然造成一堆多余库存。这跟供应链不供应链有什么关系呢？可怜这老兄，被导师逼得无路可走，都到了找枪手帮忙的地步。

大道至简。**真正的大法师，讲的都是些婆婆妈妈的小事情。**宏大的场面，宏大的主题，往往是在掩盖思想的贫瘠。就拿供应链管理来说，协作是供应链的根本，但如果那几个平常一起工作的员工不合作的话，职能跟职能之间谈不上合作；如果职能跟职能之间不合作的话，公司与公司之间谈不上合作。所以，**表面上看我们要解决供应链伙伴之间的协作，其实根本问题是解决职能与职能、员工与员工之间的协作。**你看那些与供应链伙伴关系恶劣的公司，其实也是其内部职能与职能、员工与员工之间的恶劣关系的延伸。如果冲着宏大的主题而去，改善供应链伙伴间的关系，那是在舍本逐末，解决不了实际问题。

实践者说

有同感。公司以前请人写过一次流程，关于采购、关于物流甚至整个供应链，用的都是晦涩的字眼和所谓的专业名词，觉得从头到尾都在卖弄，于是在不懂装懂的领导面前也就噼里啪啦地过了。下面的人用了一段时间之后才觉得狗屁不通。

现在改我来写，我觉得就是流水账关键是合理，重点不是措辞，让真正去用的人尤其是后来人一目了然，能够真正地适应业务指导工作就是我的目的。（笨笨，供应链管理专栏读者，www.scm-blog.com）

不关努力，而是不同

光靠努力，没法解决这些老问题；我们得换个方式。

在销售与运营计划（S&OP）专家汤姆·华莱士（Tom Wallace）的网站上看到这么一句话：It is not a matter about doing something better, it is about doing things *differently--to be better*. 翻译过来就是：**不光是努力做得更好，而是换个方式以做得更好**。这话拗口。举个例子。拿物料短缺来说，原来每天打两次电话，现在每天打四次电话催料是"努力做得更好"；而从需求管理、需求计划和供应商产能入手，理顺需求以理顺供应，则是"换个方式"以做得更好。再拿采购降本来说，好好谈判，把供应商的合理利润再挤出两个点是"努力做得更好"；而早期介入设计选型，优化设计来降低成本则是"换个方式"来做得更好。

我们面临的问题大都是些老问题。为什么这些老问题没法解决？

关键是解决问题的方法不对，而不是我们不努力——我们一年比一年努力，一年比一年有经验，资源也是一年比一年多。**光靠努力，没法解决这些老问题；我们得换个方式**。换句话说，这是"不关努力，而是不同"。

而企业的定势思维呢，则是在"努力"上纠缠。比如在餐饮业，有些公司大力提倡"715"：每周工作7天，每天工作15小时。不可否认，餐饮业是个辛苦行业，工作时间长，报酬相对低。但是解决方案不是工作更长的时间，而是改变管理方式。比如有些餐饮连锁企业，营业额都几十亿元了，员工过万，却连基本的绩效考核都没有，甚至连总监、副总层面都没有。公司大了，基本的绩效管理就不可少，这是管理学的基本常识：绩效指标驱动员工行为。你统计什么，就得到什么；你想得到什么，那就统计什么。

此外，绩效考核后面是绩效统计，比如毛利率、库存周转率、资产回报率等。没有绩效考核的企业，往往也没有这些绩效统计；而公司大了，没有绩效统计，你就根本不知道企业的运营效果如何。这些企业老总呢，习惯于凭经验，"解剖麻雀"；但公司大了，光靠解剖麻雀是没法理解全局的——企业家不可替代，我不是说不用他们"解剖麻雀"的方式来**理解问题**，我说的是得借助绩效统计来**了解全局**。

看到一篇文章，说"年广久光换老婆不换组织"，企业几十年一直没起色[1]。年广久的名字，在现在的年轻人中，估计没几个人知道；但在当年提起"傻子瓜子"，那可是人尽皆知。这人是芜湖的一个小商贩，改革开放初期敢于冒险，率先做小生意，炒瓜子，卖"傻子瓜子"，号称"中国第一商贩"[2]。我读大学时，同宿舍有个同学来自芜湖，熟知年广久的逸闻趣事，对年广久的评价是精于算小账，疏于算大账，典型的小商贩。这么多年来，年广久老婆换了四个——

---

[1] 《冯仑：企业家不能像年广久 光换老婆不换组织》，凤凰财经，http://finance.ifeng.com/。

[2] 百度百科，"年广久"词条。

他是小商贩，深知在经营夫妻老婆店上，老婆有多么重要，所以一直努力找到合适的老婆帮忙——但在企业管理方式上，年广久却一直不变，至今办公室连个计算机也没有，也不用秘书、助手，还是小商贩一个，而同一时代的柳传志呢，已经做成了营收 350 多亿美元的联想[一]。

与"年广久光换老婆不换组织"类似，有些企业，特别是民企，执迷于"吃苦耐劳"，比如送高管上井冈山，培养革命的吃苦耐劳精神。人的主观能动性不可替代。但是，我不认为吃苦耐劳不够是我们的问题。相对欧美企业来说，我们的员工，从管理层到一线，都已经够吃苦了。我们的短板呢，在于管理思路的转变，以及系统、流程的构建。

在快速发展二三十年后，我们的企业变大了。大企业与小企业不尽相同[二]。适用于小企业的做法，不一定适用于大企业。而很多企业呢，虽然块头长大了，心态还很幼稚，意识不到或者不愿承认得改变管理方式，还在沿用小企业的管理方式，寄希望于修修补补，更加努力以做得更好。殊不知，我们今天的很多问题，很大程度上已经不关"努力"，而得"不同"——换个方式以求更好。

2015 年，我到广州，拜访一个十几亿元的企业。这是个家族企业，由兄妹五人创建。老总是四兄弟中的一位弟弟，快 70 岁了，挽着裤腿，一身短打扮，典型的干活人出身。如果你在村头巷尾遇到，你绝对不会想到这是管理几千人的公司老总。几杯红酒下肚后，老先生的话匣子就打开了，给我们讲当年怎么从一个乡村的铁匠铺，发展到如今规模，在细分行业里举足轻重。临结束，老先生说，以前兄妹

[一] 联想集团 2015 年的营收为 357 亿美元。同花顺网站：http://stockpage.10jqka.com.cn/HK0992。

[二] 对于大企业与小企业的不同，还记得前文举的坏鸡肉例子吗？如果你到大排档去吃鸡肉，吃坏了肚子，没什么人会当回事；但如果到麦当劳，吃坏了肚子，马上就成了头版头条——麦当劳又在卖坏鸡肉了。有些事情企业小的时候可以做，规模大了就不能做。企业规模大了，小企业的管理方式上要做调整。

五人开铁匠铺，他们是村里最好的铁匠，不管怎么经营，都不会亏本；现在可不同了，几千人的公司，眼睛稍微眨一眨，这一年就白干了。

是的，这位老先生理解，大公司跟小公司是不一样的，管理方式上也是，不能光追求努力，而是要改变做法。那么，究竟要改变哪些呢？我这里简单地总结为三点⊖：

第一，**控制需求的复杂度**。小公司灵活性高，可以更加有效地应对差异化需求，满足各种各样的需求。当然，作为小公司，为了生存，你也只能是见什么就做什么。公司大了，灵活性下降，就得更加注重需求的标准化工作，否则需求的复杂度太高，规模效益下降，就注定成本做不低，速度做不快。对本土企业来说，这些年的高速发展后，规模大了，但需求的复杂度增长更快，规模效益反倒在下降，导致生意越做越多，钱越赚越少，成了大问题。

第二，**强化计划职能**。小公司是没计划的，或者说，计划是由执行者兼职做。比如生产经理做生产计划，采购经理做采购计划，物流经理做配送计划。但公司大了，业务更复杂，兼职做计划就做不好。想不到，就很难做到，或者即使做到了，成本也会很高——供应链的绩效表面上是执行出来的，实质上是计划出来的。这时候，就需要单列计划，成立独立的计划职能。这些年，我拜访、服务过很多几亿到几十亿元的企业，发现共同的问题就是计划职能太薄弱，很多甚至没有需求计划。需求计划是供应链的原始推动力，你就知道为什么供应链绩效差了。

第三，**提高供应商选择和管理能力**。小公司很难系统地评估和选择供应商。一方面，小公司没有资源来做详细的评估；另一方面，业务量很小，供应商也不会配合——你一年就跟我做三万元的生

⊖ 控制需求的复杂度，提高供应商的选择和管理能力，改善供应链计划，三管齐下提高供应链绩效，是我的畅销书《供应链管理：高成本、高库存、重资产的解决方案》的核心内容。

意，现在要到我公司来，做三天的现场评估，填写 N 张表格？所以，小公司往往就只能"轻选择、重淘汰"——先给点生意做着，不行了就换。公司大了，"轻选择、重淘汰"带来的试错成本就不得了了，因为同样的风险，对大公司的影响会更大。这时候，我们就得"重选择，轻淘汰"，做好详细的选择工作，争取首发命中。在我访问、服务的众多企业中，规模从几亿到百亿元，鲜有例外，要么没能力选择，要么没能力管理供应商，结果都一样：供应商没法满足需要，就再选一个，导致供应商数量膨胀，采购额分散，把自己做成了小客户，规模效益下降，成本做不低；没法驱动供应商快速响应，速度做不快。

有人会说，这些我明白。但是大环境都这样，我不这样做，我的竞争对手会做。比如对于复杂度高、批量小的订单，我不接，我的竞争对手就接；对于供应商，我不多点供应，导入激烈的竞争，把供应商的最后一个子儿榨出来，我的竞争对手会那么做。言下之意是，如果我不这么做，我就吃亏了。看上去挺有道理，其实不然。这后面反映的，是根深蒂固的更"努力"而不是"换个方式"。而更"努力"的结果呢，就是你现在面临的诸多问题——**你得到的，都是应得的**。

有个笑话，说在美国，如果有人开个加油站，后来者就会在旁边开个便利店，设个热狗摊，开个理发店什么的。在中国，如果有人开个加油站，下一个人就会在旁边再开一个，价格比上一家便宜 5 分钱。这个笑话说的是美国人与中国人的不同，也反映了两个民族不同的竞争策略：**美国人追求差异化，通过"不同"来做得更好；中国人习惯于同质化，通过更加"努力"来做得更好**——别人的餐馆开到晚上 10 点，我就开到 12 点；别人 10 元钱一碗面条，我就 8 元钱。工作时间长，工作报酬低，不管你走到哪个国家，这都是华人企业的通病。结果呢，便宜是足够便宜，但质量和服务也足够差。

这几年华人旅游团频频集体出车祸，一方面是因为出国旅游的人数在增多；另一方面也跟各国华人企业的经营方式有关。比如在美国，一个 86% 的适龄人口有驾驶证的国度[一]，开车是个最没技术含量的行业，车行之间竞争激烈，华人车行尤其如此，价格是一家比一家低，那为了弥补低价格，就得延长时间，司机疲劳驾驶非常普遍。华人旅游团一般都找那些华人车行，这不，安全事故就这么来了。

同质化的更"努力"，其实是用战术上的忙碌，来代替战略上的懒惰。人们动不动就拿竞争对手的做法说事。可不要忘了，如果你跟竞争对手如出一辙，即便比他们做得更"努力"，结果也只能是跟他们差不多。如果要跟他们不同，你就得采取差异化战略，改变做法以做得更好。光努力还不够，得用不同来得到不同（见图 3-3）。

图 3-3 同质化的更"努力"，其实是用战术上的忙碌，来代替战略上的懒惰
资料来源：http://blog.ifsworld.com/。

实 践 者 说

公司成立之初，外国老板招聘操作工走的是高薪路线，操作工责任心非常强，积极性也非常强，基本每个人都是想方设法减少质量问题，提高生产效率。同时，在一线工人这个圈子里，口口相传，吸引了不少优秀工人。后来换了一个国人领导，一下子就从高薪变成了低薪，优秀者自然离开，于是进入一个恶性循环，废品率大幅提高，生

[一] Study Indicates That America's Driving Boom is Over, Paul A. Eisenstein, 15 May 2013, CNBC.com.

产成本提高，就通过降低人力成本来弥补，一线工人现在的目的不是保住工作，而是等待公司炒人赔偿。（李洁，供应链经理）

小贴士 苹果的"非同凡想"（Think Different）

1997年，苹果濒临绝境，乔布斯重回公司，打出了"*Think Different*（非同凡想）"的广告，来传递苹果的价值观："Think Different是什么？是那些具有独立的思想的人；是那些有勇气抛弃世俗的眼光特立独行的人；是那些具有空杯心态愿意学习新事物的人；……是那些想改变世界的人。"[一]

从打出的那一天起，"非同凡想"就注定是人类广告史上的杰作。整个广告为时1分钟，先后有爱因斯坦、鲍勃·迪伦、马丁·路德·金、理查德·布兰森、约翰·列侬、爱迪生、穆罕默德·阿里、甘地等20位名人出现（见图3-4）。这些伟人虽然来自不同的国度、不同的时代、不同的职业，但都有一个共性，那就是他们都是各自领域的创新者，追求"不同"而不仅仅是努力。

图3-4 苹果的广告 *Think Different*[二]

资料来源：The Real Story Of Apple's 'Think Different' Campaign, www.brandingstrategyinsider.com。

[一] 百度百科，"Apple think different"词条。是的，是"非同凡想"，不是"非同凡响"。
[二] 对此广告的更多了解，可以听当年乔布斯的内部讲话：Apple Confidential-Steve Jobs on "Think Different"-Internal Meeting Sept. 23, 1997, www.youtube.com。

而这正是苹果的标志。如果要给苹果一个定义的话，最简单的莫过于"不同"二字了：从最初的个人电脑，到后来的iPod、iPhone、iPad，都是与众不同的划时代的杰作。苹果之所以杰出，不是因为他们"努力"来"努力"，而是"努力"来追求"不同"。

"非同凡想"也可以说是苹果价值的宣言，掀开了苹果重新走上"不同"之路的新篇章。接下来的呢，就是二十年来苹果的再度辉煌，创造了一个又一个奇迹。

多少年过去了，这个广告还是那么震撼人心，不管是画面，还是广告词。这里特意把广告词摘录下来，让我们再次感受这触及灵魂的"不同"。译文摘自"豆瓣"网站㊀（黑体是我加上的，以便加强），在百度百科上也能看到类似的翻译，但很遗憾，都没有翻译者的信息。如果有人知道译者的话，烦请告知，以便正确引用。

向那些疯狂的家伙们致敬，

他们特立独行，

他们桀骜不驯，

他们惹是生非，

他们格格不入，

他们用与众不同的眼光看待事物，

他们不喜欢墨守成规，

他们也不愿安于现状。

你可以赞美他们，引用他们，反对他们，

质疑他们，颂扬或是诋毁他们，

但唯独不能漠视他们。

因为他们改变了事物。

他们发明，他们想象，他们治愈，

他们探索，他们创造，他们启迪，

㊀ 乔布斯一生最爱广告词 Think different【附翻译】，https://www.douban.com/group/topic/33079452/。

他们推动人类向前发展。

也许，他们必须要疯狂。

你能盯着白纸，就看到美妙的画作么？

你能静静坐着，就谱出动听的歌曲么？

你能凝视火星，就想到神奇的太空轮么？

我们为这些家伙制造良机。

或许他们是别人眼里的疯子，

但他们却是我们眼中的天才。

因为只有那些疯狂到以为自己能够改变世界的人，

才能真正地改变世界。

不是知易行难，而是知不易、行不难

人们常说知易行难，其实正好相反，是知不易，行不难。我们的企业，特别是上了规模的企业，总体上说是要钱有钱，要人有人，只要知道问题的根源，确保资源投入到正确的地方，我们总能做得更好，至少比以前要好，所以"行"并不难。

之所以太阳底下无新事，我们面对的大都是老问题，从根本上讲是个"知不易"的问题——**因为不知道问题的根源，所以企业经常性地折腾试错，用一个错误的解决方案来代替另一个错误的解决方案，浪费了大量资源而问题依旧。**让我们看个采购廉政的例子。

2016年7月，我在上海，会见一位主管采购的副总。这是一家几百亿元规模的企业，在全国多地都有工厂。由于多年的高速发展，系统、流程建设跟不上业务的需求。表现在采购领域，就是廉政问题不断。董事长病急乱投医，先是把采购人员一年一换，没解决问题；于是就全面集中，把所有的采购权都集中到总部。这还不算，他还自己亲自上阵，审合同、签采购订单。

想想看，这个公司每年百亿元级的采购额，有多少合同要审，有多少订单要签啊！这不，董事长每天签字到凌晨三点。这还没完。集中采购后，鸡毛蒜皮的事都得总部处理，总部人手严重不足；刚集中不久，有些事工厂不知道该找谁，一个电话就打到采购副总这里，可以说是一地鸡毛。

作为一个供应链职业人，你知道董事长的举措都是问题多多。先说采购一年一换。你知道，这对延续性来说是灾难，注定供应商层面难以形成长远战略，决定了供应商的选择、管理和绩效不到位。至于防腐呢，你不用是个MBA就能知道，作用非常有限。否则，为什么董事长还会继续下猛药，把买一支铅笔的权限都要集中到总部，而且得自己深更半夜地审合同、签订单呢？从常识的角度想想，屋子里晚上钻进来一只蚊子，喝饱了你的血，你不会傻到每天赶走老的，再放进来一只新的吧。

再说采购权的集中。我们都知道，集中采购在获取规模效益的同时，也带来诸多负面影响，比如对业务的需求没法及时、有效响应，影响到各地的分公司、工厂的灵活性。所以，对于管理粗放的企业来说，集中采购制造的问题往往比解决的更多。集中到极端，董事长事必躬亲，审合同，签订单，势必成为最大的瓶颈，让响应速度更慢。

这些弊端，想必董事长也是知道的，那为什么他还采取这些极端措施呢？我想原因很简单：病急乱投医。董事长不知道问题的根源在哪里，所采取的措施自然就不到位了。这是个典型的"知不易，乱作为"问题。

让我们退后一步，仔细审视这里的问题。表面上看，问题是采购贪腐，其实是因为采购的系统、流程能力不足，没法有效约束组织行为，控制员工贪腐的风险。**要改变行为，就得改变能力**。在这里，董事长主要靠组织措施，其实能力的短板是系统和流程：**系统没法有效地、客观地统计结果，企业就没法通过结果来管控员工，于是就只能通过组织措施和流程监控来弥补，比如频繁轮岗、多权分立人盯人等**。这就又回到能力建设上：**能力要从组织、流程和系统三位一体的角度**

来改进。

拿我自己的经历为例。我在硅谷做采购的时候，有相当大的自主权，理论上可以干坏事，导入劣质供应商。但一旦导入，问题就来了：每一周，我们都得回顾供应商上一周的绩效（我们对每一个订单、每一个料号都严格地统计按时交货率和质量合格率，所以说系统可以相当客观、及时地反映一个供应商的绩效）。如果按时交货率、质量合格率不达标，我就得站在高层面前解释，说为什么我选择的供应商按时交货率只有35%，我的计划是如何改进到95%。第二周，还是不达标，那就接着解释，接着改进。第三周、第四周，老问题还没解决，高层就开始怀疑。第五周、第六周的时候，供应商的绩效还是老样子，那就准备卷铺盖走人吧。

可以说，系统的能力强大，能够有效反映员工的绩效，公司就更加容易通过管理结果来管理员工，所以可以在流程控制上适当放松（比如多权分立和人盯人），也用不着习惯性地采取轮岗、层层审批等组织措施。

但是，在很多本土企业，系统不健全，没法有效客观、及时地统计绩效。就拿最简单、直观的按时交货率来说，我经常问企业，你们统计供应商的按时交货率吗？答曰"统计"。如何统计？答曰"我们打分，每季度打分一次"。你当然知道这不客观。比如有人问你，供应商在两个月零29天前的那票货按时还是不按时，你还记得吗？就这样，评分高，采购据为自己的功劳，说我选的供应商多能干；评分差，采购说这是主观打分，我的供应商明明所有都按时，就是因为前天那根螺丝钉没按时，就被打成零分，所以这打分不可靠。于是，有些劣质供应商，人人都知道是通过非正常渠道进来的，人人都知道是谁在腐败，但秃子头上的虱子就是没法捉，因为系统的能力不足，没法客观、及时地暴露问题，证明问题的存在。

这也是为什么同样的组织措施，在一些全球企业起作用，但在一些本土企业就不起作用。人们习惯性地归咎于文化、大环境，而不是从系统、流程的能力不配套上找根源。企业如此，国家也是。这也能够解释，为什么同是民主国家，越是落后的国家，越是落后的地区，腐败问题就越严重：这些民主政治的组织措施都差不多，比如分权制衡等；越是落后，系统和流程的力量越是薄弱，相同的组织措施所达到的效果就越有限。

作为公司的老总呢，系统、流程的能力不足，就习惯性地用组织措施来弥补。这是人们的自然选择——组织措施因为实施起来成本低，所以就被广泛采用，甚至滥用。就拿采购来说，有些公司的采购一年一换，采购只能由本地人做（"跑了和尚跑不了庙"），采购权集中等措施，就一项一项地出台了。但**能力的短板不在组织，而在系统、流程**。系统、流程的能力不改变，组织措施的边际回报越来越低，注定会继续产生问题，只不过是发生在不同的人身上，比如由分部转移到总部，由操作层转移到管理层，由采购转移到技术、质量罢了。于是接着在组织措施上下猛药：老总亲自上阵批合同，签订单。结果不说你也是知道的。就像那些国有企业一样，每顿点几个菜都规定得很清楚（组织措施），而腐败问题却是一年胜过一年。

也不是老总不愿意投入资源：是他的企业，他当然愿意，自己审合同、签订单到凌晨三点就是明证。这里的关键呢，是他不知道问题的根源，不理解资源应该投入到哪里去，是个"知不易"的问题。而一旦知道问题的根源，行动其实不难。就拿采购贪腐来说，健全系统，提高系统的能力就是解决方案的一大部分。在系统的基础上，强化流程，比如采购员都按照流程，对每一个订单的每一个料号、每一行都严格采集数据，维护数据的准确性，就跟一些跨国企业做的一样，提高数据的质量，增加决策中的客观因素，并且能够通过结果来约束员工的行为。

最后，**董事长不懂这些不是真正的问题；真正的问题是职业经理人不懂**——作为采购和供应链领域的专家，职业经理人没有把这些问题想通、想清楚，也不知道正确的解决方案在哪里，自然就没法解释给老总们。说白了,还是个"知不易"的问题。知道了问题的根源,解决起来其实并不难——只要我们投入资源,我们总可以做得更好,至少比以前做得好。

要改变行为,必须改变能力

作为领袖,我们的一大任务是导入改变,**正面的改变**——变坏很容易,变好才是改变的目的。这点连政府的官僚们都知道:他们每天"三令五申"的,不就是要老百姓改变吗?不过老百姓改变了没有?没有。企业也是。为什么管理层三令五申,执行层还是我行我素呢?

前面多次提到,**企业是理性的,组织是理性的,企业人是理性的:他们做什么,不做什么,怎么做,都是基于现有能力的理性应对——不改变能力,就没法改变行为**。作为管理者,我们的着眼点不能光在行为改变上,更应该在能力改变上,通过改变能力来改变行为。

举个例子。销售为什么做不好预测?作为供应链职能,我们的第一反应是销售不重视预测——他们不愿意改变行为。不过你想想看,做不好预测符合销售的利益吗?当然不符合。没有一个销售说,让我们把预测做得很烂,这样客户要的我们没有,客户不要的我们有一大堆,把公司与客户都害死,我们好到别的公司去打工。所以说,做好预测百分之百符合销售的利益,他们也愿意做好。那他们为什么做不好呢?答案很简单:他们没有能力做好。

读过我的《供应链管理:高成本、高库存、重资产的解决方案》一书的朋友都知道,需求预测是销售与运营计划(S&OP)的重要部分,是个"**从数据开始,由判断结束**"的过程——销售的天职是跟人打交道,有判断,但没数据,也不善于分析数据。他们做预测,是典型的"从判断开始,由判断结束"——拍脑袋,自然做不好预测。而解决方案呢,就是由计划来分析数据,由销售来提供判断,通过计划的协作,弥补销售在数据分析上的**能力短板**,从而提高预测的准确度。

再比如说，研发人员自己寻找新供应商，看上去是个很糟糕的行为：在建制完善的企业，寻源是采购的职责，便于维持与供应商的统一窗口，制定和执行供应商策略。那为什么在建制不完善、管理粗放的企业，工程师在自己找供应商呢？很简单，这些企业的采购能力不足，不能有效满足内部客户的合理需求，寻源工作只能由内部客户工程师代劳，否则的话，新产品如何才能快速上市？要改变工程师的行为（在这里是寻找新供应商），就必须得改变采购的能力（即评估、选择和管理供应商的能力）。我见过很多工程师，问他们愿不愿意找供应商。答案都是否定的，因为工程师的任务是研发工作，找供应商是兼职工作，是不得已而为之。当采购有能力找到合适的供应商了，研发人员自然会聚焦设计工作，而不是找供应商了。

这道理看上去简单，但人们往往不理解。员工不愿意改变行为，我们经常抱怨的是他们不愿意，归咎于态度问题。其实**改变的终极是能力改变，通过提高能力，给员工更好的解决方案，他们的行为自然会改变。**

举个例子。我曾培训过两个跨国企业的计划团队。这两个企业一个总部在美国，一个总部在德国，计划团队的共性是拍脑袋做计划，设立库存水位都是凭经验，要么太高，要么太低，计划质量参差不齐。我们都知道，作为计划员，拍脑袋是个糟糕行为。但是，这些计划员连基本的数据都没法有效获得，对基本的数理统计都不理解，有些连 Excel 表格都用得不熟练，他们不靠拍脑袋，靠什么？所以，让他们不要拍脑袋不是解决方案；改变他们的能力，给他们更好的方法才是。

比如在美国的这个公司，我开发了一系列的报表，让计划员能够更容易地从系统中提取需求历史，按月、按周、按客户等多种方式、多种详细程度分解，解决了数据源的问题。我进一步给计划团队培训基本的数理统计，用数理统计的方法来计算需求的不确定性、供应的不确定性，以及有货率（客户服务水平）对库存水位的影响，给他们简单实用的公式。计划员的能力提高了，很多表示要"痛改前非"，改变做法，因为拍脑袋做计划，计划质量不高，导致呆滞与短缺并存，一边赶工加急，一边处理呆滞库存，计划员深受其苦，也不符合计划员的利益。

这就是说，**能力改变了，有了更好的解决方案，员工的行为方可真正改变。**

实践者说

我在书中看到你说多子多福是个伪命题。穷人倾向于多生孩子，因为他从事的是价值不大的工作，时间价值很低。一个孩子是养两个孩子也是养，所以他们会倾向于多生作为投资。而富人没有养老需要，从事高价值工作，时间成本高，所以子女往往是最低限度的一个或者没有。（杨旭东，南京师范大学）

作者回复

人的行为是由其能力决定的。穷人生孩子多，并不是生孩子成本低，而是他们的能力有限，孩子成活率低、成才率低，所以就采取广种薄收的做法，分散风险，希望多生孩子，至少有一个能够成才，给自己养老。现在你在城市生活，生一个就能成活一个、成才一个，给你倒贴，你也不会生三个、四个孩子来。

企业也是。研发能力越差的企业，产品越多（相对而言），因为它们没有能力开发好一个产品，就只能由数量来弥补。采购能力越差的企业，供应商就越多，因为它们没有能力选中一个供应商解决问题，就选择两个、三个，甚至3＋1、4＋1（选了3个、4个，另外还有一个备份的，随时准备入场）。你知道，开发太多的产品，管理太多的供应商，会导致公司的管理资源摊得很薄，大家都知道不是好事。但"**能力决定行为**"，在企业没有改变能力之前，你还不能简单地改变行为。

那么什么叫能力？简单地说，**能力是组织、流程和系统的组合**：**组织**是选择合适的人，给他们合适的激励机制；**流程**是告诉员工做什么，如何做；**系统**固化、支持流程，给员工提供工具，并提供数据来评估流程和组织的有效性。

这很抽象。让我们拿上面的计划能力改进来解释。一步一步地培训计划员如何计算需求、供应的不确定性，计算安全库存属于**流程措**施；开发报表，帮助计划员更容易地获取数据是个**系统**措施；把库存计划集中，让少数数据分析能力强的员工负责，并给他们设立库存周转率和有货率的考核指标是**组织**措施（见图3-5）。组织、流程和系统措施三管齐下，员工的能力改变了，行为也会随之改变，因为拍脑袋、做砸了也不符合计划员的利益。

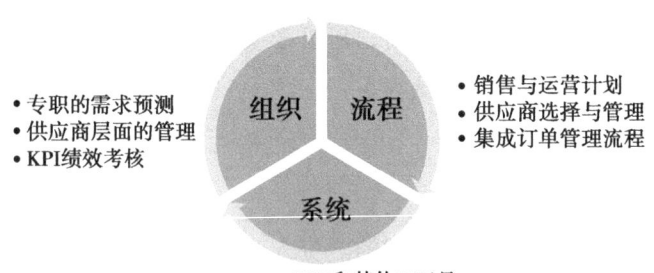

图 3-5　从组织、系统和流程上改进供应链能力

这里想强调的是，**绩效考核属于组织措施的一部分，所以也是能力的一部分**。合适的绩效考核能提高员工的能力。就拿上面的美国企业为例，计划员没有库存周转率考核（组织措施）时，一旦销售人员提出增加安全库存的要求，计划员顺手就转发给计划经理，要求计划经理批准，然后计划经理得苦口婆心地解释，为什么现在的库存水位是合理的，我们不应该再多投资1万美元的库存。库存控制很困难，因为只有计划经理在控制，计划员在各地分公司，有货率和客户满意度是其主要考核指标，所以对库存指标不太关注。设立库存考核指标后，对于销售人员同样的要求，计划员就会直接挡回去了，他解释给

销售人员的，正是以前计划经理解释给他的那一套。这样，公司的库存控制能力就更强了。

个人行为如此，组织行为也是：**组织行为其实是组织能力的体现——组织是理性的，它们做什么，不做什么，如何做，其实都是对现有能力的理性应对。不改变组织能力，就没法改变组织行为。**而能力呢，看上去虚无缥缈，其实非常具体，就如上面的计划例子所述。这里我们以供应商管理的能力为例，再举个例子。

读过我的《采购与供应链管理：一个实践者的角度》的朋友知道，企业的供应商管理能力有如下三个关键构成。①结构清晰、职责清楚、统一协调的**组织**结构：这一方面是确定供应商管理的责任机制（没有单一职能负责的事情是做不好的）；另一方面是在采购、技术和质量三大职能形成合力，一致对外，与强势供应商博弈。②有章可循的五阶段**流程**，包括供应商的分类、评估、选择、绩效管理和深度集成，确保每一个职能知道自己在选择、管理供应商，以及改进供应商绩效中的角色、任务，这是跨职能协作的基础。③统一的信息**系统**平台，以有效支持五步流程中的每一个决策，统计供应商绩效，形成闭环的绩效管理（见图 3-6）。

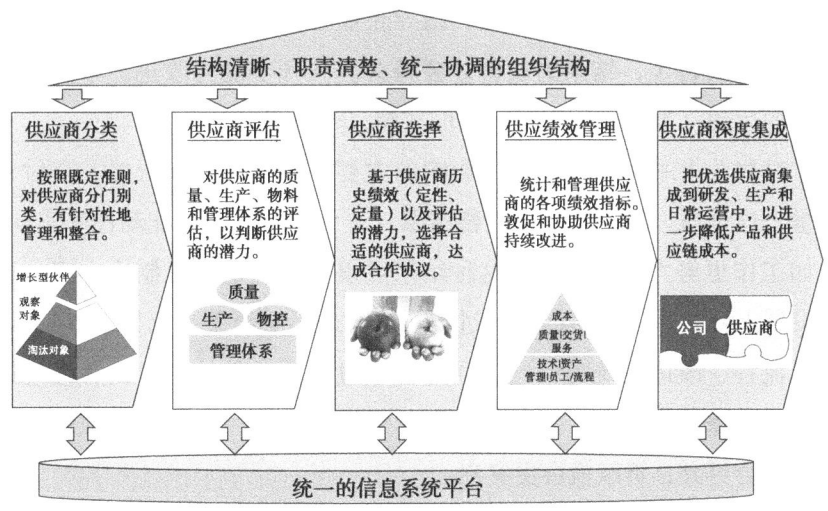

图 3-6　结构清晰、职责清楚、流程严谨的供应商管理

当我们这样理解时，供应商管理的能力改进就非常具体。

比如**组织**措施上，采购对内协调各职能的利益，对外负责供应商关系，是一个领导力职位，必须得由高资质的员工来担任（注意，这里指的不是订单处理：订单处理相对简单，用不着多高资历的员工）。如果你的采购都是些大学刚毕业一两年的员工的话，那解决方案就很简单：再招一些工龄 10 年左右的经理级职业人。

再比如说供应商的评估**流程**，不管是评估质量、生产还是物料管理体系，对应的都是些非常具体的表格，我们没有这样的表格怎么办？组织有经验的员工，整合他们各自常用的评估问卷，评分的标准也列清楚，让大家先用起来，虽然不完美，但远比让那些没有经验的员工自己试错摸索做要好，然后每季度或每半年定期改善，用不了多久就能整理出一套相当不错的评估表格来。

系统也是。作为一个几十亿、几百亿元的企业，如果采购员还在手工下订单，E-mail 或传真给供应商，那就是个非常具体的系统问题，而解决方案也很具体：上电子商务系统，不管是自己开发，还是用现成的商用软件，技术上都很成熟了，而且也花不了多少钱。

作为领袖和管理者，我们的任务就是围绕**组织、系统和流程**，制定改进方案，评估成本和收益，指导企业把资源投入到回报最高的领域。**能力改善了，结果的改善才会持久**。离开了能力改进，单凭一阵风式的运动，虽说可能取得一时的成绩，却是无法持久。

对职业人来说，职业初始影响的主要是结果，比如价格、交付和质量，这是通过**管理结果来改善结果**，主要是通过主观能动性来实现，比如工作更努力、更积极。这种结果可复制性较低，复制成本高。职业发展上台阶后，更多的是通过影响能力来影响结果，比如组建团队、完善流程、改进系统等，这是通过**管理过程来改善结果**，或者说通过**改变能力来改变行为**，可复制性高，复制成本低。这时候，职业人的成就就会更大，贡献就会更突出。

小贴士　新产品开发中，供应链的速度太慢怎么办

在很多企业，**供应链围绕量产需求设计，以效率为导向，成本能做低，但速度做不快**。这往往成为新产品开发的挑战，因为研发虽然关注成本，但更关注速度。研发的需求得不到有效满足，就对供应链很不待见。看上去这是研发的行为问题（对供应链不好，不待见），其实解决方案在供应链的能力上：（供应链）不改变（支持新产品的）能力，（研发）就不会改变（不待见供应链）的行为。所以，**表面上看是（研发的）行为改变，实质上是（供应链的）能力建设问题**。让我们拿个案例来说明。

硅谷有个高科技制造企业，一二十亿美元的规模。跟任何技术公司一样，该公司的研发人员整天被最后期限赶着走，不管是来自客户、新产品还是项目的，日子过得很悲惨。他们对供应链的最大抱怨呢，就是速度太慢。比如工程师想买点简单的东西，做个试验什么的，知道了供应商，知道了价格，光让供应链部门下个订单，不等个三五天的时间，这订单就是出不了门。

为什么这么慢呢？两个主要原因：其一，采购员既支持量产，也支持新产品开发，采购员的面前任何时候都排着一长串儿的订单，主要是量产的。先来后到，工程师的订单来了，排队动不动就得一两天。其二，公司的制度、流程是围绕量产的、重复性需求设定，对于研发的一次性采购，要加上额外的审批，采购审完财务审，层层审批显著增加了周转周期。速度慢，研发人员很有意见，就给供应链很多压力，支持新产品开发的采购经理的日子就很难过，很少有人能熬过两年。有一个高级采购经理，甚至半年不到就走人。

那怎么办？你不能在研发人员难伺候上做文章；你得从有效满足他们的合理需求上着眼。那就是提高供应链的能力，以满足工程师的需求，从而改变他们对供应链不友好的行为。这样，我们的聚焦点就成了**能力建设**。前面已经多次说过，**能力是个三位一体的概念：组织、

流程和系统。这个高科技企业的供应链部门正是从这三个方面出发，提高供应链支持新产品开发的能力。

先说**组织**。为加强对新产品的支持力度，该公司配备了几个专职的采购员。这些采购员不处理量产订单；他们的全职工作就是支持设计人员的需求，从确认需求到下订单、跟单、收货，尽可能快地满足工程师需求。这样，订单的处理周期大幅缩短。除了人员建制外，组织措施还包括绩效考核。比如对这几个新产品的采购员，该公司开始统计订单发送速度，比如在 X 小时内，应该有 $Y\%$ 的订单发送给供应商，每周、每月考核。绩效考核驱动员工行为：这些采购员自然更加认真地及时处理工程师的订单。

再说**系统**。对于工程师的一次性零星需求，该公司设计了一个简单的 Excel 表格，让工程师填写要买的零星物料和供应商信息，填写完毕就发送到一个专用的 E-mail 信箱。表格一旦进入那个 E-mail 信箱，系统就开始计时。那几个全职的新产品采购员呢，时时都紧盯着这个共用信箱，看到 Excel 表格就尽快处理。人们提到系统，总觉得需要投入很多资源，其实未必，比如这里的系统措施，在收发邮件的 Outlook 系统里稍作设置即可，不需要任何额外投资。

最后说**流程**。组织调整了，比如设立专门的新产品采购员，也意味着流程的调整：工程师的采购需求产生了，就再也用不着跟量产需求一起排队。在审批流程上，该公司也简化了采购对工程师需求的审批。想想看，工程师想买点杂七杂八的东西，用途大多是研发项目，作为技术外行的采购，你何德何能，能够判断花费是否合适？

谁能判断这些需求是否合理？工程师自己的老板。是花研发部门自己的钱，工程师的老板，有时候是老板的老板都批准了，还要采购批准什么呢？这些小额采购，金额不大，即使给工程师打了水漂，又有多少损失呢？我不是说不应管控这个风险；我说的是风险管控与制造的麻烦相比，性价比不一定合算——我们在解决一个问题的时候，往往会制造另一些问题，关键是要看解决的问题多，还是制造的问题多。

对于硅谷的这个企业来说，订单处理速度只是供应链改变能力、技术人员改变行为的一个简单例子。这些举措其实都没有什么特别的技术含量，也不用多少投资。关键是要意识到，**内部客户对待支持职能的态度（行为），根本上取决于我们支持职能的能力**；不改变支持职能的能力，就很难改变内部客户的行为。让我们再举个例子，看这个公司是如何改变供应链的能力，以改变工程师的行为的。

拿产品的入库为例。跟很多公司一样，硅谷这个高科技公司的设计人员火急火燎，催促供应商快点交货，但一旦货到了自家仓库门口，就如石沉大海，"走流程"动辄就得几天时间。比如在这个硅谷公司，供应商的产品送到仓库，就得排队，等候录入 ERP，这一等就是小半天——跟上面的订单处理一样，随时都有一大堆量产的物料在等着入库；好不容易录入 ERP，又开始排队，等着搬到货架上，小半天又过去了；上了货架，还得排队，等候送到工程师的办公室。就这样，工程师一边在火急火燎地催货，供应链却在慢条斯理、按部就班地走流程。你说工程师能给供应链好脸色吗？又是一个典型的工程师的行为，取决于供应链的能力的典型案例。

那解决方案呢，还是得从供应链的能力建设着手。这个企业的供应链先从**系统**上开始，把所有工程师的订单都识别出来（这容易，比如 SAP 里，以 47 开头的一般是工程师订单）；对这些订单，要求供应商用橘色的包装来识别。然后他们培训供应链上的各个职能，从物流到仓储到搬运，凡是看到橘色的包装，都得放下手头的活儿，优先处理橘色包裹——这也是**组织**和**流程**措施。一下子，这就把大段大段的排队等候给拿掉了。

想想看，仓库收发的材料中，绝大多数的是给生产线的；现在让为数甚少的研发订单插队，对生产线的总体影响没什么，但对工程师们来说却是天壤之别：以前收发流程慢，经常见工程师自己驾车到供应商处拿货,浪费工程师的宝贵时间不算,后续的账实不符、供应商付款问题又是一大堆(工程师拿到料了,却没有及时或干脆不补流程,账实不符);现在有了橘色包装、优先通道,入库的延误尽量减少了,仓库又设了一个专人,整天的任务就是给工程师送货(组织措施),工程师自然就用不着到供应商现场去拿货了,而相应的账实不符问题也得到了根治。又是一个工程师的行为改变(不到供应商处拿货),取决于供应链的能力提升的典型案例。

上面两个例子只是该公司的供应链提升能力、更好满足新产品开发的一部分,从而改变内部客户的行为,改善与供应链的关系。各种举措,不管是组织、流程还是系统措施,其实都没多少"技术"含量,也用不着多少投资,却对提升新产品开发的支持力度有显著意义。

不理解这些的呢,总是抱怨研发太强势,不愿"善待"供应链;理解这些的呢,则善于从自身找问题。毕竟,用一句老话讲,会埋怨的埋怨自己,不会埋怨的埋怨别人。企业人是理性的,组织行为也是。在一个公司里,一个职能不被"待见",根本原因,鲜有例外,都在于那个职能的能力:能力不足,没法有效解决内部客户的问题,或者制造的问题比解决的还多时,受到影响的职能怎么会拿正眼看你呢?

写到这里,我想到深圳的一位采购经理来。她向我抱怨,说公司的那些大厨看到她跟仇人一样。这是家连锁酒店餐饮企业,大厨开发新菜品,就跟制造业的研发差不多。采购的一项任务是老板的"看门狗",确保大厨不要乱花钱。大厨经常买点零星的东西,比如一块儿猪肉,实验新的菜品。需求提出来后,先是采购层层审批;采购审完后,又是财务的层层审批。好不容易审批流程走完了,动不动一两周就过去了。我对那位采购经理说,"现在你该理解了,采购制造的问题比解决的还多,大厨看到你能高兴吗?"

你没法"确保"绩效——兼谈系统和流程

1998年,我在同济大学读研究生,导师丁士昭教授访问日本回来,说日本建筑公司对于安全非常注意,施工现场有专门的人站在那里确保安全。不过他说,就建筑工地的安全事故发生率来说,日本也并没好到哪里。

后来我到了美国,经常看到道路上施工,短短一段施工现场,两头各站着一个五大三粗的大汉,啥事也不干,专职负责安全。我没看到过统计资料,但不用看也知道,美国的施工安全也不会好到哪里去。要不,要那大汉站在那里干什么?如果干活的人都不注意自身安全的话,别人怎么能"确保"其安全呢?

这就如你去访问供应商,供应商给你说,他们通过这样那样的质量认证,质量当然一流;可你到生产线上一看,三步一岗、五步一哨,都是些质检人员。你就知道,这质量好不到哪里去:**如果一线工人质量好的话,就根本用不到这么多质检;如果一线工人不一次性做好,再多的质检也是没法真正确保质量的。**

这放在绩效管理上也是。以前我在硅谷一家高科技公司时,有些员工表现不好,绩效差不说,团队合作精神就更差,得时时盯着。大老板忙不过来,就再雇一个经理来管理。结果可以想象:绩效还是没好到哪里去。还是一句话,如果员工的积极性不高,自己对工作没有热情,管理层是没法"确保"员工绩效的。

企业的官僚机制越来越复杂,就是因为想通过层层管理来"确保"绩效。你知道,这就是大企业病,是企业效率低下、失去竞争力的一大根源,是国有企业里领导们"三令五申"的另一个版本,解决不了问题。反过来,好员工是不需要管理的;他们需要的是方向、目标,以及资源和支持。**如果你必须得管理一个人,那要么是你雇错了人,要么是你的管理方式值得商榷。**

上面说的是员工的激励机制,放在系统和流程上也是同样的道理:

如果没有健全的系统和流程，你也没法通过管理层的特别注意、提高优先级来确保绩效，让其持续高于系统和流程能够达到的水平。

举个例子。有个公司的总体按时交货率为95%左右，这是现有系统和流程能达到的水平。这公司新近好不容易开发了一个大客户，但大客户的要求是98%的按时交货率，迟到罚款。为了确保给大客户的按时交货率，管理层就只得频频介入催货、救火，重点作战，整天督促供应商赶工加急。但问题是，一旦注意力转移，按时交货率就往下掉，重回95%左右。根本原因呢，是因为系统和流程没法差异化，确保给大客户更好的服务水平，所以给这个大客户的服务水平就是系统和流程能够提供的水平。比如ERP系统的基本逻辑是不管客户大小，谁的订单先到，谁就先拿货（先到先得），没法系统给重点客户优先待遇；短缺时，虽说在分配时优先照顾大客户，但最终还是哪个客户吵得凶，哪个客户拿到料；供应商的按时交货率也一直在一定水平上，很难系统提高。

这问题很有普遍性，也是很多大企业的挑战：公司的供应链基础设施只有一个，但业务需求不同，供应链没法系统地提供不同的服务水平，例如对签订了长期协议的客户提供最好的服务，对没有合同关系的服务水平差一点等。在美国，为解决这一问题，有些公司投入了很多资源，实施供应链细分（supply chain segmentation），一些大咨询公司也在投入很大精力来推进，但效果还有待证明。

既然系统和流程的能力达不到，管理层就得一直盯着，来"确保"绩效，但结果只会更糟：员工的资源大都用到重点客户上，非重点客户就受影响；要知道，每个**非重点**客户都是某个部门、某些人的**重点**客户，时间长了，这些人最终会吵起来，又制造出更多的问题，导致对供应链的更多人为干涉，消耗更多的资源，让整个组织更低效，整个组织的绩效就更差；绩效更差，内外客户就更不放心，盯得更紧，让你三天一汇报、五天一总结，花掉你更多的资源，让供应链运营部门更低效。这样就陷入恶性循环，运营绩效越来越差。

这就是为什么运营水平越差的公司，就越需要人为干涉；人为干涉越多，公司的总体运营水平就越低。比如相比竞争对手，我的老东家的供应链运营水平很高，是半导体设备行业的标杆企业，有相对健全的系统和流程。这公司后来并购了一个同行公司，一个有不错的产品，但供应链运营奇差的公司：这个同行公司的管理层习惯性地埋头具体业务，"确保"绩效，但总体绩效之烂，我还真没见过第二个。或许这就是为什么他们最终难逃被兼并的命运。

如果不从系统、流程的角度出发，提高系统和流程的能力，高要求的大客户往往就是压垮一个公司的最后一根稻草。我在硅谷十多年间，经常看到一些供应商拼命打入行业巨头，但一旦进入后，系统、流程能力不够，只好从上到下来人工干预，"确保"绩效，公司的运营效率大减，导致成本大增，没多久就撑不下去了，最后公司不得不转手，被大公司并购，或者被竞争对手吃掉。

实践者说

问题到处都有，无事没有起因。带着流程和系统的眼光看问题，终究会找到答案。（Rabitking2002，供应链管理专栏读者，www.scm-blog.com）

实践者说

不管努力做什么，只要制度、系统不变，制度、系统的力量总会把你拉回原路。（韩毅，供应链管理专栏读者，www.scm-blog.com）

持久结果需要持久投入

有个家电制造企业，传统业务是合同制造，帮海外名企代工，后来开发了自有品牌（这也是很多企业的共同经历）。这几年，代工业务在持续下降，自有品牌在持续上升，总营收连续下降几年，然后缓慢上升。总体上，企业处于慢增长状态。营收增速放缓，成本压力就大，特别是连续微利甚至亏本几年后。这不，省钱的压力就转移到采购和供应链的身上。

该企业就推动采购降本，比如整合供应商，集中采购额，加强供应商谈判，取得了显著的降价，帮助企业扭亏为赢。但是，大家都知道，你没法每年都取得这么大的采购降价，特别是产品的定位是中高端，质量要求很高的情况下。而且你知道，谈判降价，本质上没解决成本问题，不过是把成本转移给供应商。这种成本转移很难持久，因为根本的问题没有解决。

那么什么是根本问题？有如下三个根本源头：第一，**设计**。百分之七八十的成本是设计阶段决定的，这点不用多说。第二，**计划**。计划不到位，紧急需求多，赶工加急运营成本高；呆滞库存高，库存成本就降不下来。第三，**供应商**。大约70%的供应链增值活动发生在供应商处。供应商没选好，没管好，相应的成本就管控不好。

让我们拿产品设计为例。前面说过，工程师往往不熟悉供方市场，特别是那些低于平均水平的一半工程师，所以在材料选型阶段，往往没选对最合适的材料，导致后续采购成本高，可制造性差。那么谁最熟悉供方市场？采购。采购整天跟供应商打交道，他们更熟悉哪个供应商质量好，哪个服务差，哪个价格低。采购需要早期介入来优化产品设计，帮助工程师设计选型。设计优化了，就为后续的成本、交期、质量打好了基础。

这个公司的供应链老总说，她理解这比一次性的采购降价更持久。**但问题是采购和供应链没这能力**。就拿材料选型来说，采购都是些"小采购"，追料砍价尚可为之，但品类管理粗放，品类知识不够，帮不了设计人员。当然，设计人员也没有这方面的**能力**，他们也不认为采购能帮他们。我说，那得构建能力，要么在设计人员处，要么在采购职能处。因为这是关于供应，所以采购是合适的职能。采购有了**能力**，配以合适的激励机制，自然就会发挥作用，来支持产品的设计选型与优化。

瞧，话题就从**结果**转到**能力**上了。能力是什么？我们前文说过，**能力是组织、流程和系统的组合**——你得雇合适的员工，给他们合适的激励机制；你得优化流程，先做什么，后做什么，怎么做；你得建立系统，一方面固化流程，另一方面提供信息，监控组织和流程的正常运转。**能力构建好了，才能持续解决问题，取得持续成果。**

比如我的老东家，一个半导体设备行业的标杆企业，在售后备件的客户服务水平和库存周转率上一直遥遥领先同行，就是得益于组织、流程和系统的能力建设。后来，在前后半年时间内，部门的执行总监、高级总监、总监退休的退休，被挖走的被挖走，但没什么影响：一线员工还在，流程和系统还在按部就班地运行，所以结果是持久的，因为能力已经建好，对关键人物的依赖就下降。

能力怎么建？**能力建设需要资源的投入**：招聘合适的人，上系统，改善流程等，都需要资源。这有点像美国人的做事方式：**要产出，就得先投入；要挣钱，就得先花钱**。这似乎与我们的少花钱、多办事，甚至不花钱、多办事的宗旨相矛盾。不过细想想，不投入，能有产出吗？投入少，产出能多吗？农民都知道，你要好收成，就得多施肥；今年不施肥，明年就收成不好；要想收成年年好，就得年年都施肥。而那么多的企业高管呢，却总是想着空手套白狼的事。

国人的习惯，就是搞运动式地做事：运动来了，资源动员起来了，注意力集中在这件事上，取得一定的成绩；运动结束了，资源移到别的运动上，一切又"回到了解放前"，该是什么的还是什么。我们总是嘲笑政府，嘲笑他们突击整治市容，突击治理空气污染，突击改善治安，其实我们企业人干的，何尝有什么两样呢？

这么多年，我想我终于悟出来了，**结果不能持久，是因为能力不能持久；能力不能持久，是因为资源的投入不能持久**。结果就像推车上坡，你用力推，就会向上走一点；一旦不用力了，车就停在那里，甚至后退。**持久的结果需要持久的投入**。这天底下最大的童话，莫过于空手套白狼了。**没有投入，就没有产出；没有持续的投入，就没有持续的产出**。道理就是那么简单。

对于众多的本土企业来说，**供应链绩效差，根本原因就是资源投入不足**。就如前文说过，在技术驱动的企业，企业的资源向研发倾斜；在营销驱动的企业，企业的资源向营销倾斜。但不管在哪一类公司，供应链总是老三——老三意味着得不到足够的重视，就没有足够的资源；没有足够的资源，就雇不到足够优秀的员工，没钱上系统，没钱改善流程；组织、流程和系统改善不了，能力就提不高，活儿就自然做不好。一时搞运动式地取得一定成效，但能力没改变，时间长了自然就没法维持。

就拿案例中的这个企业来说，虽然一次性整合掉几十个供应商，集中了采购额，获取显著的采购降价，但管理供应商的能力不改变，供应商绩效没法保障，注定后续要导入更多的新供应商，导致供应商数量再度膨胀，采购额进一步分散，又回到老路上去了。所以，采购节支注定没法持久。他们的董事长也意识到，采购的供应商管理能力有问题。但光认识到能力短板还不够，一定要把能力跟资源的投入挂起钩来：**不投入资源，就没法弥补能力短板；能力短板没补齐，结果就不会持久**。

还记得前面提到的一个案例吗？那是 2016 年 7 月，我到深圳，给一个十几亿元的企业讲供应链管理。一天的培训结束了，董事长做总结发言，第一句话就是给供应链的员工加工资，这可是当着全公司的四五十位中高层，以及供应链的骨干员工讲。因为他理解了，供应链的工资待遇低，就吸引不了优秀的员工；没有优秀的员工，要持续地出成绩就不现实。而加工资呢，就是一种简单直观的资源投入。

2012 年圣诞节前，我到山东，给一家百亿元级的企业培训。该公司的采购额每年 40 亿元，有很多南车、北车这样的战略供应商，而管理供应商的采购员呢，平均工龄只有两年出头。我给他们的董事长解释，为什么指望这些刚毕业不久的学生，他的公司从战略供应商那里拿不到应得的年度降价，催不来货，质量问题也得不到及时解决——能力不够，活儿就做不到位；即使做到位，也不会持久。他明白了，转头对他的采购总经理说，再招聘10位采购经理来。

想想看，山东的四五线城市，10位采购经理一年的成本也就两三百万元，他们从40亿元一年的采购额中，稍微挤出一滴水，一年就能节支多少。这还不算按时交付、质量和服务那些不容易量化的改善。

我认识一位美国的首席采购官，他当时被一家大公司挖去改善公司的采购与供应链，给公司老总算的就是这么一笔账：你给采购与供应链一次性投入多少钱，我们会改善哪些能力，产生多少效益；以后每年投入多少，我们每年会产生多少节支。这是一笔正确的账。他得到了资源投入，雇人，上系统，改进流程，全面提升了采购与供应链的能力。几年后，因为采购贡献突出，该公司就获得美国《采购》杂志评选的采购金牌，采购领域内的最高奖项，每年只有一个公司获奖。

再回到案例中的这位供应链老总。她理解了，持久的结果需要能力的系统改善，能力的改善需要资源投入。她也理解了，表面上，这是让采购与供应链做出更大的产出；实质上，这是获取更多的资源投入——**看上去是个产出问题，其实是个投入问题**。而要获取资源投入，就得说服老总，展示采购和供应链的价值。她说，她会邀请董事长一起参加我的培训。任何问题都是两个问题，先得解决"愿不愿意"的问题，然后解决"能不能够"的问题。参加培训，解决"愿不愿意"的问题，也算开了个好头。

供应链管理的核心是协作

供应链做三件事：采购把东西买进来，生产运营来加工，物流配送给客户，其目标是最大化效益，最小化成本。自从有了公司，公司就在做这三件事，为什么供应链管理却只是最近三四十年的概念呢？

这里的关键是协作（见图 3-7）。

图 3-7　职能山头林立、单打独斗不是供应链管理

在传统的职能划分下，职能之间壁垒分明，一个职能做完了，隔墙扔过去，另一个职能接着做，做完后再隔墙扔给下一个职能。职能之间的沟通、互动和协作度低。解决问题的思路也是职能导向，自己是没问题的，都是别人的错。比如生产有了问题，抱怨对象要么是设计（产品的可制造性差），要么是营销（紧急需求），要么是采购（供应商交货迟到）。再比如采购跟供应商砍不下来价，抱怨的就是设计——谁让设计整出那些独特设计、独特选型呢？而设计达不到目标成本，矛头往往就转向采购，抱怨采购跟供应商砍价不力。

在传统的职能导向下，解决问题的方式也是"都是别人的错"：只要别的职能做好了，这事情自然就解决了。在这种思路下，人们忽略了一个根本事实：**供应链的问题错综复杂，大家都是问题的一部分，所以也应该是解决方案的一部分。**

让我们拿年度降本为例。供应商说，你们的产品选型太独特，材料、工艺要求特殊，没有规模效益，没法降本。在采购眼里，这就成了设计的问题，即设计没有优化、标准化产品设计。但是想想看，即使设计愿意优化，他们有没有能力来优化？让我们看一下产品设计优化的例子，如下所述。

（1）工程师做好产品设计，拿给供应商打样。

（2）围绕产品设计，供应商设计生产工艺，反馈说，"您这产品设计好是好，但用了一种材料，太硬太脆难加工，成本做不低，速度做不快，良率也不高；而您的同行公司用另一种材料，既好加工，又便宜，性能也符合你们的要求，为什么您就不用呢？"这是生产工艺给产品设计的反馈。

（3）工程师一听恍然大悟：我怎么就不知道呢？于是调整设计、规格，开始第二轮的打样和设计优化。

这就是说，产品的设计优化离不开工艺设计的反馈。设计优化是产品设计和工艺设计交互优化的结果。作为产品设计工程师，你当然没有供应商熟悉生产工艺，因为你的特长是对着计算机，做产品设计，生产线上你没去过几次；供应商整天在生产线上干活，当然比你更熟悉工艺设计。这就是说，**供应商在弥补产品设计人员对生产工艺认识的不足，从而优化产品设计**。也就是说，产品设计虽然是工程师的任务，但需要采购和供应商的协作来优化，特别是对那些经验不丰富的设计人员来说——别忘了，任何时候，我们都有一半的设计人员是低于平均水平啊。

但问题是，很多公司采取一品多点的寻源策略，即同一个料号，由多个供应商做。采购这样做，除了质量、交付方面的备份外，主要是给供应商制造竞争，以更好地控制供应商。但问题是，一品多点降低了供应商，特别是优秀供应商优化设计的动力。想想看，你是最优秀的供应商，关键是你掌握了特定的技术或工艺。现在你把这些技术、工艺告诉我，让我设计到我的产品中，第二天你的那几个劣质竞争对手都学会了，何苦呢？这就决定了产品设计的不优化。而不优化的产品设计注定成本做不下来，就变成了采购的任务：谈判降价和年度降价。

从某种意义上讲，**年度降价是设计不优化的补偿措施**：如果设计优化了，成本已经做得很低，产品已经很有竞争力，还用得着三天两头去跟供应商砍三个点、五个点什么的？光靠一张嘴，采购如何砍价？他们的拿手好戏就是导入更多的供应商，形成更多的竞争，从一品一点到一品两点，再变成三点、四点。供应商越多，在以后的新产品开发中，就越不愿意帮助做设计优化，那么以后采购谈判降价的压力就越大。这就形成恶性循环。

> 实践者说
>
> 前几天读《格鲁夫给经理人的第一课》，他和刘老师的观点是一致的：任何活动都是增加价值/消耗资源的，越早发现不合理的前置活动就越有效。套用句老话，早发现早治疗。然而早治疗的难度在于，越早的环节越是涉及多部门，能得到所有关键部门的认同与配合是非常困难的。个人的领导与协调固然重要，企业内良好的沟通机制与激励机制也必不可少，需要让其他部门认识到新措施有价值、可执行。否则协调不了其他部门只能着眼自己的一亩三分地下功夫，那么采购只能跟供应商砍价格了。[潘璠，伊顿过滤（上海）有限公司，亚太区物料分析师]

理解这些的采购意识到，自己是年度降价问题的一部分，得更好地支持产品设计优化，做好设计与供应商之间的桥梁。不理解这点的采购呢，则继续做"都是别人的错"的信徒，继续在谈判降价的死循环上死磕。**供应链的概念，就是通过跨职能协作，打破这样的死循环——大家都是问题的一部分，所以大家都应该是解决方案的一部分。**只有协作，从自身做起，才可能打开这样的死结。**当职能间开始协作时，才有了供应链管理的概念。**

再想想看，企业的问题大都是些老问题。为什么这些老问题一直得不到解决？不是因为我们不努力——我们每天都很努力地对付那些问题；也不是因为我们不够聪明——我们的经验一年比一年多，能力也一年比一年强。在我看来，关键是解决问题的方法论有问题——单一职能导向，"都是别人的错"，是没法解决那些错综复杂的老问题的。那解决方案呢，就是推动跨职能协作，用跨职能的协作代替单一职能的单打独斗。

对供应链职业人士来说，**协作关键是个心态问题。**传统的供应链关系以竞争为特点——你做得不好，那就给你导入竞争，逼着你做得更好。过度竞争加上短期关系，决定了供应链伙伴之间的协作度很低。想想看，这生意明天是不是我的都不知道，我还有多少动力跟你协作，共同解决问题？这就是为什么短期关系下，成本难降，质量和交期难改进。

作为供应链关系的主导者，链主企业习惯性地把问题转嫁给弱势伙伴，也是供应链伙伴之间难以建立信任和协作的主要因素。破坏协作与互信的，也主要是链主企业。这就如在家庭里，小孩天生是信任爸妈的，信任的破坏都是从爸妈开始。所以，供应链的协作和互信，也得从链主企业开始。对于供应链职业人士来说，就是从我做起。

小贴士　都是别人的错

我在硅谷参加过一个半导体技术培训，主讲人是圣荷西州立大学的一位退休教授，名叫 Peter Gwozdz。教授一生经历颇丰，在伊利诺伊大学获得博士学位后，进入工业界，磨砺 18 年，成为 AMD 的技术总监；然后回归校园，发展、壮大一个没有任何学校拨款的实验室，积极参与工业界的研发活动，曾获得高达 450 万美元的单项风险投资。

提到自己的经历时，他说，他作为一个年轻工程师的时候最成功，因为他奉行一个很简单的原则：**在没有证明别人错之前，所有的错都是自己的**。这让他解决了不少业界的疑难杂症，在硅谷的高科技半导体制造业博得一席之地。遗憾的是，奉行这种"无罪推定"的人并不多，不管是美国人还是中国人，看到的大多是"有罪推定"。以挑错为出发点的话，人们更倾向于制造障碍而非解决问题。

我去过很多公司，听供应链抱怨设计、抱怨营销，耳朵都快长出茧子来了。有的供应链经理的工作汇报中，大半讲的是内部客户如何作孽。对于供应链职能来说，作为公司的弱势职能，我们一般都是受害者，总是内部客户的错。不过想想，什么时候内部客户就不制造问题呢？设计不开发新产品、销售不接新订单的时候。但那时候公司也就关门了,我们得到别的地方找罪受了。

再仔细想想,在我们的内部客户中,50%的人是低于平均水平的,注定会犯错误。这些人干了傻事,用不着我们来证明,大家都看得到。**作为支持职能,要用我们的强项来弥补这些内部客户的弱项,这才是更有意义的解决方案**。比如工程师缺少计划性,而计划是供应链的强项,我们积极管理工程师的需求,多沟通,问题早发现、早解决,才是更具建设性的做法。

同时你是否意识到,内部客户的傻事,一部分原因也是在我们支持职能身上?就拿工程师擅自开发新供应商来说,工程师当然知道这不对:找供应商是采购的事,否则的话采购和设计两个窗口对外,难以有效形成统一的供应商策略。但问题是,在有些公司,采购的能力有限,能做的只是订单处理,没有能力及时找到供应商,工程师要急着开发新产品,自己不找供应商,行吗?很多时候,我们看到对方错了,认为是个对方的行为问题。但别忘了,对方的行为往往跟我们的能力有关:如果采购不改变自己的能力,那我们就没法杜绝设计找供应商的行为。

有些"都是别人的错"者是以完美主义者的身份出现。完美主义者没什么大错,但错就错在光要求别人而不是自己完美。这些人对别人苛求,也是为了洗刷自己的过错。**他们缺的是责任感**。不管是西方还是东方社会,怨天尤人都是社会的一大毒瘤。**有责任心的人会认识到社会的不足,但会以积极的心态来改进;没责任心的人则沉湎于抱怨,力求让自己的错误合理化,成为恶劣环境的帮凶。**

大约十年前,我硅谷的老东家做了个调查,要员工给合作伙伴的团队表现打分,结果公司几千人的平均分勉强及格,也就是说,员工都认为同事的团队表现很一般;每个人对自己的表现打分呢,平均分则接近90分,也就是说,员工都认为自己的团队表现很好。你一眼就看得出,每一个人都是别人眼里的别人,为什么这两组数字差别这么大呢?估计跟人的天性不无关系吧。其实这个公司的文化还算和谐。

在一些协作文化比较差的公司里，估计两个数字之差会更大。

当"都是别人的错"成为企业文化的时候，这企业的生存环境就可想而知了。不过，群众的眼睛是雪亮的，谁是在解决问题，谁是在扯皮，旁观者都一清二楚。而且可不要忘记，当你指着别人的时候，有四个指头是指着自己的。

竞争：不是太少，而是太多

充分的竞争是市场行为，不应该是管理行为。

——黄琪，亿滋国际

培训中，我经常问学员，"你喜欢竞争吗？"答曰"喜欢"。我说"那是假话：你喜欢给别人制造竞争，越充分越好；而你自己不喜欢竞争，更别提充分竞争了。"

不信，打个比方：为了给你保持充分的竞争，公司把你的位子拿出来，每三个月招聘一次，随时都有三个跟你资质一样，甚至更强的人准备接替你，竞争是够充分了吧，可你喜欢吗？这时候，如果你有选择，你会说我不跟你们玩了，然后另寻高就了；如果没有选择，那你只好心惊胆战地熬着——在这样的状态下，你当然是没法发挥全部的潜能了：你随时都可能是输者，企业注定是输者，这就是为什么很少有企业会这样做。

所以，**你不喜欢竞争**。竞争异常充分的时候，双方没有受益者。作为弱势一方的时候，你不喜欢竞争；即使是强势的一方呢，表面上看是竞争的受益者，但也不是竞争越激烈就越好。就拿上面打的比方来说，异常充分的竞争淘汰了那些有能力的人（这些人有更多的选择，所以走为上），留下的是没能力的人（这些人没有足够的选择，只能留着生受），这对于处于强势地位的公司来说，得到的与初衷正好相反。

在处理与供应链伙伴的关系时，我们习惯于采取竞争手法，不是竞争不足，而是竞争太过充分。到了极点，就出现了2+1、3+1甚至4+1的情况：同一个料号，已经有两个或三个供应商在做，同时还有一个已经准备好了，随时准备进场。这种情况下，优质供应商因为选择面广，往往会逆向淘汰客户，结果是优质供应商流失；劣质供应商呢，因为没有别的选择，就只有死磕，在价格上不断让利，在质量上不断偷工减料，导致价格是足够便宜，但质量也是足够差，供应绩效每况愈下。这就是为什么在那些价格至上，系统推行2+1、3+1或4+1的行业，劣币驱逐良币成为普遍现象，到后来跟公司做生意的，都是些该淘汰的供应商㊀。

小贴士　备份不是解决复杂问题的首选方案

在本土企业中，多点寻源的行为非常普遍（同一个料号，多个供应商供货）。原因无非是有个备份，当一个供应商出了质量问题，或者没法按时交货时，也好以防万一。还有就是导入竞争，以获取更好的价格。这对于大众性、竞争充分的商品或许有点道理——这类供应商相对简单，转换成本低，很多企业采取"有选择、没管理"的粗放式管理，主要依赖市场竞争来管理。但对于**关键**的产品，比如技术含量高、供货周期长、复杂度高的产品，供应商的转换成本高昂，单纯的"有选择、没管理"注定吃尽苦头，备份不是首选的解决方案。

先说质量备份。我们知道，两个供应商中，总有一个的质量会好过另一个。**好供应商是不需要差供应商备份的**。相反，导入差的供应商，在料号层面的质量风险会更高——把所有的量给质量最好的供应商，当然是质量风险最低了。那为什么要选两个供应商呢？根本原因在于企业选择和管理供应商的能力不足，没法识别、选择质量最好的

㊀ 对于这点，建议阅读我的畅销书《供应链管理：高成本、高库存、重资产的解决方案》第172-176页，"异常充分的竞争与劣币驱逐良币"一文，机械工业出版社，2016年。

那个供应商；或者选择到合适的供应商了，但管不好，就只能找两个看上去差不多的供应商了，又一个"能力决定行为"的例子。

再说更好的价格。一个料号，所有的量给一个供应商，当然是规模效益最大；现在分给两个甚至多个供应商，规模效益更低，供应商怎么给你更低的价格？很简单，供应商只有少赚点，比如原来赚五个点的利，现在赚两个点。这样的结果呢，就是企业变成供应商的低盈利甚至不盈利客户，一旦产能短缺，有限的产能分配给谁呢？当然是高盈利客户。这从根本上也让备份来解决交货问题的想法泡了汤。在淡旺季分明、季节性较强的行业，高峰季节来了，供应市场全面产能短缺，多点寻源的供应商谁也不愿多加产能，相信很多企业都有过类似的经历。

对于复杂的问题来说，备份不是应对风险的首选方案。那什么是解决方案呢？套用美国投资界的一句话，就是**努力找到一只最好的篮子，把所有的鸡蛋都放在里面，然后盯得牢牢的**——把所有的宝都压在一点，反倒是人类解决复杂问题的首选方案。

比如一夫一妻意味着很大风险——想想看，对于女孩子来说，你把终身托付在一个人身上，把自己的私房钱都拿出来给这个人，风险之大，可想而知。但应对方案不是找个备份，而是在**选择**和**管理**上下功夫：选择时仔细评估，理解潜在的风险；选择后努力维护关系，侧重协商、协作来解决问题。这是所有的文明人都采取的方法。

再比如说，公司把一个岗位给一个人，这种做法当然有风险。但公司应对风险的方案不是把一份工作给两个人做（互为备份），而是在招聘的时候做好选择，招进来后做好管理工作，把所有的"鸡蛋"都放在一只"篮子"里，然后盯得牢牢的。

当然，每次我讲到这些，总有人会举出一大堆的例子来，说以前单点寻源，供应商出了问题，自己被害惨了。

比如有个跨境电商，几十亿元的销售额，看了我的书，参加了我的培训，接受了"一品一点"的概念（即一个料号由一个供应商做，以获取规模效益；同一品类的不同料号由不同的供应商做，以互相备份），结果给坑苦了：有个长周期的物料由日本供应商提供，该供应商的产能不足，导致严重的短缺。原来该电商对于供应商有选择，没管理，虽说"一品一点"选好单个供应商，但后续管理跟不上，比如不及时提供需求预测，没有供应商绩效管理，没有督促、帮助供应商安排好产能，销量好、供方产能不足就麻烦不断了。

这与其说是"没备份"的问题，不如说是"没管理"的问题。当公司的管理能力跟不上的时候，你就不得不采取多点备份的方式，不过代价就是规模效益的丧失、供应商的忠诚度下降等带来的诸多绩效问题。就如前面说的，不改变能力（这里是供应商的选择与管理能力），你就还不能改变行为（即多点寻源的行为）。

这时候，又有人会说，"我既有选择，又有管理，能力是不错，但供应商还是出了问题，还是把我给害惨了。"言下之意是，不备份行吗？让我们拿汽车打个比方：买车时你货比八家，选了最合适的车；平日你该换油时就换油、该维护时就维护，但有一天它就是半道上趴那儿不动了。最保险的解决方案呢，自然是买两辆同样的车（"备份"），一旦一辆有问题，马上开另一辆。但你不会这么干，因为成本太高。你的解决方案呢，还是继续你的"努力找到一只最好的篮子，把所有的鸡蛋都放在一只篮子里，然后盯得牢牢的"战略，万一车有了机械故障，就请同事、朋友让你搭几天顺风车。你所承担的风险呢，就是修车的那几天没车开，但这是综合成本最低的做法。

对于单点寻源来说，特定的料号由单一供应商供货，但类似料号至少由两个供应商供货。这样，万一料号 A 的供应商被火烧了，料号 B 的供应商就是备份——两个料号类似，原材料、工艺都相似，供应商之间可以互为备份。你所承担的风险呢，就是在启动料号 B 的供应商期间的短缺风险，不过这也是综合成本最低的风险了。

为什么要讲这些呢？人们往往高估风险的严重性，就习惯性地导入备份，但忽视了由此带来的高昂成本，结果总成本反倒更高。我们生活在一个充满风险的世界，承担风险是生活的一部分。囿于我们的管理能力，备份的做法导入太多的竞争和不确定性，反倒制造了更高的成本。

我经常拿东莞的小供应商打比方。长期处于异常充分的竞争压力下，这些供应商利润薄如刀刃，做到后来呢，接电话的是老板，送货的是老板，做设计的是老板，处理质量问题的是老板，收钱的也是老板——没有合理利润，就没法养活中层管理，老板便成了光杆司令，带着一帮民工干活，工厂就成了血汗工厂。结果呢，价格是降下来了，但质量也跟着降。这时候，如果你的产品要更新换代，需要更好的技术和服务，这样的供应商往往没有能力来支持，最终影响到采购方。这就跟硅谷的中餐馆一样，市场竞争异常充分、激烈，导致便宜是足够便宜，但也足够难吃。如果你们来硅谷，我即使想多花钱请你们吃中餐，也找不到什么好地方。

己所不欲，勿施于人：你不喜欢竞争，你的供应链合作伙伴也不喜欢。竞争用到极点，两败俱伤。既然竞争这么糟糕，为什么成为很多人工具箱里的唯一工具？根本原因呢，是能力的不足。**能力决定行为：他们没有能力协作，就习惯性地借助简单、粗暴的竞争方式。**

打个比方。几个小孩子在一起，没多久就会闹翻了，打起来了，因为小孩子的能力不够，没法有效地通过谈判、协作解决争端；但几个大人在一起，却很少诉诸武力，原因就是大人更加成熟，能力更强，更加习惯于通过协作、谈判来解决问题。

俗话说，"阎王好见，小鬼难缠"。也是因为级别越高，人的资质一般更强，掌握的资源越多，解决问题的能力越强，所以也越容易通过协商、谈判来解决问题；而级别越低，人的资质一般越弱，掌握的资源越少，解决问题的能力越低，就越容易陷入简单粗暴的竞争模式，把问题推给对方。

竞争模式其实是野蛮原始的延续。相比之下，协作是文明的象征。越是文明的社会，协作、谈判越是取代武力。美国、英国、加拿大、澳大利亚、新西兰等英语国家引以为豪的是，在过去的200多年间，它们之间没有发生过战争，因为它们选择协作，用谈判代替战争。"**上兵伐谋，其次伐交，其次伐兵，其下攻城。**"古人都意识到，协作模式是更好的解决方案，而竞争模式的极端——战争是糟糕的选择。国与国之间如此，企业与企业、职能与职能、人与人之间也是。

放到供应链管理上，解决问题的基本思路有两个：协作和竞争。协作是一起解决问题，对人的能力要求更高，需要谈判、协商，真正找到问题的解决方案；竞争说白了就是把问题推给别人，对人的能力要求更低，只要你的拳头足够大，胳膊足够粗就行了——而这对大公司来说不成问题。正因为简单，所以就容易被滥用，成为很多人解决问题的基本思路。**这种竞争性的解决思路，正是没法根治老问题的根本原因。**

让我们再拿采购降本为例（我知道，这话题你都看得快要吐了，但你知道，供应链伙伴之间啥都好谈，就是钱不好谈。这就是为什么成本得日日谈，月月谈，年年谈，没法回避）。产品成本高，供应链的降本压力大，就得三天两头跟供应商谈判降价。干过这活儿的人都知道，成本主要是个设计问题：设计不优化，成本自然高；设计选型要求高，成本自然做不低。所以，采购的矛头就转向设计人员，要求设计降本。一帮技术人员，在哪个公司都不是吃素的，胳膊粗拳头大，不费多少力气，就把采购打翻在地，问题又回到采购职能（瞧，**竞争性**解决思路）。最终，**压力沿着阻力小的方向传递**，这不，供应商就成了最终的受害者，成了年度降价、季度降价、月度降价的牺牲品（瞧，还是**竞争性**思路）。

不难看出，在采购降本上，职能与职能、公司与公司之间都是**竞争**模式，都在力图把问题转化为别人的问题。而这种竞争性的解决方案，注定没法有效应对成本问题，我们前面已经详细探讨过。**在竞**

争性思路下，降本问题是个死循环。设计、采购是死循环的两个结，每一方都是问题的一部分，所以都应该是解决方案的一部分。但一旦陷入竞争关系，双方都是逼着对方来解决问题，这问题自然是没法解决，反倒越来越糟糕。

有了协作，才有了真正的供应链概念。我们知道，人、财、物、产、供、销这些职能，自从有公司的那一天就有，但供应链的概念呢，却是 20 世纪 80 年代以来才形成的。根本原因，就是传统上我们是职能导向，职能之间的协作度低，习惯性地陷入竞争模式，"我和我的职能都是对的，问题都是别人的"。这就导致那些死循环老问题没法得到根本解决。

企业内部职能之间的竞争性关系，自然而然地会延伸到供应链伙伴。简单地说，凡是那些内部职能之间如狼似虎的企业，跟渠道伙伴、供应商之间的关系不可能融洽。所以，在那些以竞争关系为主调的企业，虽说有供应链，但并没有真正的供应链概念，表现为整个供应链的绩效欠佳，在链与链的竞争中处于劣势。

汽车行业可以说是典型的例子：北美以通用汽车为代表，推行敌对、竞争的短期关系，习惯于把问题转嫁给供应商来"解决"问题；日本以丰田、本田为代表，供应商关系相对融洽、长期稳定，更多地通过协作来解决问题。结果是丰田、本田全面胜过通用汽车、福特、克莱斯勒，表现在质量高、成本低，在全球的市场份额不断上升。这不，在 2008 年，丰田取代通用汽车成为全球汽车销量第一。

就如前文说的，从某种程度上讲，**供应链管理是来自日本的概念，其核心概念是协作**，链主企业与供应链伙伴之间是"牧人关系"；传统的美国、欧洲理念是基于契约的竞争关系，强势的链主企业与供应链伙伴之间是"猎人关系"[⊖]。简单地说，"牧人关系"下，链主企业就

⊖ 关于牧人、猎人关系，我在畅销书《采购与供应链管理：一个实践者的角度》（第 2 版）中有详细的阐述（第 171-175 页）。读者也可到我的"供应链管理专栏"网站（www.scm-blog.com），搜索"猎人方式"，查找相应的文章。

如牧人，供应链伙伴就如羊群，牧人为了生存，会剪羊毛，吃羊肉。但为了长期利益，牧人会维持羊群的良性发展，不会涸泽而渔。表现在年度降本上，双方更多地**协作**，通过设计优化、流程优化来降本。"猎人关系"下，链主企业是猎人，看到猎物就一枪放倒，至于那猎物谁养的，跟他们没关系：人人为自己，上帝为大家——市场经济的优胜劣汰、**丛林法则**是双方关系的基调，双方是纯粹的**竞争**关系。表现在年度降本上，就是"给我×个点，怎么降是你的事"，连降几年后，供应商没得降了，就再度招标，转厂，找更便宜的供应商。至于供应商的死活了，不关他的事。

中国传统上是"牧人关系"。但是，这三四十年以来，却发展成主要经济体中最为"猎人"的经济，或许这跟传统理念的丧失有关。相反，美国传统上是"猎人关系"，这些年来却向"牧人关系"靠近，供应链伙伴之间的竞争关系在逐渐改善，供应链关系上趋向于更加协作，相信这跟几十年来美国系统学习日本的供应链管理思想有关。

相反，今天的日本企业也与二三十年前大不相同，特别在经济持续低迷、狼多肉少时，供应链关系也在恶化。这从 Planning Perspectives Inc.（PPI）统计的汽车整车厂与供应商的关系指数上可以看得出来：过去十多年里，美国三大整车厂与供应商的关系总体在变好，表现在关系指数总体在提升；日本三大整车厂与供应商的关系总体在走下坡路，尽管还是明显好过美国同行㊀。

不管怎样，企业还是越来越多地意识到，**协作比竞争更重要**。特别是对于东方文化下的本土企业来说，只要解释清楚，人们并不难接受协作的理念。我们的挑战呢，则是经济的快速发展后，**企业的管理能力与其体量不匹配**：企业的规模越来越大，问题越来越复杂，对解决问题要求的能力越来越高，但人才培养、发展赶不上业务的需要，

㊀ 详细趋势可参见 PPI 的 2015 年报告：Poor Supplier Relations Costing U.S. Automakers Millions, http://www.ppi1.com/wp-content/uploads/2015/05/2015-WRI-Press-Release-May-19.pdf。

基本上在每一个领域，我们都面临能力不足的挑战。

能力有限时，没有能力协作解决问题，我们就自然而然地陷入竞争模式，把问题转嫁给合作伙伴。企业的规模也增加了我们对供应链的控制力度，为推行强势的竞争模式制造了条件。更加可悲的是，有些职业人从校门出来，就在这样的企业从业，从小学到的就是这种方法，还没有意识到问题之存在。这就如《猫和老鼠》里的一个片段，小鸭子一生下来，第一眼看到的是只猫，就认为它妈妈是只猫一样。改变这种先入为主的观念是个挑战。

没看到学术研究的证明，我的感觉是**供应链职能的能力越弱，跨职能、跨公司之间越可能是竞争，而非协作模式**。协作需要能力，只有职能与职能、公司与公司之间的能力相对匹配的时候，协作才更有可能。在一些公司，供应链的能力太薄弱，成为企业的短板，没有能力把本职能的主业做好，得不到设计、营销等主要内部客户的认可，就很难推动与这些职能的跨职能协作。公司之间类似。当规模、能力差距太远时，强势的一方就更容易采取竞争性手段，迫使弱势一方承担问题的结果，妨碍双方的协作。

对于企业来说，如果**要改变竞争性行为，必须先得从改变能力做起**——不改变能力，就无法改变行为。而能力的改变，离不开组织、流程和系统方面的资源投入，比如给供应链更多更强的人，改善系统，优化流程，提高供应链的绩效，缩小他们与设计、营销之间的差距，有利于促进他们之间的跨职能协作。职能之间的协作度高了，自然会延伸到供应链伙伴上，这样，供应链的氛围便会逐渐由竞争转为协作，文化的转变便成为可能。

实践者说

充分的竞争是市场行为，不应该是管理行为。（黄琪，亿滋国际，物料主管）

|作者回复|

说得很到位。很多人分不清市场行为和管理行为，把市场行为错当管理行为。一味导入竞争是市场行为，是管理行为不足的补救措施。管理越是粗放，企业在管理行为上的投入越少，也就越依赖市场行为。

垄断不是问题，应对垄断的方法是问题

垄断的长期关系是人类社会的基石，垄断的短期关系才是溢价的根源。

——刘天宇博士

在供应链关系中，垄断让大家谈虎色变。三天两头就有读者诉苦，说"垄断"供应商如何如何坑他们；每次培训中，一谈到垄断，大家都是群情激昂。我这里想说的是，**垄断远没有你想象的那么糟糕；糟糕的是我们应对垄断的方法**。

严格地说，不存在真正的垄断。一旦有人提起"垄断"供应商，我就会当头一棒，告诉他真正意义上垄断并不存在：在这个世界上，你能举得出一个例子，说这个产品只有一个公司能提供？即使复杂到商用大飞机，还有波音和空客两个竞争对手在竞争。当然有人说，那是寡头垄断。寡头是真，垄断是假——如果真的是垄断的话，这两个企业至少有一个会获取超额利润。细究这两个公司的财务报表，过去十多年里，波音的平均净利润只有5%不到；而空客自从上市以来，平均净利润连3%都不到[⊖]。作为参照，北美航空业的平均净利润为7.5%（2015年）。

但是，**垄断却又是无处不在**：不管竞争有多充分，在特定的时间、特定的地域、特定的情况下，我们面临的都是某种形式的垄断。比如

⊖ 《供应链管理：高成本、高库存、重资产的解决方案》。刘宝红著，机械工业出版社，2016年。

钣金件的竞争是异常充分，到哪个地方，都有一大堆的供应商可供选择。但是，一旦你锁定一个供应商，这个供应商开始供货，在足够短的时间内，它就是垄断的：如果今天它不送货过来，你的生产线就得停产断线。再比如说，对于某个产品或技术，虽说有多个供应商可选，但由于模具费太高、量太小等原因，你只跟一家供应商合作，这家供应商就形成了"垄断"。

即使是垄断，并不意味着糟糕。就拿人类社会来说，垄断是常态，是文明社会的典型存在：父母和孩子的关系是垄断，孩子一生下来就是你的孩子，父母没法选择，而孩子也没法选择父母；一夫一妻是垄断关系，结婚证是长期协议，而且没有失效期；你的工作也是垄断——一旦你应聘成功，这就是你的位子。你发现，**我们其实一点也不讨厌垄断，因为垄断是个好东西**。否则的话，在人类社会，我们就不会从自由竞争开始，由垄断独占结束了：恋爱关系确立前是充分竞争，恋爱关系确定后变为有限竞争，结婚后就是垄断独占。万千年来，这是几百亿人类的共同选择，也是人类进化的共同结果，必然有其道理：**垄断是长期成本最低的一种解决方案**。

这似乎有悖常理。让我们打个比方来说明。假定你结婚了：你刚开始追你太太时，给她送花，请她吃饭，给她买礼物，花多少钱她都不心痛；等到恋爱关系确定了，你再请她去五星级的饭店，她会说一般的餐馆就够了，钱得省着点花，以后买房子；等结婚后，一提起下馆子，她便说哪里都不如家里，自己做饭，又放心又省钱。你看，从关系未确定时的充分竞争，到确定关系后的有限竞争，再到建立长期关系后的垄断独占，成本在逐步下降。这就是为什么，**在繁衍后代、维持人类生存上，长期垄断是成本最低的方式**。

或许有人会说，这是人类社会，企业就不一样了。其实也不是。记得以前读商学院时，我看到过一篇学术论文，发表在一本美国非常著名的管理学术期刊上，探究的是竞争对价格的影响。该研究针对特定行业，在美国选择一组供应商，客户是美国公司，典型的充分竞争、短期关系；在日本选择类似的一组供应商，客户是日本公司，典型的非充分竞争、长期关系，来比较两组供应商的报价中的利润率。

一般人的思维是，充分竞争下，供应商会降低合理利润，从而降低采购方的成本；非充分竞争下，或者说某种"垄断"的情况下，供应商"有恃无恐"，会追求超额利润，从而增加采购方的成本。**研究结果正好相反**：美国供应商的利润率明显高于日本同行。为什么呢？该论文的解释是，竞争越是激烈，不确定性越高，供应商就越得提高报价，以应对这种不确定性；而关系相对稳定，竞争相对有限，不确定性也更低，供应商就越可能走薄利多销的路。

我想补充的是，这也取决于采购方对供应商成本结构的理解。相比而言，比如在汽车行业，丰田、本田等日本厂商对供应链的管控很深，能很好地理解供应商的成本结构，从而能够更好地掌控供应商的合理利润率，通过谈判确保得到合适的价格。**但理解成本结构并不是充分条件**。这方面你有足够多的切身体会，最简单的莫过于在火车上：列车员小姑娘推着小车过来了，你问瓶装水多少钱，她说 5 元；你再问多大的瓶子，她说就是超市里 1 元的那种瓶装水——要买就买，不买拉倒，你知道成本又能怎么样呢？

火车上卖水的小姑娘、日本供应商，两种都是竞争有限，或者说是某种形式的"垄断"，为什么他们的表现大相径庭？这是因为前者是典型的短期关系，后者是典型的长期关系。这正是问题的关键：**垄断不是问题；短期关系是**。比如在长期关系下，日本供应商虽说在特定料号上是独占、"垄断"，但如果在这个料号上把客户扣作人质，就得承担损失未来业务的风险，比如得不到未来的新料号。在未来有所可失去的情况下，供应商就不得不回归理性，该降的价还是要降。但在短期关系下，供应商本来就没有未来：我干得再好，这生意下个季度是不是我的也不知道，遑论未来的新料号，那么现在能坑你多少就坑多少，就成了必然选择。这就如火车上卖水的小姑娘，下次卖给你水都是猴年马月的事了，没有未来，当然是坑你没商量了。

很多问题，表面上是由垄断，或者不充分竞争造成的，其实是短期关系在作祟。表面上看，垄断促使人向恶，但管理得当的话正好相反：为了维持垄断独占这一特权，人们反倒会努力向善。**垄断加上短期关系，才是导致"向恶"的关键**。或者说，**垄断独占并不糟糕；真正糟糕的是以短期关系为出发点，单纯依赖竞争来应对垄断的方法论**（见图3-8）。

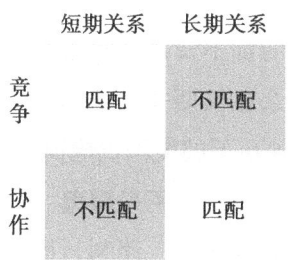

图3-8 关系的长短与解决问题的方法

再拿我们人类打个比方，**看看垄断问题应该怎么来处理**。结婚了，充分竞争变成了"垄断"，是不是意味着从此以后，先生们就可以为所欲为，家里啥事儿也不干，躺在沙发上看电视？不是。聪明的太太们总是有办法来对付"懒汉"先生：摆事实，讲道理，不给做饭，甚至不让进家门。但不管怎么样，太太们唯有一招不会用，那就是给先生导入竞争，再找一个。因为一旦这样做，长期关系就变成短期关系，问题就复杂化了。而"懒汉"先生呢，鉴于长期关系，最终总是会理性处理，该扫的地还是会扫，该洗的碗还是会洗，该扔的垃圾自然会去扔。而我们对付"垄断"供应商的第一选择呢，就是给这厮找个竞争对手。你现在就明白，为什么我们麻烦不断了。

垄断是常态。就如刘天宇博士总结的，**垄断的长期关系是人类社会的基石，垄断的短期关系才是溢价的根源**。作为供应链职业人，我们要认识到，**充分竞争的短期关系不稳定，是一种过渡状态**。作为供应链关系的主导者，链主企业要充分认识到这一点，即以充分竞争开始**，以有限竞争或独占结束**。比如招投标是充分竞争，合同授予后，在合同期限内，则成为独占。你得尊重供应商对独占的诉求——独占才会有忠诚度，才会给独占者足够的动力，把事情做得更好。

好东西大都是在垄断状态下制造出来的。拿人类社会来说，孩子是宇宙之精华，也只有在进入"垄断"的长期关系后才能生下。再拿工作环境来说，如果这位子明天早晨 9 点是不是你的都不确定，你会今天加班到晚上 10 点半，把这活儿做得更好？对供应商来说，如果这生意下个月是不是自己的都不知道，它会有多大的动力来持续改进？这也部分解释了，为什么在长期关系下的日本供应商，质量、成本上的持续改进，要比短期关系下的美国供应商做得更好。

可以说，**垄断不是天使，也不是魔鬼**。它是一种天然存在。**垄断注定是长期行为，需要通过协作、谈判，而不是简单粗暴地导入竞争来解决**。充分竞争环境下，大家是短期关系导向，导入竞争，解决问题的根本方法是把问题变成对方的问题；但在有限竞争、"垄断"的情况下，我们要从长期关系出发，以协作为根本的解决方案，通过共同解决问题来解决问题。

竞争越是不充分，我们解决问题的思路就要越协作。现实中，我们的挑战是管理能力不够，要么是没意愿，要么是没能力，管不好独占关系，就造成常见的诸多问题。

先说没意愿。有些链主企业，仗着拳头大，胳膊粗，习惯性地把问题转嫁给弱势的合作伙伴，尽管后者并不处于解决问题更佳的位置，结果是次优化的解决方案，导致供应链更高的成本。这种简单、粗暴的方法放在充分竞争的环境下可以，但一旦遇到有限竞争，甚至"垄断"，这些企业就会抓瞎，导致关键供应商关系不畅，供应链绩效没法保障。

再说没能力。"垄断"关系需要更高的能力来维护。这也是为什么在文明社会，只有成年人才能结婚——小孩子没有能力维护这种复杂的关系，在一起没多久就会弄崩了。这放在人类社会容易理解，但在企业里则未必，体现在复杂"垄断"供应商关系的管理者能力不足。

比如有一次我访问一个100多亿元营收的企业，发现采购人员的平均工龄只有两年出头，根本没有能力与南车、北车这样的战略供应商博弈，造成供应商绩效一塌糊涂。能力不够，这些刚出校门没几天的小孩子就只有导入竞争来管理战略供应商，把本来的长期关系做成了短期关系，供应商绩效一地鸡毛就不难理解了。

小贴士　"垄断"供应商怎么管

对于"垄断"的战略供应商关系，究竟应该如何来管理呢？这里简单地总结如下三点。

（1）**长期协议**，规范双方的期望，树立长期合作的基石——这在建立长期合作之前就敲定：我们对垄断型合作伙伴的最大议价能力，就是在生意还没有给他们之前。企业常犯的错误是轻选择、重淘汰：在选择的时候轻率选择，双方的期望都没谈清楚，后续问题出现后，习惯于简单粗暴的淘汰方式，就跟袁世凯练兵一样，一手拿刀，一手拿钱，听话的给钱，给官，不听话的就给一刀。问题是对于垄断型供应商，我们既没有足够多的新生意给他，也没法把现有的生意拿走，这就卡在那里，成为供应商的人质。表面上这是个供应商问题，其实是个采购方问题。

（2）**经常沟通**，包括季度绩效回顾、年度高层会议，管理供应商绩效，制定改进目标。这里的关键是避免有供应商选择，没有供应商管理——"垄断"型的战略供应商需要管理，而光靠导入竞争不是管理。我们对于一般的合作伙伴，选择好后，后续管理是简单粗放，奉行丛林法则：我的胳膊粗，拳头大，你就得听我的，通过把问题转嫁给合作伙伴来"解决"问题。这不是管理，放到同样胳膊粗、拳头大的垄断型供应商那里注定要抓瞎。

（3）**协作解决问题**，比如围绕关键的质量、技术问题，成立供应商行动小组，由技术、质量和采购职能一道，督促、帮助战略供应商解决质量、技术问题。协作、谈判是维护长期关系的根本。离开了协作、谈判，简单粗暴地导入竞争，只能让战略供应商关系更加恶化。当然，战略供应商的管理还有很多举措。更多详情，可参考我的畅销书《采购与供应链管理：一个实践者的角度》(第 2 版)。

在独占关系中，最有挑战性的是严重不对等的关系，即供应商是我们的战略供应商，但我们因为业务量小，不是他们的战略客户。在这种不对等的关系下，更应该寻求协作解决问题，比如尽早做好需求预测与需求管理，建一定的安全库存，尽量减少紧急需求，降低供应商与我们做生意的成本，做个优质客户。其实这也是很公平的做法。很多时候，平心而论，我们认为的不公平，当我们施加给别人时，我们认为很公平；当别人施加给我们时，我们就认为不公平。所以，不要妖魔化那些对我们"不公平"的供应链合作伙伴。很多时候，我们其实比他们更糟糕。

经常抱怨不公平的，往往是不公平的始作俑者。

实践者问

我从事半导体制造行业的原材料供应商质量管控工作，目前很多原材料都属于垄断性质，而且都是国际一线大厂。一方面我们目前规模不大，属于他们的小客户。另外一方面，原材料的验证周期都比较长，导致供应商进来后基本属于长期供货状态，第二供应商很难进来。第三方面，就算有第二供应商进来，生产线也很难进行切换，因为大多是厂务中央系统进料，为了保持生产稳定，业界也都是长期使用一种供应商的原物料。这几个方面导致目前对原材料供应商管控力度很薄弱，请问可以从哪些方面进行提高？谢谢！（朱伟江，武汉新芯集成电路制造有限公司，供应商质量工程师）

作者答复

我都不知道如何回复您。这篇文章讲的就是您的问题。首先，没有垄断——如果有的话，您的供应商会赚取超额利润，比如80%的净利润。那些所谓的"垄断"供应商大都是上市企业，您查一下它们的净利润率就知道了。

比如在您所在的半导体行业，"垄断"供应商主要是设备类供应商。就拿应用材料来说，作为全球最大的半导体设备供应商，从2006年到2016年十年间，应用材料每年的净利润率平均为10%[⊖]，这或许比那些铁皮箱子供应商强点，但远不是超额利润。我在半导体设备行业十多年，深知这个行业的任何产品，看上去是多么独占、"垄断"，都能找到竞争对手。就拿"垄断"地位最强的阿斯麦（ASML）来说，它的光刻机都有佳能和尼康等强劲的竞争对手。

其次，长期供货有什么问题吗？人类都是追求长期关系的，比如婚姻关系。最后，是您的短期思维在造成问题：这种关键原材料是长期关系，您的第一选择是导入第二家，这就把长期关系短期化，让问题更加复杂。

不确定性：那只还没有落地的鞋子

不确定性是我们的敌人。它导致信息流不畅、关系扭曲，影响我们的决策质量。作为职业经理人，我们平日忙的，其实大都是在跟不确定性做斗争——如果是确定的东西，系统、流程和基层员工就能对付。而我们制定系统、流程和规章制度，也是为了更有效地应对不确定性，以及由此而来的风险。作为管理者，我们的工作是增加还是减小不确定性，是评判我们工作成绩的一个重要标志。

就拿集成产品开发流程来说，我们都知道，这个流程很难开发出杀手级的产品，但防止低水平错误、开发出高于平均水平产品的概率还是很高。**作为上了规模的企业，求稳避险比开发杀手级的产品更**

⊖ 数据来源：http://financials.morningstar.com/。

重要——杀手级的产品虽然可能带来飞跃性的提高,但其过程也同时充满不确定性,以及随之而来的风险。相同的风险,对大公司的影响更大。那么,作为大公司,实施集成产品开发流程就可以理解了。

再比如说销售与运营计划流程(S&OP),一个根本目标也是消除职能与职能之间的博弈,以及随之而来的不确定性,通过达成统一的需求预测,促进营销、生产、采购和供应商之间的协同。供应链的一大挑战,就是职能、企业之间的多重博弈,造成信息不对称,导致"牛鞭效应"。比如客户的预测是100件,销售想,万一需求更大怎么办?就告诉计划是120件。在计划眼里,销售从来不知道自己是做什么的,万一需求多了怎么办?这就预测140件。到了采购,140件变成160件。供应商与采购也是同样的博弈,最后变成180件。多个数字驱动下,供应链注定没法协同,成了供应链的头痛病。S&OP的一项核心任务是降低不确定性,促进各职能共享信息,整合各职能的最佳智慧,**制定准确度最高的错误的需求预测**——所有的预测都是错的,但整合跨职能智慧和信息的需求预测错得最少。

企业的绩效指标也能降低不确定性,便于跨职能沟通。比如采购给生产、生产给销售都有一定的按时交货率和交期指标。这看上去如同大白话,一笔糊涂账的企业还真不少。比如有个200亿元营收的企业,职能之间没有横向的考核指标,比如计划物流部负责对终端客户的按时交货率,但生产对计划、采购对生产没有任何按时交货率的考核。这些职能有的只是职能指标,比如采购价最低、生产运营成本最低等。缺乏横向指标,注定职能与职能之间没法串联起来,形成供应链。没有横向指标,意味着职能与职能之间没有承诺,你得到什么就是什么。没有指标就没有标准,就没有共同语言。那么解决方案呢,就是建立基本的横向指标,树立职能之间的期望,降低跨职能协作过程中的不确定性。

供应链伙伴之间呢,降低不确定性也是业界多年来的努力方向。SCOR模型通过规范化供应链业务模型,让供应链伙伴之间有**共同语**

言，减少管理、沟通中的不确定性。协同计划、预测和补货（CPFR）与企业内部的 S&OP 相呼应，旨在消除供应链伙伴之间的博弈，减少信息不对称带来的不确定性，从而降低库存、成本和浪费。电子商务增加了信息的透明度，促进了供应链伙伴之间的信息共享，也在起着同样的作用。关键合作伙伴之间的长期关系，则是从商务角度降低了不确定性，从而降低了长期成本。凡此种种，包括 VMI、JIT、精益生产、5S，供应链管理的各种最佳实践，归根到底都在降低供应链的不确定性。相反，短期关系、敌对竞争、恶性博弈，都因为增加供应链的不确定性而备受指责。

小贴士 建立计划的三道防线，系统应对不确定性

我们在前面谈过的计划的三道防线，其实也是企业应对不确定性的系统方案：①尽力做出最准确的需求预测，提高首发命中率（第一道防线）；②所有的预测都是错的，所以我们设立安全库存或安全产能来应对（第二道防线）；③安全库存、安全产能没法对付的，最终要靠供应链的执行能力来应对（第三道防线）。

围绕第一道防线的是销售与运营计划（S&OP），即**从数据出发，由判断结束**，整合供应链前后端各职能的信息、经验和智慧，提高预测的准确度，由同一个计划来驱动各职能与供应链伙伴，促进协同，减小职能与职能、公司与公司之间的博弈，降低不确定性。

围绕第二道防线的是设定安全库存、安全产能，好的做法也是遵循"从数据出发，由判断结束"：采用数理统计的方法，分析数据，发现历史数据中的模式，再根据职业判断加以修正——**很多不确定性，看上去杂乱无章，其实还是有章可循的**，而数理统计提供了很好的工具，从不确定中发现规律性的、确定性的东西。

围绕第三道防线的是通过执行来弥补计划的不足，比如供应商的赶工加急。很多企业是以不确定来应对不确定，比如需求的不确定性挺高，就选择多个供应商合作，而且经常调整供应商的份额，来"确

保"供应绩效。这种短期关系导向的做法，其实给供应链导入更多的不确定性，让供应商的产能计划更加难做，容易导致供应商采取观望态度，不见兔子不撒鹰，结果是"三个和尚没水吃"，最终还是害了采购方。

典型的例子就是在季节性强的行业，多点寻源的策略下，每个供应商都不愿意增加产能来应对季节性需求。但存在的都是有原因的，这种做法的根本原因，是企业的供应商选择、管理能力不够，要么是没有能力选择合适的供应商，要么是没有能力管理供应商，于是走广种薄收之路，通过"多子多福"来分散风险。这是典型的**以不确定来应对不确定，是一种高成本的做法**。

值得注意的是，**一旦供应链伙伴间形成这种短期导向、信任度低、不确定性高的关系，大家都习惯于投机博弈时，要改变就很困难**。在代工业的人会有切身体会：为了确保供应，有些客户会习惯性地拔高预测，而合同制造商呢，吃过很多苦，受过很多罪后，也变聪明了，就在客户的预测上打个折。供应商打折，客户当然会知道，那下次的预测就拔高更多；供应商知道后，则打折更多。就这样来回博弈，不确定性越来越高，而且没法停——谁先诚实谁先死。

那怎么办？解铃还须系铃人，**改善关系、降低不确定性，还是得从主导供应链关系的链主企业开始**。打个比方。在美国，路上的小狗见到人都很友好，你摸摸它的脑袋，拍拍它的背，它冲你摇尾巴。但是，你知道，国内城乡接合部的狗看到你，八成会冲你龇牙咧嘴。同样是狗，为什么有这种差别？我的一位美国同学一语道破：你们中国人有的人吃狗肉呗。试想想，你看到一只狗，顺手一块砖头就砸过去了，它看到你能友好吗？那怎么改变这种局面？狗是没法改变的，除非人改变人的做法——我们在这里处于主导地位。

作为供应链职业人士，我们的一举一动，要么在增加，要么在减少供应链的不确定性。不确定性意味着成本。级别越高，我们对不确定性的影响越大。**越是有能力的领袖，越是敢于促进信息共享，降低供应链的不确定性**。君子坦荡荡，小人长戚戚——越是没有能力的人，安全感越差，越容易藏着掖着。

记得十几年前，我刚到硅谷，公司的采购老总召集所有的总监和经理，征求他们的意见，在电子商务平台上，哪些信息可以给供应商看，哪些不可以。质量、交期、按时交货率，这些很快就达成了共识，没有什么值得藏着掖着。但在成本节支上，大家却在争执。反对者担心供应商知道太多的价格信息。这时候老总发言了，他说，有什么不敢分享呢？供应商自然知道自己不同时期的价格，我们一般会取其中一个时间点的价格作为标准成本，相对于标准成本，供应商给我们节支多少，又有什么秘密可言呢？

再比如供应商管理的库存（VMI），要不要给供应商看到我们的实时库存和需求历史？答案当然是肯定的。这减少了不确定性，对供应商很重要。假定供应商没有这些信息，一旦遇到催货，就很难判断紧缺的紧急度，为了安全，就按照最紧急的来处理，往往花了不少冤枉钱；现在知道我们手头有多少料，昨天用了多少，前天用了多少，上周、上个月、上个季度用了多少，信息更加对称，不确定性减少了，供应商便可能做出更加平衡的决策，降低生产和配送成本。

此外，VMI 一般都给供应商一定期限的业务承诺，这样也降低了不确定性，以便供应商以更经济的方式来安排生产、库存和配送，客观上也降低了供应商的成本。看板系统也是。因为简单，所以人人都能看懂、理解，不确定性减少了，执行起来容易，成本、浪费就容易控制。

小贴士　人的天性是喜欢确定性，你的供应链伙伴也是

人类的天性是喜欢确定性，从刚生下来就是如此。小宝宝们看上去一无所知，但都喜欢在妈妈身边，熟悉的气味，熟悉的感觉，都让他们感到安全。人的年纪越大，对不确定性也越排斥，就越不愿意改

变。我们是如此不喜欢不确定性，乃至不惜付出高额代价，来追求确定性。

比如说皇位的长子继承制，晋武帝司马炎明知司马衷是个傻子，还是传位给他。儿子是傻子，老子可一点也不傻：司马炎作为晋朝的开国皇帝，传位给傻儿子，肯定是经过长期的反复权衡，两害相权取其轻。这后面起作用的，是多年"立嫡以长不以贤"的传统——大儿子早死，司马衷就成了最大的——从根本上讲，这也是在降低皇位继承的不确定性。

商业社会也一样。我们习惯于**从不确定性开始，由确定性结束**。比如一份工作，刚申请时是充分竞争，不确定性高；面试时成了有限竞争，不确定性相对降低；一旦得到后就成了独占，确定性高。对供应链伙伴来说，一个项目、合同的归属也经历类似的路径，由充满竞争的不确定性开始，直到以合同授予后的独占和确定性结束。

作为供应链职业人士，**我们得尊重供应链伙伴对确定性的期待，特别是关键的合作伙伴**。滥用供应链链主的支配权，导入过多的不确定性，希望以此操纵供应链合作伙伴，最终会把供应链伙伴管成了城乡接合部的野狗，反过来害了链主企业。让我们拿下级供应商管理为例。

有个公司介入关键二级供应商的管理，比如芯片、显示屏等。为了有效操纵二级供应商，该公司采取一品多点的方式，即一个料号，尽量选择两个或多个二级供应商，希望增加二级供应商之间的竞争，这就给二级供应商造成业务量上的不确定性。对于一级供应商，该公司采取同样的策略。这时候你能看得出，整个供应链有三重博弈：采购方与一级供应商、一级供应商与二级供应商、采购方与二级供应商，重重博弈，带来太多的不确定性，大家就都开始玩不见兔子不撒鹰的游戏，影响到两级供应商的产能准备——要知道，供应商投资产能时，需要有一定的业务量确定性。多层供应商之间的关系复杂，扯皮的事情就多，给这个公司的管理带来不必要的挑战：前端的需求不确定性很高，因为是新产品，天性使然；后端的供应不确定性更高，可以说是自作孽，不可活。

那怎么应对这个问题呢？**以确定对不确定**：前端的需求不确定，你很难改变；后端的供应不确定，却是我们可以控制的，比如尽量一品一点，一个料号由一个一级供应商、一个二级供应商来供应，适当"降低"料号层面的竞争，把竞争维持在品类层面，即同类采购项由两家或多家供应商竞争。这点在我的畅销书《供应链管理：高成本、高库存、重资产的解决方案》中有详细的描述。这样做的好处是减少了供应端的不确定性，有利于激励供应商快速响应。

作为供应链职业人，我们又该如何对付不确定性呢？**人生下来，就是从一个不确定性到另一个不确定性**。唯一确定的只有死亡——当然，如果你在美国，又不巧是所谓的"中产阶级"的话，即拥有一座房子两辆车，三个孩子一条狗的话，另一个确定的就是得纳税——税收和死亡不可避免。**我们要么成为不确定性的牺牲品，要么在不确定性中茁壮成长**。我们生活的不是理想社会。客户需求会改变，产品设计会变更，紧急需求会产生，供应链容易成为受害者。在抱怨受害的同时，别忘了，供应链也是问题的一部分，因而也是解决方案的一部分。

比如需求变动，根本原因是需求预测的准确度太低，供应链是否在与销售协作，制定准确度更高的需求计划？如果你不愿意与不确定性打交道，单纯依靠销售"提需求"，由他们单枪匹马应对不确定性，那你得到的，就是你应得的——需求预测是个跨职能行为，由任何单一职能做，注定会导致次优化的解决方案。再比如产品设计的不优化，供应链职能在事后抱怨，说设计人员的材料选型不合理，但想过没有，一般的设计人员对可供选择的材料并不是最熟悉，他们往往是手头有哪个供应商的目录，就在上面找一个。谁最熟悉呢？采购和供应链的人。供应链不早期介入设计，不愿跟不确定性打交道，那就只能承担这样的结果——图纸、规范出来了，确定是确定了，但问题也被固化了。

小贴士　不确定性的三种应对方法

企业的运作充满不确定性。不确定性就如一团乱麻，典型的应对方式有如下三种。

（1）**议而不决**。比如在一些国企，所有权不清晰，责任机制不健全，员工不愿承担不确定性带来的风险。于是文山会海，互相推诿，议而不决，决策周期长，市场反应慢。这不是应对不确定性的有效方法，虽然避免了轻率作为的风险，但也增加了不作为的风险，导致没法有效应对需求变化，长期下来，就丧失了竞争力。

在那些规模大、官僚机制复杂的非国有企业，也有同样的问题。大企业的避险心态重，面对不确定性，"测不准"，大企业没法有效评估机会与风险，就没法有效决策——没法量化的就没法管理，这可是科学管理的精髓。等到局势相对明朗，可以"测"得相对准了，机会却已经丧失了。鲜有大企业能够把握潮流，开发出好产品来，就是因为**潮流总是充满不确定性**，相信在时尚行业、社交媒体、互联网领域的朋友深有同感。

（2）与议而不决相对的，是**快刀斩乱麻**。这在新兴企业、规模中小的企业、民营企业比较典型。他们依靠企业家的判断，迅速对市场需求做出反应。在这些企业，不确定性很高，又没有更好的数据和方法论来应对，那就只能靠最有判断力的人来拍脑袋。这就如现代航海导向技术发明前，船长只能靠观察太阳的位置来判断经度和方向，说白了，是船长在拍脑袋。面对巨大的不确定性，必须有所作为时，拍脑袋，快刀斩乱麻是不得已之举。

拍脑袋就是凭感觉，你没法证明对错，依赖的是权威来推行。想想看，大家都是拍脑袋，如何证明一个人拍得比另一个人好呢？所以只能**以简单对复杂**，谁的职位高，谁拍板。不服？到上帝那里去告吧。

据说以前的英国法律规定，海上航行时，船长对航行方案有绝对的权威，谁对船长的决策有疑问，可以立即被处死。这样做的目的呢，就是保证船上只有一个声音，在充满不确定性的海上给大家信心，否则大家七嘴八舌各抒己见，谁也证明不了谁的对错，就陷入以复杂对复杂，议而不决的境地。

但是，一旦企业的规模增大到一定地步，比如营收过亿元就是一道坎，拍脑袋的风险就大增。对于我们这些习惯于百亿元、千亿元级企业的人来说，营收过亿似乎算不了什么，不过想想 100 000 000 有多少个零，就能想象亿元级企业的业务、组织和流程有多么复杂。这时候就不难理解，为什么企业家的经验再也没法有效应对，拍脑袋的粗放做法会给企业导入太大的风险，甚至会导致企业轰然倒地。

（3）这时就需要第三种应对方案，即**从数据事实出发，由职业判断结束**，简称为数据加判断。到了一定的规模，企业其实有很多数据可以分析。就拿需求预测来说，常见的误区是需求的不确定性太高，没法预测，所以只能依赖销售的判断，由销售来"提需求"。其实就跟我们前面说到的一样，上规模的企业主要是依赖重复业务，卖的主要是些同类产品，提供的主要是同类服务。即使产品的型号、品种有区别，类似型号、品种的需求历史，还是可以给企业很多参考价值。不确定性的乱麻，如果你仔细分析已有的数据，慢慢就能理出头绪来——很多时候，**你理不出头绪，是因为你的数据分析还不到位**。

对于企业家来说，特别是基层出身的企业家，他们最不缺的就是判断。但是，由于业务越来越复杂，没有一个人可以对所有的业务有个全面的判断，企业家便面临对企业失去掌控的危险。他们迷信解剖麻雀——虽说解剖麻雀可帮助你理解问题，但公司大了，这千百个麻雀中，你还是没法掌握究竟有多少个有问题，有啥问题。所以从公司的总体运营层面上讲，解剖麻雀没法降低不确定性。而解决方案呢，就是**数据加判断**的应对方式——从数据分析中发现模式，从解剖麻雀中做出判断，以更有效地应对广泛、复杂的问题。

而要得到数据，就得将流程、系统规范化——流程、系统规范了，大家做事的方式一致了，才有可能记录、整理结构化的数据，从中发现规律。在系统和流程的基础上，整理关键绩效指标（KPI），围绕KPI来驱动团队。你能看出，这都是**以简单对复杂、以确定性应对不确定性**。

实践者说

管理实践中"不确定"是绝对的，"确定"是相对的。随着商品市场的个性化和定制化盛行，单一品种大批量模式逐渐淡化。变化越来越快，不确定性越来越突出。MRP和ERP所基于的相对固定越来越不存在。认识不确定，分析不确定，应对不确定成为管理人员的重要方向。（马巨会，四达机械制造公司，采购部部长）

作者回复

没错，不确定性是我们生活的一部分，我们很难改变。树欲静而风不止。但是，我们在对待不确定性上，还是有选择的：**要么是以不确定对不确定，让问题更复杂；要么是尽量以确定对不确定，让问题更简化**。这也是个"不关努力，而是不同"的问题。就拿您提到的定制化来说，不确定性的确非常大，因为那是客户的需求，我们能做的相对有限。但是，在供应上，我们还是可以有所作为，比如通用化、模块化和标准化就是解决方案。而这"三化"就是典型的以确定对应不确定。

订单和预测：由谁来承担不确定性的风险

我们有两种方法来驱动供应链，一种是预测；另一种是订单。订单驱动，看上去风险较小，为很多公司所向往，其实未必。

从严格意义上讲，这世上并没有真正的"订单"：**一方的订单，必然是另一方的预测**。比如你买衣服，对商场来说是订单，对你自己来说却是预测：你在预测未来会穿这衣服。但是你知道，你有好多衣服，买来都多少年了，还挂在衣橱里，动也没动过——那是典型的预测失败。在消费者力量强大的国家，你会退给商场，结果商场"煮熟的鸭子飞了"，"订单"最终没转化成需求；在消费者处于弱势的国家，你只能承担损失，自认倒霉。但不管怎么样，从供应链的角度来说，整个供应链是失败的，因为这件衣服没有发挥应有的价值，或者因为退货而造成更高的成本。

在供应链上，**订单其实是势力博弈的结果，由弱势一方来承担预测的风险**（见图3-9）。这你应该有足够的经验：你是大客户，胳膊粗，给供应商的是预测；你是小客户，胳膊细，就不得不给供应商下订单。而现实是，弱势一方往往不在最佳的位置来做预测，以及控制相应的风险，最后给供应链带来更高的风险和成本，害己害人。

图3-9　订单是由弱势一方来承担预测的风险

让我们拿服装行业为例。2013年7月中旬，我访问宁波的一家快时尚品牌商。那是宁波历史上最热的一天，正赶上这个品牌商的订货会。订什么时候的货？半年后冬季的货。谁在下订单？分销渠道和门店。在天底下最热的这一天，一帮渠道商和夫妻店，要预测在天底下最冷的那一天，小姑娘们喜欢什么款式、颜色，那跟投硬币有什么区别呢？谁对款式、颜色的判断更准？品牌商。他们有专门的人，整天飞来飞去到巴黎、纽约、米兰等地，出席各种各样的时装秀，了解全球的时尚。相比之下,渠道商和夫妻店呢,整天忙着做生意,进货、出货、退货,都是些琐琐碎碎的破烂事,活在今日,哪有时间研究半年后的趋势呢?

另外,几十几百个渠道伙伴分别做预测,每人只预测全国需求的几十、几百分之一,预测的颗粒度那么小,预测的准确度自然不高;汇总起来成为品牌商的总需求,误差叠加,与品牌商直接预测全国的总需求相比,预测的准确度能更高吗?当然不能。显然,渠道伙伴不是最适合的做预测的;他们做预测,下订单,根本原因是相对于品牌商,渠道伙伴处于弱势地位,被迫承担预测风险[⊖]。

这也违背了供应链的基本准则:**一件事,谁处在最合适的位置做,谁就应该做,否则供应链的总成本会更高**。就服装供应链来说,渠道被迫做预测,但其预测准确度更低,最后造成更大的库存风险,不但害了自己,反过来也害了品牌商。访问完上面那个宁波品牌商,我访问上海的一个服装品牌商,几十亿元的大企业,董事长的头痛事就是渠道库存积压严重,表面上是压了渠道的资金,亏了渠道的本钱,但渠道没有钱进下一个季度的货,又成了品牌商的问题。那货也不能一直积压。积压到一定地步,渠道就开始"跳楼";一旦满大街都是"跳楼价",品牌商花了那么多钱打出来的品牌就算砸了。这就是为什么服装行业广泛采取订货会,看上去对品牌商风险很小,其实未必,不信你看看,有几个品牌商在赚钱?掰着手指头也能数过来。

再说说大型设备制造,另一个典型的"订单驱动"行业。因为定制化程度高、预测准确度低、供应链周期长,大型设备商普遍是"不见兔子不撒鹰",没有客户订单不生产。客户处于相对弱势地位,就不得不承担预测的风险,给设备商下订单。但是,提前那么久下单,客户有很多需求考虑不周全,预测准确度当然不高,为后续的配置变更

⊖ 当然,存在的都有一定的合理性。服装品牌商让渠道做预测,也跟没法有效控制渠道有关,特别是加盟方式下。这也是为什么有些品牌商采取直销模式,通过竖向集成的方式来控制渠道。这也应了前面提到的"能力决定行为":企业是理性的,行为是基于特定能力的理性反应,要改变行为,就得改变能力。

埋下伏笔。客户处于强势地位时，一般会等到预测准确度较高了再下订单，设备商则没有足够的时间来响应。两种模式下，设备商都面临显著的不确定性，而为了应对这些不确定性，他们就不得不设置安全库存，或者对长周期的物料提前订购——这些其实都是基于预测的。所以表面上看是订单驱动，其实还是离不开预测，特别是供应链的中长期产能规划。因为预测的准确度低，导致设备行业的库存周转率、产能利用率普遍偏低，盈利水平低下。比如波音的库存周转率只有1.8次，平均净利率在5%不到；空客的库存周转率为1.9次，平均净利润率只有2%多点㊀。

所以，**没有真正"订单驱动"的供应链；供应链的根本驱动都是预测**。"订单驱动"带来的安全感只是表面现象。它往往以牺牲供应链上弱势伙伴的利益为代价，表面上保护了强势伙伴，比如链主企业的利益，其实就供应链的整体而言，成本和风险并没有降低。相反，因为让不合适的角色做不合适的事，成本和风险反倒更高。**要真正解决问题，根本方案就是把预测做得更准**。

那如何把预测做得更准呢？**我们得找到合适的职能做预测**，从历史数据出发，由专业判断结束，综合销售和计划的智慧，尽量提高预测的准确度，前面已经讲过，这里我们不再赘述㊁。这里想补充的是，不管谁做，不管用什么样的方法，到了一定程度，预测准确度就没法继续提高，或者说提高的边际效益很低。因为预测就像投篮，总有些球会投丢。即使这世界上打球最好的乔丹，命中率也不到50%，这意味着有超过一半的球没投中。

所以，所有的预测注定都是错的。为了应对错误的预测带来的风险，人们主要采取两种措施：①如果能让别人做，就让别人做，结果

㊀ 库存周转率来自 http://csimarket.com（空客）和 http://www.nasdaq.com（波音）。利润数据来源 www.YCharts.com。平均净利润为每季度净利率的简单平均值，波音是2003年第2季度到2015年第3季度，空客是2009年第1季度到2015年第3季度。

㊁ 如何提高需求预测的准确度，也可参阅我的畅销书《供应链管理：高成本、高库存、重资产的解决方案》，机械工业出版社，2016年。

是把问题推给弱势职能或合作伙伴；②实在没法推给别人，就在预测模型上下功夫，希望能够预测"准"。两种做法都没法根治问题，因为两者都没有触及预测准确度的最根本因素：**供应链的响应能力**。

我们需要预测，根本原因是供应链的响应能力有限。打个比方。你早晨起来，洗脸刷牙，水龙头一开，水就源源不断地来了，响应周期为零，所以你就根本不需要提前预测。相反，响应周期越长，我们对预测的依赖程度就越高，也意味着我们得更早地做预测。但问题是，我们越早做预测，预测的准确度就越低。你一下子就看得出，我们走进了死胡同，而这正是问题之所在。那根本的解决方案呢，就是**提高供应链的响应能力，缩短甚至消除响应周期**。

对供应链管理来说，**响应周期要缩短，产品标准化和设计优化是一大举措**。标准化、设计优化程度高的产品好生产，所以生产周期会短。更重要的是，标准化的产品库存风险低，可以先"推"到离需求最近的地方，建成库存，一旦需求来了，"拉"动的时间就很短，响应周期就短。再就是**精益生产**，提高生产效率，缩短对需求的响应周期。还有**寻源策略**。比如在价格至上的策略驱动下，我们找最便宜的供应商，而这些便宜供应商的产能利用率一般更高，富裕产能有限，交货周期就长，紧急需求来了，注定响应速度就不快。那么，避免单一的价格导向，找产能利用率相对低的供应商，也是缩短响应周期的一大举措。当然，响应周期的缩短还有很多方法，也是供应链管理面对的最根本问题之一，篇幅有限，这里不予细讲。

小贴士 投篮与预测

供应链的响应周期就像投篮的距离：离篮筐越近，投篮命中率越高。在 NBA 的投篮命中率排行榜上，以 2015～2016 赛季为例，排在前面的都是些大个子：中锋和大前锋。这不是因为他们真的投篮准，而是因为他们主要在篮下投，离篮筐距离近。

表 3-1 2015~2016 赛季 NBA 投篮命中率前十名

排名	球员	球队	位置	投篮命中率
1	德安德鲁·乔丹	快船	中锋	70%
2	霍华德	火箭	中锋	61%
3	亚当斯	雷霆	中锋	61%
4	怀特塞德	热火	中锋	61%
5	坎特	雷霆	中锋	57%
6	戈塔特	奇才	中锋	57%
7	瓦兰丘纳斯	猛龙	中锋	57%
8	法里德	掘金	大前锋	56%
9	唐斯	森林狼	中锋	54%
10	罗宾·洛佩斯	尼克斯	中锋	54%

数据来源：www.teamrankings.com

比如快船队的中锋德安德鲁·乔丹，投篮命中率最高，那是因为他以篮下扣篮为主。一旦离开篮下，命中率就急剧下降，遂成为"砍鲨"的受害者[注]，甚至有了"砍乔丹"的说法——一旦到了关键时刻，对方比分落后，就开始犯规德安德鲁·乔丹，把他送到罚球线。而这位爷的罚球命中率呢，只有可怜的43%（2015～2016赛季）。为什么罚球还没有投球准？因为他投球大多是篮下扣篮，离篮筐更近。

而那些大名鼎鼎的后卫们呢，比如三分球神准、NBA 连续两年的最有价值球员、金州勇士队的全明星后卫"萌神"库里，虽然是所有后卫中命中率最高的，在2015～2016赛季打破NBA历史上的3分球命中记录，也只能忝居投篮命中率排行榜的第28位。原因呢，他们主要是外线投球，离篮筐更远。

所以，对 NBA 球员来说，要提高投篮命中率有两条路，大量练习有帮助，冲到篮下更直接。对需求预测来说同理。你要么不断改

注 NBA 的传奇中锋沙奎尔·奥尼尔在篮下势不可挡，但罚球命中率很低，对手就频频犯规，把他送上罚球线，趁他罚球不准抢篮板球。这就是我们常说的"砍鲨"（奥尼尔的外号叫"大鲨鱼"）。

善预测方法，边际效益递减；要么缩短供应链的响应周期，收效更加明显。

读完这篇小文章后，希望你至少能理解，为什么你在抱怨销售的预测不准时，老到的销售第一反应就是把球踢给你，让你缩短供应链的响应周期。虽然不是每个销售都能讲出个所以然来，但久病成医，他们也大致清楚预测准确度的根源所在。销售的胳膊粗，把问题推给了供应链；作为供应链关系的主导者，我们不能凭借胳膊粗、拳头大，把问题推给更弱势的供应商——那跟把头埋在沙子里的鸵鸟没什么区别，而是要寻求真正的解决方案，致力于提高供应链的响应速度。

小贴士　什么时候订单驱动，什么时候预测驱动

简单的答案是**综合风险最小**的时候，这很抽象。让我们继续以服装行业为例来解释。

订货会是典型的订单驱动：分销渠道、门店提前几个月下订单，品牌商及其 OEM 供应商按照订单来生产。这种方式除了上面谈到的预测准确度低外，还有个"货到地头死"的问题：库存由订单驱动到分销渠道、门店，品牌商就失去了控制，导致没法有效分配现有库存——同样一款服装在 A 地畅销，短缺；在 B 地滞销，过剩，但因为 A 地、B 地的分销商是不同的法律实体，没法轻易地把 B 地的库存转移到 A 地来销售。有的品牌商担心串货，还故意设置障碍，比如用特定的包装、料号来区别不同渠道、不同地区的同一产品，让库存的自由转移更加困难。

对于独特的服装，比如季节性很强的时装，品牌商驱动渠道下订单有一定的道理，因为这至少是损人但利己。不过对于大众化、标准度较高、生命周期长的服装，还要求渠道提前几个月下订单，其实是损人而不利己，甚至害人害己了。这些可以转为预测驱动：在品牌商处集中做预测，把成品库存建到品牌商或者 OEM 供应商处，渠道和

门店通过补货的方式来买现货，而不是订货会方式的期货。这也是都市丽人的做法㊀。在这种模式下，品牌商承担了一部分库存的风险，但因为集中预测准确度较高，产品的标准化程度高，或者生命周期长，库存风险相对很小；而渠道和门店则大幅降低了预测不准带来的风险。所以这是种**损己不多、利人不少**的做法，降低了供应链的总体风险和相应的成本，也是 ZARA 等快时尚巨头的普遍做法。

这其实是供应链推拉结合的缩影。**推是预测驱动，由供应方承担库存风险；拉是订单驱动，由需求方承担库存风险**。推拉结合点究竟设在什么地方，比如原材料、半成品还是成品，是供应链管理的一个关键决策，**取决于企业的研发和供应链管控能力**。就时装行业来说，标准化程度越高、供应链管控能力越强，推拉结合点就可设得离需求越近，相应地，供应链的响应能力就越强；标准化程度越低、供应链管控能力越弱，推拉结合点就设得离需求越远，供应链的响应能力就越弱。这比较拗口，让我们拿快时尚巨头 ZARA 和管理粗放的服装品牌商来对比。

ZARA 的半成品标准化程度高，比如不同款式用同样的白胚样，差异化主要是颜色、附件等，这样他们就可以一路推到半成品阶段，而且是采用大批量的生产方法（跟丰田学的），自动化程度高，生产成本低。对门店呢，ZARA 是自营门店为主，自营专卖店占 90%（其余为合资和特许专卖店）㊁，可以有效控制渠道，所以在成品上，就可以建大量的成品库存（推到全球配送中心），然后根据门店的订单来分配（拉）。顺便提及：对门店的管控力度，也体现在库存的补给上：品牌商的管控能力越强，补给决策就越取决于品牌商，需求预测和库存计划、补货更多地由总部做，渠道和门店以执行为主。

这就是说，ZARA 有两个推拉结合点。一个是标准化的半成品，

㊀ 都市丽人去年销售 40 亿，揭秘奇葩业绩如何诞生，联商资讯，http://www.linkshop.com.cn。

㊁ ZARA 加盟店在中国数量为零，http://vogue.moonbasa.com/zara/a585580466271.html，2016 年 7 月 9 日访问。

一个是配送中心的成品（见图3-10）。

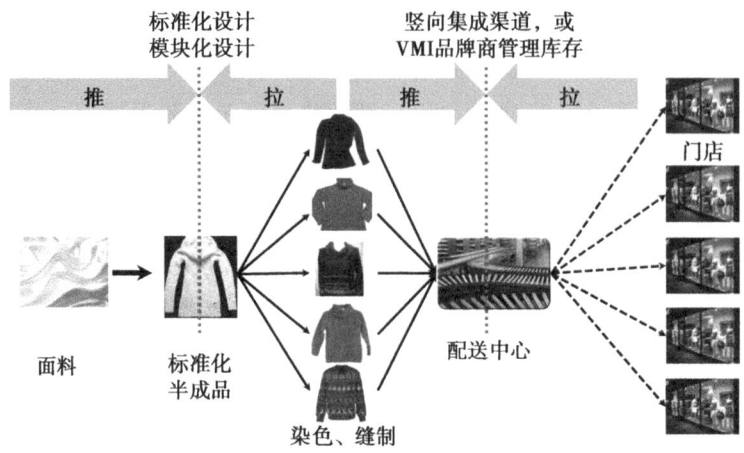

图3-10 服装供应链的两级推拉（以ZARA为例）

对管理粗放、奉行追随战略的品牌商来说，它们的设计主要是模仿，不要说半成品，连基本面料也很难标准化——在被模仿企业的款式出来前，不知道哪种款式、面料会流行；等出来了，标准化则已经来不及了。在渠道端，这些企业主要靠加盟制，对渠道的控制有限，不敢在成品层次备货。于是这些企业就面临两头难的问题，难以建立像ZARA那样的两级推拉来有效管控风险，就只能采取订单驱动，供应链的综合成本更高，供应链的响应周期更长，响应速度更慢，这从补单率低便可以看出——这类企业以一锤子买卖为主，出现爆款后的补单率很低。所以对这些品牌商来说，供应端要推动设计的标准化，提高基本面料、半成品层面标准化程度；在需求端要加强对渠道的控制，像李宁这样的企业推动直营，建立自己的门店，也是为了更有效地控制渠道，从而更合理地设计推拉结合点（当然那又造成重资产运作的问题，限于篇幅，这里暂且不谈）。

实践者说

我们公司是全球排名前十的智能手机品牌，也是采用"推"和

"拉"的方式备库存。

对于成品库存，根据销售方式不同采用不同的备机策略：①对于运营商集体采购部分，毫无疑问采用"拉"的方式；②而对于电商渠道和公开渠道，采用"推"和"拉"结合，以"拉"为主的方式，依据历史同类机型销售数据及市场销售预测，先备少量的手机（推），再根据消费者/渠道商的订单备发货（拉）。

对于原材料采购，则根据物料的通用性、采购周期、供应形势不同采用不同的备料策略：①针对存储器、芯片等通用性强、供应不稳定且供应周期长的物料采取"推"的方式，提前备好库存，不愁后续消耗不掉形成积压；②对于 TW/LCD 和壳料等订制件，采用"拉"的方式按照销售计划及采购提前期、上料周期进行 JIT 式的上料，避免采购过多形成积压或采购不足欠料影响生产齐套。

策略虽然好制定，具体实施保障还需要从前端消费者需求管理、销售预测、产品前沿技术洞察、产品路标规划（CDP）、集成开发技术（IPD）、采购路标规划、SAP 系统集成、集成计划（CPFR）、集成供应链（ISC）、战略供应商联盟（ESI 早期开发介入等）等公司各个关键节点协同作战（也即公司操盘水平），才能达到"推"与"拉"的平衡，使得库存水平（库存周转天数）和交货达成率（OTD）达到平衡状态的总体最优。（托尼，宇龙供应链总监）

做个好客户，也符合自己的利益

在供应链管理领域，有两种文章可以说是汗牛充栋：一种是从供应商的角度出发，抱怨客户的需求管理不到位，紧急需求频发——客户不是好客户；另一种是从客户的角度着眼，探讨如何才能管好供应商——供应商不是好供应商。但很少看到从客户自己的角度出发，探讨如何才能做个好客户；或者从供应商自己的角度出发，探讨如何才能做个好供应商。

在这里，我们想从客户自己的角度出发，探讨如何才能做个好客户。我想强调的是，**做个好客户不但符合供应商的利益，而且符合客户的利益；客户方处于弱势地位时如此，客户方处于强势地位时也是。** 那么，如何做个好客户呢？总结起来，我想讲以下三点。

（1）整合供应商，尽量增加规模效益；

（2）加强计划性，少给供应商制造额外麻烦；

（3）协作互助，多与供应商共同解决问题。

整合供应商，尽量增加规模效益

量越大，买得越好，这是规模效益，不用解释。但问题是，我的生意本来就那么一点，怎么能够把量做大？作为供应链职能，你没法增加业务量，但是你那有限的生意，是给有限的供应商，还是给数量众多的供应商，却是个供应链的决策。**供应商数量太多、采购额分散是很多企业的通病**。忽略了供应商整合，跟太多的供应商做生意，大公司也把自己做成小客户了，何况小公司呢。其主要原因可归结于料号/订单层次的小优化，供应商层面的不优化。

凡是公司，不管大小，都有料号、订单层面的采购政策，比如多家竞标，最低价或者最合适的中标。所谓最合适，往往也是最低价的代名词。这样做的结果呢，虽然每一次都能从众多的供应商中选择到最便宜的，或"最合适"的，实现了料号/订单层面的小优化。但时间长了，却发现供应商数量膨胀，采购额越来越分散，把自己做成了小客户，难以有效驱动供应商。

供应商管理有各种战略和技巧，但最根本的一条就是集中采购额，把自己做成大客户。这就如打仗，集中优势兵力是最根本的策略。巧妇难为无米之炊，如果你给供应商生意太少，自然难以获得供应商的足够重视。料号、订单层面的"小优化"，是以供应商层面的"大优化"为代价。**管理越是粗放的企业，越是只有能力追求小优化，牺牲大优化，公司与供应商的关系越不对等。**

短期关系盛行，成为料号、订单层次小优化的助推器。比如在贸易领域，客户跟贸易商是短期关系，如果贸易商的竞争对手能便宜五分钱，这谈好的生意就转到竞争对手那里去了。贸易商跟生产商也是同理，在大众化产品领域尤其如此。从客户到贸易商到生产商，大家的出发点多以订单层次的优化为目标，即给每个订单拿到最好的价格。订单层的小优化，却是以供应商层面的大优化为代价。就这样，客户跟数量众多的贸易商、贸易商跟数量众多的生产商做生意，大家都把自己做成了小客户，导致其总成本上升，比如下一级不愿意帮上一级建库存、按时交货率低、质量问题解决不及时等。当然，作为供应商，这货上次供应过，下一个订单是不是你的都不知道，你敢建库存吗？有些客户习惯性地博弈，频繁调整供应商的份额，制造了太多的不确定性，就把供应商做成了城乡接合部的野狗，对谁也不信任，你给他预测，他也不敢当真。大家都是不见兔子不撒鹰，客户方注定不是赢家。

作为一个企业，我们要面对众多的客户，需求端的复杂度高，供应链职能很难改变。但是，作为供应链职能，如果我们跟过多的供应商做生意，供应商数量庞大，供应端的复杂度大增，就变成了**以复杂对复杂，两头开口，规模效益丧失，供应链注定成本做不低、速度做不快**。在这种情况下，客户跟我们是短期关系，充满不确定性；但如果我们跟供应商也是短期关系，就面临以投机对投机，以短期对短期，整个供应链的不确定性大增。不确定性是供应链的大敌，最后总会转变为成本和库存。

解决方案就是整合供应商，跟关键供应商建立长期关系，只跟数量有限的优质供应商做生意。这也是增加供应端的可预见性，以更有效地应对需求端的不可预见性。这也是在供应端"收口子"，以有限（供应）对无限（需求），否则就陷入以无限（供应）对无限（需求），规模效益丧失殆尽，注定很难做好。

那么怎样才能收口子？这里的关键是**供应商的选择和管理**，即选择最合适的供应商，选到后把它的绩效管好，以有效满足内外客户的需求。这些在我的畅销书《采购与供应链管理：一个实践者的角度》（第2版）有详细的描述。您也可以访问我的供应链管理专栏网站（www.scm-blog.com），阅读供应商管理门类的文章。

在这里想强调的是，采购额分散，供应商众多，看上去是采购方的**行为问题**，实质上是采购方的**能力问题**，即没有能力选择合适的供应商，或者选到了却没有能力管好，供应商绩效没法保证，那就再找更多的供应商——供应商的口子一直是开的。所以，看上去是个行为问题，但必须要从能力改变做起，提高选择和管理供应商的能力，用改变能力来改变行为，把生意集中到数量有限的供应商身上，提高规模效益。

加强计划性，少给供应商制造额外麻烦

业务量大了，供应商就高兴，这是成为好客户的必要条件，但不是充分条件。有些大客户的量很大，但计划做得一塌糊涂，紧急需求频发，今天下单，明天就要货，或者让你建一堆的库存，最后却成了呆滞库存，这都是计划性太差。这就是说，要想成为一个优质客户，我们不但要整合供应商，集中采购额，而且要做好计划，少给供应商制造麻烦，减少无谓的浪费与成本。

计划本身是给供应链降低不确定性。对很多公司来说，需求很杂，看上去无章可循，每次都是新生意，其实并非如此。80/20原则照样适用：大部分的业务是重复业务，我们有足够的历史销售数据来预测、管理需求。当然，作为一个公司，你总有些产品需求非常不稳定，或者是"长尾"。但是，不能因为这些长尾产品，就认为所有的产品都没法计划，或者计划赶不上变化，就纯粹不计划。**低估业务的重复性，低估业务的可计划性，是很多企业的通病，导致在计划上的不作为**。对企业来说，在计划上有所作为，要远比无所作为强。

那么怎样才能有所作为呢？这就得回到需求计划上的"从数据出

发，由判断结束"①。对于一个上了规模的企业来说，不管需求看上去多复杂、多独特，其实都具有相当多的共性，不然的话企业就不可能做到几亿几十亿元的规模。就拿贸易行业来说，专做化工的贸易商不会卖螺丝钉，专攻手工工具的贸易商不会卖化工产品。这就意味着在很大程度上，他们的业务有重复性。虽然产品会升级换代，客户有来有往，需求历史还是有很多可借鉴的地方。所以，需求计划要从历史数据分析开始。

哪个职能对数据最熟悉？计划。他们熟悉 ERP、数据库，分析能力强，处于最佳的位置来做历史数据分析，这是"从数据出发"。但历史总归是历史，有些发生过的事或许不再发生，没发生过的或许会发生。作为供应链的后端，我们没法知道我们不知道的东西。谁可能知道？**营销**，以及其他跟客户比较近的职能。这些人的脑袋里面有判断，需要整合到需求计划里，这就是"由判断结束"。

很多企业，尤其是规模较小的企业，要么是没计划，要么是数据分析薄弱（因为假定需求的可重复性很低），直接由销售做预测。而销售做预测则是典型的拍脑袋。这就犯了"从判断开始，由判断结束"的错误，需求计划的质量不高，给供应商造成很大麻烦。

计划做得好，降低了供应链的不确定性，就降低了供应商跟我们做生意的成本。这大都是隐形成本，虽然在采购方的财务报表上显示不出来，但供应商会感受到，更愿意跟你做生意。对这点我深有体会。以前我负责全球库存计划，遇到我们的第三方物流时，他们的老总经常说，我们的计划做得好，库存少，但客户要的却都备好了，短缺少，要他们加急运输的就很少。相反，我们的竞争对手计划不到位，虽然库存一大堆，客户要的却经常没有，就变成了第三方物流的噩梦，整天加急运输，习惯性地陷入救火状态。

给供应商制造的麻烦少，供应商的成本就低，你就成为一个更加

---

① 《供应链管理：高成本、高库存、重资产的解决方案》，刘宝红，机械工业出版社，2016。

有利可图的客户，供应商自然会更加珍惜你的生意。这很重要，尤其是供应商资源短缺的时候，比如产能不足，供应商会更可能地照顾到优质客户的业务。而小公司的问题呢，业务量太小不说，计划性一般更差，给供应商造成很多问题，受到偏见也就不难理解了。要知道，**公司小是有原因的：管理能力低下，所以没法发展起来，而计划是管理能力的关键构成。**

协作互助，多与供应商共同解决问题

讲完了多给生意，增加规模效益；少制造麻烦，减少无谓浪费，我们来谈第三点：协作互助，多与供应商共同解决问题。这是作为一个优质客户的最高境界，也是一个优质客户最能凸显自己的地方。

在这一点上，传统的北美方式和传统的日本方式截然不同（当然，这些年来，北美和日本的公司也变化很多，做法上互相趋同，这里暂且不谈）。通用汽车可以说是北美传统模式的代表，比如每年降价×%，怎么降是你的事，问题就成了供应商的问题。供应商的设计优化建议呢，通用汽车的采购不批准，因为采购没有能力驱动研发来批准；生产流程优化建议呢，通用汽车的质量部门不批准，因为改变就有风险。那留给供应商的就只有让利。几轮让下来，没利再让的时候，通用汽车就二次招标，找更低成本的供应商。这是典型的没有协作，凭着胳膊粗拳头大，把问题单方面推给供应商。从供应链的角度来说，问题还是没解决。

传统的日本企业，比如丰田和本田，面对同样的问题，更多是采取协作的方式。比如本田设有供应商开发工程师，这些工程师花大量精力，与供应商探讨产品设计优化、生产流程优化，超越单一的谈判降价，推动更高层次的降本。在协作、互助和长期关系下，同日本供应商关系更加稳定，双方合作更深更紧密，供应链的成本控制更有效。新产品开发也是：日本车厂推出新款的速度，比美国同行大致快一年多。

生意多，麻烦少，还帮忙，这是不是对供应商太好了？有些人在

潜意识里总觉得对供应商好，就是对供应商降低要求，让供应商占了便宜。其实正好相反：整合供应商，增加规模效益，目标之一就是让供应商给更多的年度降价；提高计划质量，少制造麻烦，提高供应商的效率，降低他们的无谓浪费，这样他们能够给更多的年度降价；互助协作，推动产品设计优化和流程改进，最终还是为了把成本降下来。

就拿丰田和本田来说，对供应商是比传统的美国车厂对供应商好，但它们在年度降本上，目标并不比美国车厂低，在质量和按时交货率上的要求更是如此。供应商还是愿意跟丰田、本田合作，而不是通用汽车、福特。这有年复一年的问卷调查来证明。在美国有个研究机构叫 Planning Perspectives Inc.，他们每年都调查汽车行业供应商与整车厂的关系，其中一个问题是问供应商的：如果你有新技术，最想卖给谁？丰田和本田总是供应商们的首选，然后是日产，不行的话也是福特、克莱斯勒，最后才是通用汽车。

看得出，日本车厂总体上是生意多（因为他们一般只跟数量有限的供应商做生意）、麻烦少、协作度高，结果也得到更好的回报，供应商也成了日本汽车竞争力的重要组成，推动日本汽车在全球市场上节节取胜。所以，**成为供应商的优选客户，不光符合供应商利益，而且符合采购方利益**。

作为供应链关系的主导者，采购方处于更有利的位置来整合供应商，增加规模效益；改进计划，少制造麻烦；推动协作，合作解决问题。相对而言，供应商整合难度较小，采购能掌控的较多，所以企业一旦达到一定规模，首先推动的就是供应商整合；改进计划比较难，但计划职能一般在供应链下面，供应链的管控力度尚可；互助协作最困难，因为这涉及设计和质量，跨职能协作要求更高，资源投入要求最高，但成效也最大。

一个公司的供应商管理能力，本质上取决于其解决问题的能力。整合供应商、改进计划、协作互助是解决问题的三个层次，也是供应商管理能力的三个台阶。而供应商管理的最高境界就是逐级跨越这三个台阶，不但取得一流的供应商绩效，而且成为供应商的优质客户。这两点并不矛盾，就像一流的公司对员工要求更高，但员工的满意度也很高一样，大家也更愿意到这样的公司去工作。高要求、高回报，两相匹配，才是双赢，这就是供应商管理的高境界。

你看到了客户钱多，但没看到客户人傻

我们继续谈客户，这里是从供应商的角度。

什么叫客户？客户首先得有钱。这就是钱多——钱少的话就不是客户。这点是共识，毫无疑问。那么，客户是聪明还是傻？有人说，客户当然聪明。其实正好相反：客户是傻。试想想，如果客户既有钱，又聪明的话，自己的问题自己就解决了，找我们供应商干什么？所以，**客户就是钱多人傻**。这不但适用于外部客户，也适用于内部客户。

而作为供应商，不管是外部还是内部供应商，我们正好是相反的：**供应商钱少，但人聪明**。钱少不用解释，就拿供应链作为内部供应商来说，我们是没钱的：我们花的钱要么是营销的，要么是研发的，要么是别的内部客户的。但是供应商聪明，则并非人人都认识到。不过你想想，如果供应商既没钱，又没智慧，那能增加什么价值？所以，供应商必须得聪明。如果不聪明，问题就大了。

因为人傻，所以客户尽干傻事，比如需求不清，需求变化大；计划不周，紧急需求多等。对于客户干的傻事，我想讲两点。

第一，**客户傻，并不需要我们来证明他们傻**——他们干的傻事就放在那里，不用证明，大家都看得到。证明客户傻也不解决问题。作为供应商或内部支持职能，一旦我们习惯性地证明客户傻，我们就成了哭哭啼啼的受害者，受害者气氛就开始弥漫，于事无补。

第二，**客户傻，正是我们作为供应商增值的地方**。这倒不是说"金有狼牙棒，宋有天灵盖"，而是说作为供应商，我们是所在领域的专家，正好弥补客户的不足。要知道，客户傻，并不是故意傻，因为那

样也不符合他们的利益；他们傻，根本原因是能力不够。而能力的补偿往往就在我们供应商身上。

举个例子，采购经常抱怨设计选型，说工程师选的零部件稀奇古怪，非标件多。但你知道不知道，一般的设计根本就不熟悉供方市场。他们怎么选型？手边有本供应商的产品目录，就从里面选一个；或者是上网，找个产品目录，选一个了事。比如电阻电容、胶带、螺丝一类的辅助材料，众多工程师都在选型，但因为微不足道，没有几个会真正研究这些，所以工程师以外行居多，就会做出那些外行的事儿来。

谁是内行？采购。众多的电阻、电容、胶带一类的辅材，到了采购，就汇总到一个或者为数不多的几个人，专门采购。采购其实是共同的交集，对公司的需求、供方市场最为熟悉，因而最可能成为这一领域的专家，在设计的材料选型中发挥指导作用。这就是采购的早期介入，用我们作为采购的专业知识，来弥补内部客户设计人员的能力不足。

再举个例子。有个数百亿元规模的企业，采购老是被怀疑腐败。采购的一个老总说，腐败可不是采购一个职能的事；库房、技术部门、品控、工厂的项目经理都卡着供应商。我问为什么？他说这些部门左右验收标准。这里有两个问题，其实都是采购作为内部支持职能的问题。

其一，**你不能因为别人做什么、不做什么、怎么做，就成为你做或者不做、怎么做的依据**。也就是说，别的部门干坏事，并不能成为你干坏事的理由，也不会减轻你的罪责。要做正确的事。

其二，那些部门，其实大都是采购的内部客户，他们左右验收标准，那采购干什么去了？采购的首要任务就是明确需求，包括验收标准。这时候有些采购会说，很多需求是一次性的，言下之意是没法管理，那是瞎说。一个快500亿元营收的企业，而且是大批量生产的企业，采购额都几百亿元了，绝大多数的需求应该是重复需求，"一次性"的需求是不可能占多大比例的。第一次采购，验收标准不明，尚且情有可原；以后一直不明，采购是干什么的？你就根本不应该下订单。

内部客户傻，或者装傻，不能成为我们傻，或者装傻的理由。作为内部支持职能，我们的任务就是在内部客户装傻时，揭开他们的面纱，让其没法继续装傻。比如验收标准不明，作为采购，我们就该督促品控、库房等明确验收标准。内部客户傻还有情可原，支持职能傻，能力低下，那就是问题了。

在能力低下时，供应链能做的就是"跪受笔录"：你要我干什么，我就干什么，干错了可别怪我——我是按照你的指令干的。这只是履行供应链的执行职能。作为内部供应商，你当然希望内部客户告诉你他的问题，你来找合适的解决方案。但是，为什么内部客户会告诉你解决方案，而不是要解决的问题呢？很简单，**作为内部供应商，我们的能力不够，不能够或者不愿意找到合适的解决方案，内部客户就不得不做我们的事，告诉我们该怎么做，这反倒束缚了我们的手脚。**他们是我们领域的外行，也没有时间和兴趣成为内行，这就导致问题的解决方案是次优化的。那解决方案在哪里？在供应链职能。我们得提高自己的能力和意愿，去找到合适的解决方案，让内部客户对我们有信心，从而用不着告诉我们应该怎么办。

以客户为中心，并不是唯客户马首是瞻，他们说什么是什么；而是理解他们的需求，围绕需求给他们最优的解决方案。毕竟，客户是钱多人傻。如果你不认为客户人傻，那只能说明你傻，你作为供应商，能力不够罢了。就如美国有个小段子，说一伙人围着桌子团团坐，有人说这里面有个傻子，如果你扫遍所有的人还找不到，那只能说明你就是那个傻子。

讲个传奇导师比尔·坎贝尔的故事。此人在硅谷是真正的传奇，虽说在一般人心目中，他没有苹果的乔布斯、谷歌的佩奇、亚马逊的贝佐斯等有名，但他比这些传奇更传奇，因为他是他们的导师。比如他是对乔布斯最有影响力的人之一，曾经在苹果的董事会达17年之久。坎贝尔创立过一个软件公司。在这个软件公司，他有个规矩：（大意是）如果内部客户，比如说销售，走到软件工程师面前，说给我在这儿添个圆形的按钮，在那儿给我加个方形的框，他会把这人的脑袋给拧下来——作为内部客户，你要做的是告诉软件工程师你的问题，让他们来想出最好的解决方案。毕竟，在解决方案上，内部客户是外行。

标杆和标杆研究：不要太把对标当回事

有一个跨国公司，产品的市场占有率逐年上升，遥遥领先竞争对手，各项运营指标也是行业最好，例如按时交货率比竞争对手高出好几个百分点。不过库存也是逐年升高，尤其是在屡屡推出新产品的情况下。高服务水平下的高库存，便成了总部一些人批评的事。每每开会，总有人拿库存说事：客户服务水平、按时交货率高于竞争对手，用不着那么好，应该牺牲几个百分点的服务水平，以降低库存。不过总部这些人大多从没见过客户，有些甚至连公司的产品也没见过。他们大多是倒腾数字出身，空来空去，很多伟大的公司就被这些人搞垮了，且听我仔细说来。

其一，客户眼里的标准从来就不是行业平均水平，而是行业最佳水平；不是你的平均水平，而是你的最佳水平。数字专家们忘了，正是因为一流的质量、服务，才造就了今天的公司，或者说至少是公司成功的原因之一。不做业务、不直接跟客户打交道的人不一定懂这些。数字专家们大多为财务和管理背景，他们认识数字，能做很复杂的运算，精确地算出各种情况，例如降低有货率几个百分点，便能降低库存几百元、几千万元等；让客户经受这样、那样的不便，就可以降低多少运营成本。但这些人没有认识到，**质量、服务上没有回头路可走：没有最好，只有更好。**成功后降低质量、服务标准，无异于是自毁长城。这些人也代表了"过度成功"心态，认为公司做得太好了，都好过头了，这是一种可怕的自满心态。公司成为行业的领头羊后，最怕的就是这种想法。

其二，标杆的对象选择问题。**顶尖的公司自定标准，一流的公司拿顶尖公司做标杆，二流的公司拿一流公司做标杆**。如果有人问，一个公司的产品、服务达到行业平均水平，能不能成为行业领袖？答案是肯定不能。那同理，行业平均水平或者失败的竞争对手的水平，哪能让你保持行业领袖的地位呢？这些数字玩家拿竞争对手的绩效说事，认为公司只要比竞争对手好一点就行。其实这无非是比平均水平略好一点，也是不折不扣的倒退。在一个公司已经达到行业顶尖水平后，也不能拿已经达到的水平作为标准，否则，最多只是原地踏步，不进则退。很多优秀的公司，一旦达到顶峰，就定不好标杆，失去了继续进步的动力，于是注定走下坡路。这里少不了那些数字专家们的"功劳"。守成更难于创业，也是这个原因。

数字专家，几无例外，很少有一流的领袖，更多的是一些好的管理者。领袖的标志是做正确的事，而管理者则是做事正确。例如在这个案例里，正确的事就是进一步提高质量、服务水平，同时控制或降低库存水平；"做事正确"则是：公司的服务水平与库存水平成某种正相关（不是简单的线性关系），你说库存水平过高，那好，我就降低服务水平，这样就降低库存水平，而忘了在客户眼里，质量和服务没有最好，只有更好。管理专家很难把公司带到顶尖的高度，就因为他们看不到现有标准外的更高标准；领袖可以，因为他们能理解更高的、还不存在的标准，并和组织里的每一个人沟通。**管理专家的最终产物是一个平庸的公司，不差，但很难成为伟大；领袖则更有可能造就一个伟大的公司，因为他们能创新，看到还不存在的标准**。

做人也一样。如果你认为你是顶尖的人物，或者想成为顶尖的人物，你就不能拿常人的标准做标杆。常人的所作、所为、所想，只能把一个人带到常人的水平。迫于"同辈压力"，很多人不得不拿别人的、常人的标准套在自己的头上；而常人总是拿常人的标准来套你、评价你、约束你，不管是有意还是无意、恶意还是善意，结果都一样：这个世界又多了一个庸才。如果要与众不同，你就得自定标准。乔布斯说，不要生活在别人的生活中。对人如此，公司亦然。

[实践者说]

关于标准，不断地追求更高最佳是好的，但任何事情过犹不及，不是绝对的，从另一个角度也得有所思考。举一个例子：当大家都是坐着看舞台剧，突然前排的一个人说我"站着会看得更清楚，视线更无阻碍"，于是他先于别人做到了"最好"；紧接着，后面的人为了看得更清楚，也相继站了起来。于是最终大家都站着看。其实都站着的时候，视线相对坐着是一样的，但平台提高了，大家却都更累了。因此追求更高与最佳的发展，要与无序竞争和为了做得更好而更好有所区别，这里面裹挟着成本、影响和效应。（张旭华，职业经理人）

[实践者说]

我们再举一个现实中的例子。三聚氰胺奶粉事件中，蒙牛、伊利、三鹿等的产品中都被检测出三聚氰胺物质。为了降低成本，提高竞争力，谁先出的馊主意在牛奶中添加这种物质，我们无从考证，可我们知道当这种竞争手段逐渐被各个对手接受的时候，大家都开始往牛奶中添加，大家都为了先做到"最好"而不断加大比例，最后三鹿做到了"最好"。可是作为一个行业竞争中的局外人，作为普通的消费大众却认为这样做是完全错误的。

因此我想说，任何竞争都要有一定的规则和轨道。脱离了规则，无论多么有效的竞争都是失败的竞争。竞争的目的决不能与整个行业的目的相背离，比如我们看电影是为了愉悦身心，而站起来观看使我们最后觉得很累，而不是身心愉悦；我们生产奶粉是为了让所有的婴儿都健康成长，能够吸收到充分的营养，为了行业内部的竞争添加有害婴儿成长的物质显然与行业整体目标是相背离的。

竞争的根本目的是让这个世界变得更加美好，让我们生产出来的产品质量更好，更方便客户。从原始社会到今天，因为不断竞争，不断地发展生产力，人类才有了今天的成就。因此任何行业中的竞争都建立在这个基础之上。（黄卡迪，供应链管理专栏读者，www.scm-blog.com）

小贴士　烂行业的标杆也是"矬子里的将军"

不时有公司问我，他们行业的供应链怎么管理？有没有行业标兵的案例或做法？我能理解，他们想完全定制，有针对性地学习本行业的最佳实践，以尽快提高本公司的供应链管理。我想说的是，不管是哪项管理实践，最好的学习对象往往不在你自己的行业，而在别的行业，即最佳实践起源的行业。本行业的标兵，其实不一定就做得好。跟他们学，往往是越描越不像，一代不如一代。

比如一个设备生产商要导入供应链的风险管理，问我该怎么做，以及他们的行业标兵怎么做。其实他们不知道，该行业的标杆企业也在问我同样的问题。同一个行业，大家面临的挑战大致相同。你没有解决方案的，你的竞争对手八成也没有好办法，虽然他们总体上比你们做得好。

再比如说你在采掘业，要推行精益生产。你拿采掘业的标兵作为标杆，学习他们如何做精益生产，估计能学到他们的80%就很好了。"标杆"刚开始学做精益时，采掘业还没精益生产这码事儿，从哪里学？八成是汽车行业，即精益生产最初发轫的行业，估计也就学到80%。这样，两个八折打下来，你学到的也就是五六成而已。你注定学不好，也超不过你的行业标兵。

这就如唐僧取经：唐僧之所以不远万里去西天取经，就是为了取到最原始的、最根本的"经"，避免层层"打折"，防止以讹传讹。如果按照当前一些企业的思维，那唐僧就会在邻近处找些好一点的尼姑庵、和尚庙——他们符合"同行"和"标杆企业"的标准，念的经都针对唐僧所处的环境定制过了，学也容易，"落地"也不难。但结果就是，大唐只会多了一个"芸芸众僧"。

唐僧到西天取经，路途遥远，成本高；到一个外语环境，沟通难；而且一帮印度人读的经文，恐怕不一定适合中国人来读——想想当时中国与印度的区别之大，天上地下，恐怕丝毫不亚于建筑工地之于汽车生产流水线吧。这么多的问题，唐僧都克服了，也没多大落地难的问题，那我们有什么借口说别的行业的实践好是好，但就是在我们行业、我们公司行不通呢？

再想想看，一本"经"，之所以能成为"真经"，是因为其内在的价值和原创思想的光芒。 围绕这些"经"有很多衍生的书，虽说不乏有亮点者，但总体上很难超越真经的原创性。这也是为什么这些衍生物很少大红大紫，取代真经，成为人人必读的经典。在管理上也是这样。几乎每个行业都有学习丰田技术的，但没看到哪个公司能做到取代丰田的地步；很多行业都在模仿戴尔的直销模式，但没见过谁能够比戴尔做得更好。

所以，不要因为同行先学几年就学他们；要学"真经"，就得找到最根本的那些公司、那些行业来对标。再不济，也得找与他们接近的公司。这就如学功夫，最好是拜创始人、掌门人学；拜不到，也尽量拜他们的直传徒弟。你不能像公园里的老头老太，看着别人先学了几天太极拳，懂了点皮毛，就拜他为师。

在学习别的行业的最佳实践时，也不要过分强调定制。一定程度的定制是必需的，比如没几个人能读懂梵文，所以佛经翻译成中文是必要的。但是，过分定制，则适得其反。比如基督教传到中国了，让我们来按照中国的国情改编一本"中国特色的圣经"，给一帮急着发财的人以及旁观者们读。或者说烤面包与卖牛奶是两个不同的行业，就得有针对性地定制两套《圣经》，分别给烤面包的师傅与挤牛奶的大妈读。更进一步，现在是信息时代了，游牧时代的《圣经》过时了，让我们定制一本"信息时代的圣经"来——这些都是愚蠢的做法，你不需要是个博士才能判断出来。

话说回来，我不反对定制。就我的培训来说，都是围绕客户和学员做三层定制，即根据他们的行业、公司、员工的职业经历和面临的挑战来定制。这就如裁缝做衣服，定制是合身的关键。但我也意识到，过分定制约束受众，它过滤掉了太多的东西，相当于把东西嚼烂了喂给孩子，孩子失去了选择、咀嚼的机会，反倒不好。给他们读"原著"的机会，尽管他们不一定能完全读懂。

我理想中的定制，也是我给很多客户做的，就是"适度定制、杂交优势"：针对客户所在的行业和面对的问题，我会适度定制，分享供应链管理的普遍实践；客户熟悉他们的行业、公司实际情况，把这些普遍的实践与公司的具体情况相结合，杂交优势就显现出来了，产生真正能够落地执行的东西来。这种融会贯通后的杂交其实就是最终的定制，外来者没法完成，必须得由公司自己完成。如果你强迫外来者做这样的定制，那定制的结果肯定是次优化的，达不到你希望达到的目的。

学习成功，还是避免失败

人们喜欢模仿成功，而不是预防失败。其实**成功的原因很难定义**，所以很难模仿；而失败的根源则相对容易确定，所以更容易避免。向成功学习，往往会有误导，且难以实施；避免失败，则更加直观，而且容易执行。

比如你问老者长寿的秘密，他的答复往往是他吃饭，他睡觉，他走路。你能把这些与长寿挂起钩来吗？这种直接的因果关系很难建立，所以很难复制。而且在分享"成功"经验时，成功者常常有意无意有选择地讲，其实往往连他们自己也不知道为什么会成功——成功后谈成功，就如箭已经射出去了，然后围绕箭射中的地方画靶心，解释说他是如何一箭射中的。比如对于已经成功的人，现在不管他说什么，都有人会归纳为成功法则。那好，二十多年前，阿里巴巴的创始人还是芸芸众生中的一员的时候，他就真的清楚做哪些事情，能成就今天的阿里巴巴？

有些人总结成功法则，动不动就整出几十条来。你想想，一个模型有几十个参数的话，你能找到清晰的因果关系吗？**没有清晰的因果关系，所以就很难复制。不要说模仿者，就连成功者自己也难以复制。**比如戴尔的直销模式，模仿的公司那么多，谁见有第二个戴尔出现？就连戴尔自己也没法复制，否则的话，为什么不做个汽车的直销模式、家电的直销模式、快消品的直销模式，把地球上的钱都给赚光了？丰田也是。几十年来，千百万的公司都以丰田为榜样，谁看见第二个丰田产生了？

成功很难复制。这就是很多人把成功与幸运连起来的原因，在合适的时间，出现在合适的地方，做合适的事。但是相比之下，失败却可以更容易建立因果关系。比如你细究一个人为什么早逝，你往往会发现直接的诱因，比如他吸毒，他饮酒过度，或者在某公司上班，加班过度。这些都是很直接的原因，很容易确认，可以避免，可操作性强。

简单地说，成功就如活着，失败就如死去。**如果你能避免死去，你自然就活着；同理，如果你能避免失败，那么你就能成功**。毕竟，在很多情况下，所谓的成功者，其实就是到最后还站着的那个人。

那么，我们是学习成功，还是从失败中汲取经验教训？这是两种不同的做法。市面上有很多"成功学"，很明显，他们是冲着成功去的。北美的习惯也是成功学，翻开那些专著，洋洋洒洒大都以描绘成功的案例居多。而日本呢，则是典型的避免失败学：把那些坑都给填了，这路自然就平了。

当然有人问，坑那么多，能填得完吗？答案当然是肯定的。填坑就如解决质量问题。在美国人眼里，质量问题是解决不完的；在日本人眼里，却是截然相反的看法。就拿汽车的装配线来说，通用汽车的目标是维持成功，即确保生产线一直不断，因为每停下一秒，就意味着多少万美元的损失，所以一旦出现质量问题，都是想方设法确保生产不断线，结果只能一次又一次地贴邦迪，糊弄过去，质量问题的根源仍然存在。而丰田则是坚信质量问题是有限的，解决一个少一个，最终全能解决完。所以一旦生产线上有了质量问题，任何一个丰田员工都可以中止生产，大家聚集到一起来解决问题。这样，在新车刚投产期间，生产线三天两头停着；但没过多久，问题都解决了，生产线就畅通无阻。相反，通用汽车三五年后还在应对那些老问题。

有个读者留言说，为什么您谈的都是企业做得不好的地方？言下之意是，难道我们的企业没有可取之处吗？我说，企业做得好的地方，用不着我来谈，自然有很多人谈。我干这行就跟医生一样，看到的都是不足之处。不足之处都改进了，常见的错误都避免了，这企业不就好了吗？

我们不能光奔着成功而去，而应该花更多的精力来避免失败。这就像我们每天早晨出门，当然都想着晚上能安全回来。但你在路上后，想得更多的不是如何安全归来，而是如何避免"不能安全归来"，比如时刻提防来往车辆，不要闯红灯，绕开施工现场的坑等。这就像盖茨经常挂在嘴边的是，任何时候，微软离破产只有 18 个月——他在避免失败呢。

对于个人来说，我们从失败中学到的，恐怕要比成功要多得多。其实**成功充满偶然性**，在合适的时间出现在合适的地方，很可能就是成功的原因。但**失败则充满必然性**，即使表面上看是偶然的，但偶然背后都有深远的必然性。否则，人为什么老是在同一个地方绊倒，重复同样的错误？人要是能不在同一个地方绊倒两次，世上就会多很多圣贤。

实践者说

有些像之前了解到的日本人对质量的解读：品质＝损失。刚听到这个理论时觉得日本人太悲观，他们理解的好品质是"不什么"（否定式），而不是像我们会说"一个东西好，用起来很舒服"（肯定式），他们说"用起来不怎样"，比如不刺手……现在想起来，当他们在做否定式思考时就会更具体到用户体验的某个特征参数，找到这个特征参数需求推向反面就找到好的所在之处了，而如果只做肯定式思考又缺乏对肯定对象的深入理解，或者说缺少正面的词汇（认知），只提舒服、好，是比较难找到好之所在，也就没有办法确定改善努力的方向了。（李珊珊，职业经理人）

本章小结

一位硅谷的职业人远赴中国，负责一个初创企业的采购与供应链。她问我，作为部门负责人，她应该懂得什么？我说，你可以不懂下订单，不会做生产计划，不熟悉物料的进出存，但你得理解供应链领域的深层次问题，做好职能建设，给团队指引方向。

这部分讲的就是供应链的深层次问题，比如竞争与协作，长期和短期关系，不确定性和风险。这为供应链的运行奠定了基调。我们也谈了行为和能力：**组织行为是理性的，人们不会故意干傻事，问题出在能力上**。要想改变行为，就得改变能力。而能力则是组织、流程和系统的三位一体。相应地，改变能力，就得从这三个方面入手。与能力相关的是业务结果：结果是能力的产物，持久的结果需要持久的能力，而持久的能力需要持久的投入。

我们特别讲到，**表面上看是知易行难，实质上是知不易，行不难**，困扰我们的大都是老问题。我们对这些老问题是如此熟悉，以至于我们认为自己理解问题，知道如何解决。其实并非如此——否则的话，为什么老问题一再解决不掉呢？这**无关努力，而要不同**：这些根深蒂固的问题，没法在现有框架上修修补补，通过努力就能解决，而是要在方法论上做出改变，改变做法以改变结果。

我们也谈到，虽然行业的差异不小，供应链的根本问题并没有那么不同，而解决方案也很相似。这些都有助于我们透过问题看实质，提高我们的专业素养。总之，这些都是从形而下到形而上，也是从表面的有知到真正的有知，这是范式转移。经历过范式转移后，我们就会恍然大悟：原来我们知道的，都是错的。恭喜你，你成了专家。

资源 更多供应链管理的文章、案例、培训：

- 我的供应链专栏：www.scm-blog.com，个人专栏，写了10多年了，500余篇文章。
- 我的畅销专著：《采购与供应链管理：一个实践者的角度》，自2012年领跑畅销榜。
  《供应链管理：高成本、高库存、重资产的解决方案》，最新畅销书。
- 我的微信订阅号、新浪微博、LinkedIn，更新、更快，定期发布新文章。

我的微信订阅号

我的新浪微博

后记

要么成为领袖，要么成为专家[一]

这么长的一本书，谢谢您读到了最后一页，也感谢您能够听我讲这么久。忘了是莫言还是哪位作家说过，大意是每部作品都是作家的自传。我是个职业人，不是作家，但这本书跟我的很多文章一样，也是基于个人经历，不管是做过的、学过的，还是听过的、看过的，**经历无法替代。人要么是从自己的经历、要么是从别人的经历学习**。希望这本书提供给您学习别人经历的机会。

我知道，您之所以能把这本书读完，除了耐心和对供应链管理的热爱，还有在职业发展上更上层楼的诉求。这些年来，读者问我最多的问题就是职业发展，这其实也是困扰我自己多年的问题。久病成医，我觉得我是想清楚了，那就是在职业发展上，我们有两条路：**要么成

[一] 这也是我的畅销书《采购与供应链管理：一个实践者的角度》（第2版）的后记，文字有微小的改动。2014年写那篇后记时，我就想写一本书，专门探讨在供应链领域，如何成为专家。如今，这本书写好了，没有什么比用这篇后记来结束更好的了。

为专家，要么成为领袖。虽说任何一个岗位都需要领袖，但总的来说，成为领袖意味着沿着管理阶梯向上爬，机会相对有限；成为专家的机会几乎是无限的。不管你是采购员、计划员、质检员，还是工程师、经理人，你都有机会成为相应领域的专家，熟悉规则、流程和系统，成为能够教别人的那个人，复制自己在专业领域的成功。

我们所在的是个通才社会，但未来是专家社会。在经济高速发展阶段，企业家推动公司发展，他们富有街头智慧，敢于冒险，能够整合资源、把握机会，把企业做大；在未来几十年，当经济发展速度下降，机会不再满地都是的时候，我们需要专家来把成本做下来、速度做上去，把企业真正做好。相应地，企业和社会也会越来越由专家驱动，就如今天的欧美。

那么如何成为专家呢？在我看来，这得经过三步升华，也是本书反复阐述的"专家三部曲"：①**系统学过，而且学到最好**；②**系统做过，而且做到最好**；③**系统提高、总结过，从形而下上升到形而上，从实践上升到理论，再由理论来指导实践**。这本书是我自己系统学习、系统实践和系统思考的结果，也希望成为您系统学习、系统实践和系统思考总结的起点。

学，并不是一定得读万卷书，关键是精读几本好书；做，并不是一定要干多少年活，关键是边做边琢磨，触类旁通；总结提高也不是做个学究，写出一本大部头来——少看电视少上网，多跟人交谈，不管是同行还是别的行业，都是很好的总结提高之路。就我个人来说，我的很多供应链设计的思路，都是在跟一个工程师交谈中学到的。"三人行，必有我师"。这话是老话，但实在。

最后，我想特别感谢我的读者。这十多年来，跟你们的互动是我最大的乐趣，不管是通过我的"供应链管理专栏"网站（www.scm-blog.com），还是通过我的微信、微博和 E-mail。我从你们身上学到的，恐怕要远比你们从我这里学到的多。这本书看上去是我写的，其实是我们大家智慧和经历的共同结晶。

每一次相遇都是缘分。请保持联系，不管是微信、微博，还是电话、E-mail。我一两个月就回国内一次，在全国各地培训、咨询，说不定我们就在哪里见面了。您到了硅谷，也别忘了给我电话。

刘宝红 | Bob Liu
供应链管理畅销书作者 | 供应链管理专栏创始人 |
西斯国际执行总监
bob.liu@scm-blog.com | www.scm-blog.com
136 5127 1450（中国）/ 001（510）456 5568（美国）
2016 年 12 月 9 日于硅谷

彼得·德鲁克全集

序号	书名	序号	书名
1	工业人的未来 The Future of Industrial Man	21 ☆	迈向经济新纪元 Toward the Next Economics and Other Essays
2	公司的概念 Concept of the Corporation	22 ☆	时代变局中的管理者 The Changing World of the Executive
3	新社会 The New Society: The Anatomy of Industrial Order	23	最后的完美世界 The Last of All Possible Worlds
4	管理的实践 The Practice of Management	24	行善的诱惑 The Temptation to Do Good
5	已经发生的未来 Landmarks of Tomorrow: A Report on the New "Post-Modern" World	25	创新与企业家精神 Innovation and Entrepreneurship
6	为成果而管理 Managing for Results	26	管理前沿 The Frontiers of Management
7	卓有成效的管理者 The Effective Executive	27	管理新现实 The New Realities
8 ☆	不连续的时代 The Age of Discontinuity	28	非营利组织的管理 Managing the Non-Profit Organization
9 ☆	面向未来的管理者 Preparing Tomorrow's Business Leaders Today	29	管理未来 Managing for the Future
10 ☆	技术与管理 Technology, Management and Society	30 ☆	生态愿景 The Ecological Vision
11 ☆	人与商业 Men, Ideas, and Politics	31 ☆	知识社会 Post-Capitalist Society
12	管理：使命、责任、实践（实践篇）	32	巨变时代的管理 Managing in a Time of Great Change
13	管理：使命、责任、实践（使命篇）	33	德鲁克看中国与日本：德鲁克对话"日本商业圣手"中内功 Drucker on Asia
14	管理：使命、责任、实践（责任篇）Management: Tasks, Responsibilities, Practices	34	德鲁克论管理 Peter Drucker on the Profession of Management
15	养老金革命 The Pension Fund Revolution	35	21世纪的管理挑战 Management Challenges for the 21st Century
16	人与绩效：德鲁克论管理精华 People and Performance	36	德鲁克管理思想精要 The Essential Drucker
17 ☆	认识管理 An Introductory View of Management	37	下一个社会的管理 Managing in the Next Society
18	德鲁克经典管理案例解析（纪念版）Management Cases (Revised Edition)	38	功能社会：德鲁克自选集 A Functioning Society
19	旁观者：管理大师德鲁克回忆录 Adventures of a Bystander	39 ☆	德鲁克演讲实录 The Drucker Lectures
20	动荡时代的管理 Managing in Turbulent Times	40	管理（原书修订版）Management (Revised Edition)
注：序号有标记的书是新增引进翻译出版的作品		41	卓有成效管理者的实践（纪念版）The Effective Executive in Action